도시 선교 전략

민족 간의 공감대에 주목하라

죠이선교회는 예수님을 첫째로(Jesus First)
이웃을 둘째로(Others Second)
나 자신을 마지막으로(You Third) 둘 때
참 기쁨(JOY)이 있다는 죠이 정신(JOY Spirit)을 토대로
하나님 나라의 확장을 위해 지역 교회와 협력, 보완하는
선교 단체로서 지상 명령을 성취한다는 사명으로 일합니다.

죠이선교회 출판부는 그리스도를 대신한 사신으로
문서를 통한 지상 명령 성취와 하나님 나라 확장을 위해 노력합니다.

Mission Strategy in the City
Copyright © 2017 Enoch Jinsik Kim, of the English original version by
Enoch Jinsik Kim.
This edition licensed by special permission of Wipf and Stock Publishers.
www.wipfandstock.com.
License arranged through rMaeng2, Seoul, Republic of Korea.

This Korean translation edition © 2019 by JOY Mission Press, Seoul,
Republic of Korea.

이 한국어판의 저작권은 알맹2 에이전시를 통하여 Wipf & Stock과 독점 계약한 죠이선교회에 있습니다. 신 저작권법에 의하여 한국 내에서 보호받는 저작물이므로 무단 전재와 무단 복제를 금합니다.

도시 선교 전략

민족 간의 공감대에 주목하라

김에녹 지음

죠이선교회

GMF와 프론티어즈 선교회의 동역자들,
그리고 아내 고혜란에게 바칩니다.

| 차례 |

표 목록 · 10
사진 목록 · 11
추천사 · 12
감사의 글 · 18
한국 독자를 위한 서문 · 22
서론_ 생각보다 훨씬 큰 곳, 도시! · 24
개관 · 28

1부
도시의 다섯 가지 얼굴

1장 빌딩보다는 사람들이 모인 곳, 도시 … 34

사례_ 도시, 생각보다 훨씬 복잡한 곳
도시를 보는 관점들
도시를 이해하기 위한 두 가지 접근법_ 도시화론과 도시성론
사회 관계망으로 이루어진 곳, 도시
본 장을 통해 살펴본 것들
사회 관계망의 관점이 도시 선교에 주는 의미

2장 이주자에게 새로운 고향을 제공하는 곳, 도시 … 60

　　사례_ 도시 이주민의 갈등과 희망
　　1단계 이주와 이민
　　2단계 익숙한 곳에 정착
　　3단계 빈민가와 달동네
　　4단계 민족촌
　　5단계 민족촌 안의 다양한 그룹들
　　6단계 주류 사회의 삶
　　본 장을 통해 살펴본 것들
　　고향으로서의 도시가 선교에 주는 의미

3장 민족 간 갈등과 경쟁의 마당, 도시 … 86

　　사례_ 갈등과 경쟁 속의 민족들
　　민족 간 관계에 영향을 주는 여섯 가지 요소
　　민족 간 갈등 유형
　　수위별 민족 간 갈등
　　비서구권에서 나타나는 민족 갈등 유형
　　본 장을 통해 살펴본 것들
　　도시의 민족 분쟁에 대한 선교적 자세

4장 민족들이 문화적으로 동화되는 곳, 도시 … 106

　　사례_ 마 자매 이야기
　　민족의 동화

변할 것인가, 유지될 것인가
민족 경계선에 영향을 주는 요인들
본 장을 통해 살펴본 것들
민족의 동화 현상과 선교적 자세

5장 민족들이 새로운 정체성을 찾는 곳, 도시 … 140

사례_ 문화적으로 동화하면서 동시에 정체성을 유지하는 사람들
민족 경계선 변화의 네 가지 유형
문화 다원주의와 민족 집단적 관점
2차원 모델
하부 문화 이론
본 장을 통해 살펴본 것들
민족의 정체성과 선교적 자세

2부
도시의 민족들을 위한 선교 전략

6장 새로 열리는 복음의 통로 I _ 도시의 이웃들 … 172

사례_ 같은 반응, 다른 결과
오랜 이웃의 관계망
새로운 이웃의 관계망

새로운 만남의 장소_ 도시 안의 교차로
새로운 이웃의 등장이 도시 선교에 주는 의미

7장 새로 열리는 복음의 통로 II_ 도시의 친구들 ⋯ 206

사례_ 새로운 친구, 새로운 생각
도시인의 두 가지 관계망
문화권별 친구의 의미
금맥과 같은 도시인의 세 가지 관계망
새로운 친구의 등장이 도시 선교에 주는 의미

8장 새로 열리는 복음의 통로 III_ 도시의 다양한 소그룹들 ⋯ 226

사례_ 새로운 습관을 갖게 된 한 무슬림 이야기
활성화되는 그룹 간 소통
도시 그룹들의 변화 유형
민족 간 대 계층 간의 소통 경로
본 장을 통해 살펴본 것들
소그룹의 변화가 도시 선교에 주는 의미

참고 문헌 · 244

표 목록

표1.1. 도시화론에서 사용하는 그래프의 예 · 42

표1.2. 방향과 밀도를 나타내는 그래프의 예 · 53

표2.1. 이주 유형 · 64

표2.2. 텍사스 주 댈러스의 멕시코 민족촌 분석 · 75

표5.1. 민족 경계선 변화 유형들 · 145

표5.2. 민족 집단적 관점 · 153

표5.3. 2차원 모델 · 156

표6.1. 겹쳐지는 한 씨의 관계망 · 185

표6.2. 오랜 이웃 관계망이 소속원에게 행사하는 영향력 · 188

표6.3. 분산된 관계망 형태를 띠는 새 이웃 · 194

표6.4. 관계망별로 분산되는 도시의 리더십 · 197

표7.1. 민족 경계선 안에 형성된 전통적 2차 관계망 · 211

표7.2. 민족 경계선을 넘어 확장된 2차 관계망 · 213

표7.3. 계층-그룹으로 나눈 네 가지 문화권 · 214

표7.4. 그린웨이의 도시인의 3차원 관계망 · 218

표8.1. 민족 중심에서 계층 중심으로 변해 가는 소통 경로 · 236

사진 목록

사진1.1. 사회란 사람들의 모임이다. 중국 시안의 무슬림들(중국 시안, 2010년 4월) • 51

사진4.1. 시안 따칭전쓰(중국 시안, 2010년 4월) • 125

사진5.1. 도시인은 느슨하고 다변화된 관계에서 정서적 충족을 얻는다(중국 시안, 2009년 6월) • 161

사진6.1. 시골에서 온 이주자들은 주로 도시 안의 민족촌에서 산다(중국 린샤, 2011년) • 178

사진6.2. 같은 민족은 자연스럽게 가까이서 함께 살아간다. 중국의 동향족 마을(중국 린샤, 2005년) • 179

사진6.3. 같은 민족이 운영하는 소규모 점포(중국 시안, 2010년) • 184

사진6.4. 도시의 소수 민족이 부업으로 운영하는 택시(중국 린샤, 2011년) • 196

사진6.5. KFC 음식을 배달하는 오토바이(중국 시안, 2011년) • 201

추천사 I

도시의 기원은 고대로 거슬러 올라가며, 그러한 도시의 형성과 발전은 역사 속에서 인간의 삶에 큰 변화를 가져왔다. 고대의 도시들은 주로 왕을 중심으로 정치적 기능 또는 상업적 기능을 담당하였다. 하지만 자본주의에 근거하여 발전한 근대 이후 도시들은 과거보다 훨씬 뚜렷한 기능들을 드러내고 있다. 산업과 교통의 중심지 역할을 할 뿐만 아니라 교육, 문화, 지역 경제, 심지어 관광에 이르기까지 다양한 역할을 하고 있다.

그럼에도 고대부터 지금까지 도시의 삶이 보여 주는 특징은 크게 달라지지 않은 것 같다. 도시 주민의 삶은 기본적으로 촌락 주민의 삶과 다르다. 촌락에 거주하는 사람들은 대체로 서로 비슷한 일을 하며 살아간다. 또한 일상에서 만나는 사람들은 서로 잘 알고 있을 뿐만 아니라 다양한 방식으로 긴밀한 관계를 맺고 살아간다. 따라서 그들의 삶은 매우 동질적이며 공동체적이다. 반면 도시에서 살아가는 사람들은 출신, 직업, 생활 양식 면에서 상당히 이질적이다. 또한 그들의 삶은 비교적 단순한 촌락 주민의 삶과 달리 매우 다층적이고 다원적이다. 속도와 효율성을 중시하는 근대주의의 특성상 도시 주민의 삶은 분주할 수밖에 없다. 자신이 목표한 일을 이루기 위해서 그들은 끊임없이 사람들을 만난다. 하지만 그들의 만남은 비인격적이고 일시적이며 형식적인 특징을 보인다.

도시의 이러한 특징들은 국내에서든 해외에서든 대체로 비슷하게 나타난다. 과학과 기술의 발전에 힘입은 교통과 통신 수단의 발전이 지구 위에 있는 대부분의 나라를 하나로 묶고 있기 때문이다. 따라서 오늘날 세계화 현상이 뚜렷하게 나타나고 있는 세계의 도시들은 대체로 서로 비슷한 문화적 특성을 보인다. 빠르게 확산하고 있는 포스트모던 문화는 각 도시에서 살아가고 있는 사람들을 파편화하고 있다. 그들은 자유로운 영혼처럼 합리적 이기주의의 관점에서 자신만의 삶을 추구하는 만큼 공동체로부터 분리되는 아픔을 겪어야 한다.

도시의 환경과 생태는 그 자체로 매우 적절한 선교 현장이 된다. 자본주의의 속성상 사람들이 끊임없이 도시로 몰려드는 현상은 쉽게 멈추지 않을 것이다. 따라서 도시에서 살아가는 주민들을 위한 선교 전략이 점점 중요해지고 있다. 이런 경향은 선교학의 한 분야로 최근 빠르게 성장한 교회 성장학 역시 주로 도시에서의 개척과 목회적 상황을 상정하는 경우가 많다는 사실에 의해서도 입증된다. 그러나 도시 교회 성장학에 대한 관심과 발전에 비해 도시 선교학은 지금까지 충분히 연구되지 않은 듯하다. 이 책의 저자가 밝히고 있는 바와 같이 지금까지 출간된 책들은 주로 도시 선교를 위한 성경적 기초나 사역의 필요성을 설명하는 수준에 그치고 있다. 반면 이 책은 도시에 관한 사회학적 또는 문화 인류학적 이해를 심층적으로 다루고 있다는 점에서 독특하다.

추천사를 쓰기 위해 이 책을 읽는 동안 나는 도시에 대한 저자의 학문적 깊이와 해박한 지식에 놀랐다. 지금까지 내가 읽은 도시 선교에 관한 책들 가운데 이 책만큼 깊이 있는 분석과 설명을 하고 있는 책은 거의 보지 못했다. 이 책은 단순히 문헌만 연구하는 방식으로 도시 선교를 다루지 않는다. 저자는 16년에 걸친 현장 경험을 토대로 도시에 관한 실질적인 주제들을 검토하고 선교 방안을 제시하고 있다. 각 장마다 제시되는 사례들은 저자가 선교 현장에서 경험한 내용이기 때문에 독자들에게 훨씬 실감나게 다가온다.

나는 이 책이 다양한 민족을 대상으로 사역하는 현장 사역자들에게 매우 유용하리라고 생각한다. 이제는 전 세계 어느 선교지에나 도시가 형성되어 있고 다양한 민족 집단이 도시로 몰려들고 있다는 점에서 이 책은 전 세계에서 사역하는 하나님의 일꾼들에게 꼭 필요한 자료가 될 것이다. 더 나아가 한국과 같이 동일 민족 집단 내에서 사역하는 교회와 그리스도인들에게도 유용한 자료가 될 것이라 생각한다. 이 책을 단지 문화적 이질감이 뚜렷한, 다양한 민족이 있는 도시에만 적용할 수 있으리라고 생각하는 것은 지나친 오해다. 동질 문화를 규정하는 범위를 꼭 혈연 중심의 민족 집단에 한정할 필요는 없다. 한국 사회와 같은 곳에도 문화적으로 이질적인 수많은 집단이 존재한다는 점을 놓쳐서는 안 된다. 실제로 우리의 도시에는 나 또는 내가 속한 집단과 다른 문화적 집단이 얼마나 많은가! 우리는 그들에게 어떻게 복음을 전할 것인가? 이 책은 바로 이러한 선교적 문제를 고민하는 사람들에게 지혜를 제공할 것이다. 선교사, 목회자, 신학생들에게 이 책의 일독을 권하는 바다.

나와 김예녹 교수의 인연은 둘 다 풀러신학교 석사 과정 학생이던 2000년 1월에 시작되었다. 학교 기숙사에서 김 교수는 아랫집에, 나는 윗집에 살았다. 김 교수 부부는 사정에 의해 가족 없이 혼자 도미하여 공부하고 있던 나를 식사 자리에 자주 초대하였다. 교제를 나눌 때마다 김 교수 부부의 따뜻한 성품과 선교적 열정을 느낄 수 있었다. 나는 그가 풀러신학교에서 도시 선교 분야의 맥을 잇는다는 사실을 기쁘게 생각하며, 앞으로 더욱 풍성한 학문적인 열매를 맺기를 기원한다.

최동규_ 서울신학대학교 실천 신학 교수

추천사 II

하나님의 선교는 본래 어느 한곳이 아닌 다양한 관점으로 발전되어 왔다. 그리고 20세기 후반에 이르러 선교학자들은 도시화 현상에 주목하기 시작했다. 그중 시카고의 레이 바키(Ray Bakke) 박사는 자신의 책 「도시 그리스도인」(The Urban Christian)에서 하나님을 도시를 향해 선교하시는 분으로 소개하였다. 재미있게도 같은 도시인 시카고 대학의 사회학자 루이스 워스(Louis Wirth)가 1938년 자신의 논문 〈생활 양식으로서의 도시성〉(Urbanism as a Way of Life)에서 그와 비슷한 관점을 소개한 적이 있다. 이 두 사람이 도시인의 삶을 사회학적 관점으로 볼 수 있도록 해준 공헌은 실로 엄청나다.

인류학적 접근은 도시 선교 연구에서 빠져서는 안 될 분야다. 미국의 경우 필라델피아, 보스턴, 그리고 로스앤젤레스는 도시 선교 연구에서 앞서가는 지역들이다. 이뿐 아니라 방콕, 콜카타, 런던, 나이로비, 시드니, 도쿄 같은 도시 역시 선교 연구에 자주 등장하는 곳들이다. 1989년에 마닐라에서 열린 제2차 국제 로잔 대회에서도 이 도시 선교에 대한 중요성은 많은 사람의 관심과 공감을 얻었다.

모든 분야가 그렇듯이, 도시 사역의 초기 선각자들은 사람들에게 새로운 생각을 심어 주었다. 그들은 나이로비 키베라(Kibera) 지역의 빈민촌, 필리핀 마닐라의 쓰레기 하치장 스모키 마운틴(Smokey Mountain), 또는 고층 빌딩으로 가득한 홍콩에 이르기까지 엄청나게 다양한 곳을 연구했다. 이런 다양성 때문에 세계의 도시 교회들은 다양한 형태를 가질 수밖에 없다. 서울처럼 대형 교회 형태로, 또는 상파울루(São Paulo)에서 볼 수 있는 기독 공동체 형태로, 아니면 후아레스(Juárez)나 카이로(Cairo)의 교구 형태로, 도시 교회는 매우 다른 모습을 취해 간다.

도시 선교의 연구 영역이 확장되면서 새로운 통찰을 통해 통섭적(interdisciplinary) 작업이 가능해졌다. 그중에서도 사회 관계망과 도시인들 가운데 형성된 관계의 구조는 매우 주목받는 분야로 부상하였다. 예를 들어 20세기 초 구조 기능주의(structural functionalism)적 관점으로 연구하던 신진 인류학자들은 아프리카의 도시들에 주목하였다. 이주민 유입으로 도시는 급격히 팽창하였고, 사람들은 일터, 거주지, 또는 여가 생활 속에서 새롭게 도시형 사회 관계망을 형성하게 되었다. 이러한 새로운 관계망은 부족 안에서 오랫동안 쌓아 온 사회 구조와 위계질서를 위협하였다. 이런 현상은 단지 아프리카뿐 아니라 영국, 유럽, 그리고 미국에서도 나타났고, 이제는 전 세계적인 현상이 되었다.

이런 변화는 당시 당연한 진리로 인식되어 온 워스의 도시성(urbanism) 이론에 의문을 제기하게 만들었다. 이중 클로드 피셔(Claude Fischer)는 새로운 도시성 이론 연구를 위해 미국 캘리포니아의 시골에서 샌프란시스코의 시 중심에 걸쳐 자료를 수집했다. 도시의 작은 단위가 형성되고, 그 안의 사람들이 서로 교류하면서 그룹마다 하부 문화를 만들어 내는 현상에 주목하여 피셔는 마침내 하부 문화 이론(Subcultural Theory)이라는 새로운 도시성 이론을 개발할 수 있었다. 이러한 작은 그룹들의 문화는 결국 도시 전체의 분위기에 영향을 주게 되어 있다.

「도시 선교 전략」에서 내 친구이자 동료인 김에녹(Enoch J. Kim) 교수는 이 하부 문화 이론에 사회 인류학적 요소들을 새롭게 추가하여 이론을 발전시켰다. 중국, 한국, 그리고 미국에서 지낸 삶을 경험 삼아 김 교수는 도시의 민족 간 교류가 끊임없이 늘어나면서 제공되는 선교 전략적 기회를 모색하였다. 이러한 전략적 아이디어는 교회의 선교 활동과 도시 그리스도인들의 선교적 활동을 돕는 데 매우 귀중한 자료가 될 것이다. 「도시 선교 전략」은 독자들에게 복잡한 도시인의 삶에서 볼 수 있는 다양한 사례를 소개한다. 곳곳에 인용된 다양하고 전문적인 문헌과 자료들 역시 간과하지 말고 숙지해야 할 소중한 것들이다.

「도시 선교 전략」은 끊임없이 변화하는 우리 도시 세계를 이해하려는 독자들에게 선교학적인 고찰을 할 수 있도록 도울 것이다. 하비 콘(Harvie Conn)이 그의 책 제목에서 말했듯이 우리는 "끊임없이 변화하는 세계에서 영원한 진리의 말씀"이라는 긴장 가운데 살아간다. 이런 딜레마를 이해하기에 저자 김에녹 교수는 하나님의 선교 속에서 새로운 답을 찾으려 노력했다.

더글라스 맥코넬_ 전 풀러신학대학원 부총장
현 풀러신학대학원 교차 문화 및 리더십 교수

감사의 글

도시를 사랑하시고 그 안의 모든 민족과 사람들이 돌아오기를 기다리시는 하나님을 찬양합니다. 성육신의 자세로 도시 사역의 모델을 보여 주신 예수님께 감사를 올리고, 지금도 도시의 선교사와 교회들을 인도하시는 성령님을 찬양합니다. 이 책이 나오기까지 죄인 된 저를 참아 주시고 사랑하시며 인도하신 삼위 하나님께 찬양과 감사를 올립니다.

저의 초기 교수 사역을 풍성하게 만들어 주신 풀러신학교 전 선교 대학원장 스캇 선퀴스트(Scott Sunquist) 박사님께 감사드립니다. 선퀴스트 박사님은 이 글이 중간에 길을 잃고 많은 시간을 허비하고 있을 때 나로 하여금 학문적 수준을 타협하지 않으면서도 사역에 적용할 수 있는 원고를 작성하도록 지도해 주셨습니다.

본 원고를 위해 인류학적 조언을 해주신 셔우드 링겐펠터(Sherwood G. Lingenfelter) 박사님과 세계화 관점에서 도움을 주신 브라이언트 마이어스(Bryant L. Myers) 박사님께 감사를 표합니다. 뿐만 아니라 이슬람 전문가인 고(故) 에블린 레이사커(Evelyne A. Reisacher) 박사님과 도시학 전문가 주디스 왓슨(Judith M. Tiersma Watson) 박사님의 귀한 관점에 감사를 드립니다.

또한 풀러신학교 전 부총장 더글라스 맥코넬(Douglas McConnel) 박사님께 감사드립니다. 맥코넬 박사님은 제가 도시의 민족 간 역학 관계(inter-ethnic dynamics)에 눈뜨도록 도와주셨습니다. 그로 인해 나는 존 굴릭(John Gulick), 필립 양(Philip Q. Yang), 에드윈 임스(Edwin Eames), 클로드 피셔, 윌리엄 플라나간(William G. Flanagan), 마크 고트디너(Mark Gottdiener)와 같은 여러 사회학자를 서면으로 만날 수 있었습니다.

제가 사랑하는 중국 교회 리더들의 도움이 없었다면 이 책은 나오지 못했을 것입니다.[1] 사랑하는 중국인 이요셉 목사와 이바울 목사, 그리고 그들이 속한 모임의 리더들에게 감사드립니다. 또한 양꼬치로 생업을 이어가는 나의 회족 친구 마 씨, 택시 운전을 하는 내 배드민턴 친구 리 씨와 그 친척 부부들에게도 감사드립니다. 이들은 고맙게도 제게 자신의 가정을 열어 주었습니다. 그리고 북경에서 20시간 넘게 가야 하는 곳에 사는 자신의 부모와 교제할 수 있도록 우리 부부를 도와준 또 다른 회족 마 씨 여인에게도 감사드립니다. 그밖에도 이제 주 안의 한 식구가 된 위구르인 후 씨 부부, 회족 동 씨, 그리고 같은 성을 가진 여러 마 씨 부인들, 무슬림 배경의 여러 그리스도인 친구들과의 우정이 있었기에 이 책이 나올 수 있었습니다.

제가 선교사로서 도시 선교와 도시 민족을 연구할 수 있도록 행정적으로 지원해 주신 호프(HOPE) 선교회의 김태정 전 대표, 민요섭 전 총무, 그리고 현 대표이신 주영찬 선교사와 사무실 동역자 분들에게 진심으로 감사드립니다. 뿐만 아니라 계속 영적 멘토링을 해주시며 저를 훈련해 주고 동료가 되어 주신 GMF의 이태웅, 전성걸, 변진섭, 엄주연 박사님들께 감사드립니다. 중국에서 무슬림들을 존중하고, 같은 하나님의 창조물로 볼 수 있도록 도와

---

[1] 이 책에 소개한 현장의 여러 인물들 가운데는 신변 보호를 위해 가명을 사용한 경우도 있다.

주신 프론티어즈(Frontiers) 선교회의 리더들인 그렉 리빙스톤(Greg Livingstone), 패트릭 라이(Patric Lai), 릭 러브(Rick Love), 팀 루이스(Tim Lewis), 이현수 선교사, 그리고 특히 나의 팀 리더셨던 제이(J) 부부의 은혜는 잊지 못할 것입니다.

제가 도시를 하나님의 눈으로 볼 수 있도록 도와주신 서면의 은인들인 로저 그린웨이(Roger Greenway), 비브 그렉(Viv Gregg), 하비 콘, 레이 바키에게 감사합니다. 또한 중국의 도시학자들, 중국 사회과학원(Chinese Academy of Social Sciences)의 루 슈에 이(陆学艺), 북경대 사회학 교수이신 페이 시아오 퉁(费孝通)의 혜안과 안목이 이 책 곳곳에 영향을 주었습니다.

풀러신학교의 비고 소가드(Viggo B. Søgaard) 박사, 박기호(Timothy Kiho Park) 박사, 더들리 우드베리(Dudley J. Woodberry) 박사는 제 박사 과정 위원회 회원들로, 이 책의 학문적 뼈대를 놓아 주셨습니다. 그리고 이 책이 나오기까지 아낌없는 격려와 지도를 해주신 코리안 센터(Korean Studies Center)의 김창환 원장님과 동료 교수들, 그리고 직원분들께 감사드립니다.

부족한 원고를 한글과 영어로 읽어 주고 교정을 도와준 나의 아들딸 김찬희(Joy Chanhee Kim), 김희승(Timothy Heeseung Kim), 김예인(Josephine Kim)에게 감사를 표합니다. 저를 낳아 주시고 키워 주신 부모님 김원섭 님과 심해녀 님께 감사드립니다. 제 삶을 의미 있게 하고 언제나 희망과 의지를 주는 저의 동반자 고혜란에게 사랑과 감사를 전합니다.

영문판 출판을 허락하신 픽윅(Pickwick) 직원들, 특히 매튜 위머(Matthwe Wimer)와 짐 테드릭(Jim Tedrick)에게 감사드립니다. 또한 한국어 출판을 가능케 해준 죠이선교회 김수억 대표와 죠이선교회 출판부에도 감사드립니다.

2019년 여름
미국 캘리포니아 주 패서디나에서

MISSION STRATEGY IN THE CITY

한국 독자를 위한 서문

이 책은 해외 타문화 선교 관심자는 물론, 한국 내의 다양한 계층에 그리스도의 향기가 되기 원하는 독자들에게 시의 적절한 선교적 통찰을 나누기 위해 저술되었다.

상당수의 한국 그리스도인들은 자신이 도시의 교회에 출석한다고 생각할 것이다. 그만큼 한반도 전체는 도시화가 이루어졌다. 한국인 선교사들도 절대 다수가 도시에 거주하면서 그 안의 현지인들을 대상으로 사역한다. 이렇게 우리는 어느새 도시를 익숙하게 여기며, 도시가 갖는 선교적 가치에 모두 동의하고 있다. 문제는 그러한 선교적 가치를 인정하면서도 막상 도시 사역을 어떻게 해야 하는지에 대해서는 막막해한다는 사실이다.

필자는 도시란 하나님이 현대 그리스도인들에게 주신 선물이라는 사실을 인식하는 것이 도시 사역을 하는 첫걸음이라고 말하고 싶다. 세계화, 미디어 혁명, 이주자의 급증을 통해 도시는 비인간화와 부도덕성을 낳기도 하지만 동시에 새로운 기회, 광범위한 관계망, 미래에 대한 열망, 그리고 전에 없던 새로운 생각들을 만들어 내는 판도라 상자가 되기도 한다. 그 결과 21세기의 도시는 이전에 존재하지 않은 새로운 인류들로 채워지는 중이다. 이들은 한

꺼번에 여러 정체성을 가지면서도 과거의 특성을 잃어버리지 않고 어느 한 곳에 깊이 충성하지 않는 사람들이다. 이들에게 사역할 때 옛 패러다임이 통하지 않는 이유는 이렇듯 그들이 더는 옛 사람이 아니어서다. 필자는 오늘날의 도시 교회에 이처럼 새 인류 사회로 채워지는 도시를 소개하기 원한다.

싫든 좋든 한국은 이제 다양한 민족이 함께 살아가는 사회가 되었고, 이전보다 자주 타민족을 접하며 살아간다. 선교는 지구 반대편에 가서 하는 것으로 배워 왔는데 주위를 돌아보니 그 현지인들이 이제 우리 옆집에 살고 있다. 심지어 같은 한국인끼리도 세대, 수준, 관심사, 정치 성향에 따라 서로 대화가 되지 않는다. 이제 한국인끼리도 문화 간 소통(intercultural communication)을 해야 하는 것이다. 도시는 이런 그룹별로 잘게 나눠지는 곳이다. 사람들이 연결되는 듯하면서도 나뉘는 곳이다. 그렇기 때문에 단일 민족이던 한국의 도시 역시 문화 간 소통에 관심을 가져야 할 때가 되었다.

이 책을 통해 독자들은 도시가 갖고 있는 다섯 가지 얼굴을 보게 될 것이다. 도시인들이 새로운 인류가 되는 것은 바로 그들이 갖고 있는 사회 관계망이 독특하고, 이 사회 관계망을 통해 그들을 변화시키는 정보가 오갈 수 있기 때문이다. 초창기부터 한국 그리스도인들은 이 사회 관계망을 통해 아름다운 향기를 흘려 보내왔다. 이 책에서는 바로 이러한 한국 그리스도인들에게 친근하면서도 새로운 선교 전략을 나누고자 한다.

서론_ 생각보다 훨씬 큰 곳, 도시!

이 책은 도시의 민족들에게 영향을 주는 주제들을 도시 사회 인류학적 관점에서 연구하여 이 시대 민족들을 향한 적절한 선교 전략을 제안하려는 목적으로 저술되었다.

이 책에서 도시학의 모든 부분을 다루지는 않는다. 이 책은 '도시'에 관한 것이라기보다 도시 안의 여러 '민족'에 관한 것이다. 특히 도시 안의 소수 민족과 이주자들이 어떤 변화를 겪고 있는지를 사회학적으로 이해하고, 그들에게 복음을 전하려면 어떤 점을 알아야 할지를 정리하였다.

이 책 곳곳에 중국 무슬림의 사례를 많이 소개했지만, 이 책의 목적은 중국 무슬림을 소개하는 것이 아니다. 그보다는 그 사례들을 통해 현대 도시와 도시의 민족들을 사회학적으로 이해하고, 나아가 그들을 향한 도시 선교 전략을 세우는 데 더 관심을 갖고 있다. 중국 무슬림에 관한 자료가 필요하다면, 이 책 곳곳에 언급된 참고 자료들을 활용하기 바란다. 이 책은 사회학의 도움을 받아 선교학적 한계를 넓히는 데 기여하고자 한다. 그러므로 이 책은 사회학 자체보다는 사회학을 통한 선교에 더 관심이 있다고 할 수 있다.

이 책은 필자가 가족과 함께 선교사로 중국에 살면서 16년 동안 행한 도시 선교를 기초로 작성한 것이다. 필자는 주로 도시로 갓 이주해 온 소수 민족들을 대상으로 교류하고 사역하였다. 그 경험은 필자로 하여금 중국뿐 아니라 급격히 변화하는 세계의 도시와, 그 안의 여러 민족에 집중하게 만들었다. 중국에 들어가기 전부터 필자가 접한 자료는 대부분 중국의 소수 민족과 주류 민족 사이에 존재하는 갈등, 그리고 그럼에도 국가 정책 때문에 소수 민족이 동화되리라는 예측에 관한 것들이었다.

그러나 필자는 기존의 이 두 현상(갈등과 동화) 말고도 중국의 도시에 사는 민족들에게 여러 다른 현상이 일어나는 것을 관찰하였다. 어떤 경우에는 그들의 민족성이 다시 강화되기도 하고, 멈추기도 하며, 제3의 문화를 만들어 내기도 했다. 재미있게도 나중에 로스앤젤레스에 거주하는 동안, 그곳 한인 사회 안에서도 비슷한 현상을 목격하였다. 로스앤젤레스의 한국인들 역시 동화됨 앞에 갈등하면서도 동시에 자신의 민족 정체성(ethnic identity)을 여러 방향으로 바꾸고 발전시키는 것을 보았다.

미국과 중국에서의 이러한 경험을 통해 필자는 앞으로 도시의 민족들이 변화할 것인가 아니면 변화하지 않을 것인가를 질문하게 되었다. 이 질문은 도시 선교 전략을 세우는 데 매우 중요한 것이었다. 그들이 겪고 있는 변화와 관련된 역학 관계를 이해해야만 그들을 향한 선교 전략을 올바로 세울 수 있기 때문이다.

이전까지 필자가 주로 접한 도시 선교 관련 서적들은 이러한 필요를 충분히 채워 주지 못했다. 많은 서적이 단순히 도시 선교의 성경적 근거 또는 사역적 필요성을 도전하는 초보적인 내용에 그쳐 있었다. 반면 도시 안의 민족들이 어떤 상태이고, 어떤 변화를 겪고 있으며, 그들이 왜 그러한 생각과 사회 관계망을 갖게 되었는지 등을 다룬 서적은 많지 않았다.

그러던 중 필자가 풀러신학교에서 박사 과정을 공부할 때, 선교 전략과 미디어 커뮤니케이션을 교수하는 비고 소가드 교수, 아시아의 교회들을 연구하는 박기호 교수, 그리고 이슬람을 연구하는 더들리 우드베리 교수를 통해 이러한 문제에 대한 아이디어를 조금씩 발전시킬 수 있었다. 뿐만 아니라 더글라스 맥코넬 교수와 함께 도시 인류학(Urban Anthropology)의 관점을 사용하여 중국 무슬림의 관계망과 사회의 변화를 연구할 수 있었다. 맥코넬 교수를 통해 얻은 관점과 그에게 배운 하부 문화 이론은 필자가 도시와 도시의 민족을 읽을 수 있는 결정적인 렌즈를 갖추게 해주었다. 이것을 계기로 필자는 이 시대에 왜 하나님이 도시로 많은 민족을 불러 모으시는지 조금씩 눈을 뜰 수 있었다. 그 안에 있는 구원의 도를 나누시기 위해 수천 년 동안 고립되어 온 민족들이 이제는 다양한 사회 관계망을 갖게 하시고 다양한 정보를 접하게 하시는 하나님의 섭리를 찾아볼 수 있었다.

하나님은 사람들로 하여금 도시에서 여러 정보를 자연스럽게 접할 수 있게 만드시고, 여러 민족이 그곳에서 살고 자녀를 키우며 새로운 가치관을 갖게 하신다. 주님 오실 때가 가까워 오면서 주님은 그 어느 때보다 복음을 전하는 자들과 복음을 받아야 할 자들이 원활하게 소통하길 원하신다. 오랜 역사 동안 서로 관계하지 않고 고립되어 있던 민족들이 그 어느 때보다 많은 공감대를 형성하고, 접촉하며, 서로를 필요로 한다. 그들은 불편해하면서도 서로 도움을 주고받고 공존해야 할 필요를 느끼게 되었다. 이 책은 바로 이런 현상을 이해하고, 그것이 가져다주는 선교적 의미와 기회를 개념화하여 도시라는 선교 현장에 적용하려는 시도다.

필자는 이 책에서 현대 도시가 복음이 필요한 민족들의 전도에 긍정적인 측면이 있음을 소개하고자 한다. 이 책은 도시에 부정적인 기능과 세속화, 민족 간 갈등이 있다는 것도 인정한다. 반면 현대 도시는 사람들을 오랜 민족의 고립에서 나올 수 있도록 돕고, 개인이 다양한 관계를 맺을 수 있게 하는 긍정적인 면도 있다. 뿐만 아니라 늘어난 민족 간 접촉, 증대된 개인의 능력, 다양화된 개인들의 관계망으로 인해 도시에서는 기독교가 약한 민족과 강한 민족이 서로 접촉할 기회가 많아졌다. 복음이 관계망을 타고 들어가는 특성을 생각할 때, 보기에 따라서는 도시야말로 여러 민족에게 복음이 들어갈 수 있는 고속도로가 될 수 있다. 복음의 성격상 전도는 주로 사람과 사람의 관계를 통해 흘러간다는 점을 생각할 때, 도시는 그동안 민족 간의 경계에 가로막혀 복음이 흘러가지 못하던 것에 새로이 연결 고리들을 만드는 데 좋은 환경을 제공한다.

이 책이 현장에서 발견하고 강조하려는 논지는 세 가지다. (1) 도시의 민족은 다양한 방식으로 변화한다. (2) 도시의 민족들은 변화 앞에 자신의 미래를 주도적으로 선택한다. (3) 현대 도시는 민족 간(intra-ethnic), 계층 간(intra-class)에 계속 새로운 소통 경로(communication channels)를 만들어 낸다. 이 책은 이런 점들이 독자에게 현대 도시 선교 전략에 필요한 관점을 제공할 것이라 기대한다.

개관

이 책은 크게 두 부분으로 구성되어 있다. 1부에서는 현대 도시와 그 안의 민족들을 이해하기 위한 사회학적 지식을 제공한다. 2부에서는 이를 바탕으로 학계 간 통합을 통한 도시 선교 전략 관련 개념들을 소개한다. 1부는 여러 이론을 다룬다. 그러므로 이론적 기초를 확립해야 하는 학생이나 연구가는 이 부분을 놓치지 말기를 권한다. 반면 선교 단체 리더와 현장 사역자는 실제적인 전략 수립에 좀 더 초점을 맞춘 2부를 집중적으로 보기를 권한다.

각 장은 현장 사례, 이론, 그리고 선교적 고찰이라는 세 부분으로 구성되어 있다. 장마다 선교 현장에서 필자가 체험한 실제 사례를 소개하는 현장 사례로 시작한다. 또한 각 장 마지막 부분에서는 그 장의 주제들이 가져다주는 선교적 의미와, 사역 현장에 적용할 때 유념해야 할 사항들을 소개한다. 각 장의 중심이라 할 수 있는 본문에서는 더 이론적이고 사회학적인 내용을 다룬다. 이를 통해 독자들은 도시를 이해하는 데 필요한 사회학적인 렌즈를 갖추게 될 것이다. 더불어 도시 환경을 통한 민족 간 교류가 어떤 선교적 기회와 전략적 발판을 제공할 수 있는지를 인식하게 될 것이다.

1부 전체 내용은 하부 문화 이론이 도시 민족의 변화를 이해하고 해석할 수 있는 효과적인 이론이라는 주장에 초점이 맞춰져 있다. 1부에서는 다섯 장에 걸쳐서 독자들에게 사회학적 렌즈를 통해 읽을 수 있는 도시의 다섯 가지 얼굴과, 그것이 주는 선교학적 의미를 소개할 것이다. 각 장은 단순히 도시란 무엇인지를 소개하는 데서 그치지 않고, 그 저변에 움직이는 사회적 역학 관계를 학문적으로 설명할 것이다.

이 책은 도시 선교와 도시 사역에 필요한 관점과 전략을 정리한 이론서로, 거시적 차원보다는 주로 미시적 차원에서 접근하였다. 이를 위한 연구 방법으로는 도시 인류학적 방법을 주로 사용하였다. 1부의 장별 요약 내용은 다음과 같다.

1장은 사람과 사람들의 모임인 사회라는 곳으로 도시의 첫 번째 얼굴을 소개한다. 도시는 빌딩과 행정 구역이기보다는 이야기가 있는 사람들의 모임이다. 즉 도시란 도시인들의 사회 관계망으로 이루어진 곳이다. 이렇게 도시인의 삶을 이해하기 위해 도시를 거시적 차원보다는 도시성(urbanism), 즉 미시적 차원에서 들여다 볼 것이다. 선교란 궁극적으로 지역보다는 사람을 대상으로 하는 것이기 때문에 도시 선교의 기초 역시 도시의 사람들과 사회의 이해를 통해 접근할 것이다.

2장은 이주 민족에게 새로운 고향을 제공하는 곳으로 도시의 얼굴을 소개한다. 여기서는 이주민이 도시라는 새로운 땅에 도착하여 주류 사회의 맛을 보게 되기까지의 여정을 여섯 단계로 나누어 소개한다.

3장에서는 도시의 얼굴을 민족 간 갈등과 경쟁이 있는 곳으로 소개한다. 이 장에서는 민족에 관한 개념과, 그에 관련된 학문적 배경 지식들을 살펴볼 것이다. 이를 통해 독자는 도시가 민족들로 이루어진 모자이크 같은 곳임을 알게 될 것이다. 그뿐 아니라 이 장은 도시를 민족 간 갈등과 경쟁의 장소로 소개한다. 한정된 자원을 선점하기 위해 도시의 민족들은 도시에서 서로 갈등과 경쟁을 한다.

4장은 도시의 얼굴을 민족들이 문화적으로 동화되는 곳으로 소개한다. 도시의 많은 민족은 자신의 원 문화(original culture)를 버리고 도시 공통의 방식과 표준화된 체계를 따르도록 압력을 받는다. 이 장은 도시에 이주해 온 민족들이 변화할 것인가, 문화를 유지할 것인가를 논한다. 대립되는 이론인 결정론(Determinism)과 구성론(Compositionalism)을 통해 도시 민족들이 문화적으로 동화된다는 것과 유지된다는 것 사이의 주장을 사회학적으로 비교한다. 마지막으로 그 두 가지 결과에 따라 선교 전략을 어떻게 다르게 준비해야 할지도 알아볼 것이다.

5장은 이주한 민족들이 적극적으로 자신의 정체성을 선택하는 곳으로 도시의 다섯 번째 얼굴을 소개한다. 소수 민족이 무조건 하나의 문화로 녹아진다는 기존의 동화 이론(Assimilation Theory)과 달리 도시의 민족들이 주도적으로 자신의 운명을 선택하는 모습을 볼 것이다. 그들이 주도적으로 선택할 때에도 기계적으로 움직이거나 동질(homogeneous)하게 변하기보다는 그들 안의 소그룹들이 여러 다른 선택을 한다. 하부 문화 이론을 통해 도시 안에서 민족의 변화는 소그룹의 변화인 것을 이해할 것이다. 이를 통해 이 장은 민족 단위로 선교 전략을 세우는 동시에 그 안에서 다양하게 움직이는 여러 그룹도 인식해야 함을 보여 줄 것이다.

2부는 전략에 관한 내용으로, 세 장으로 구성되어 있다. 여기서는 도시인들이 갖는 사회 관계망(Social Network)에 주목할 것이다. 한마디로 도시의 민족들은 민족 내부에 형성된 전통적인 관계망 구조에 매이지 않고 민족 안팎에서 다양한 관계망을 갖게 된다는 것이 골자다. 새롭게 등장한 도시의 이웃, 도시의 친구, 그리고 변화하는 개인들의 그룹과 관계망이 선교 전략에 제공하는 의미와 기회를 여러 도표를 통해 소개할 것이다.

6장은 도시가 만들어 내는 새로운 개념의 이웃이 타문화권 선교에 얼마나 많은 선교적 가치를 지니고 있는지에 주목한다. 특히 직장 등에서 타민족을 동료로 사귈 경우, 도시인들은 자연스럽게 민족 바깥 세계와 교류하게 된다. 이렇게 사회 관계망 이론(Social Network Theory)을 통해 새로운 개념의 이웃과 전통적 이웃을 이해하고, 이 변화를 통해 하나님이 주시는 선교 기회가 무엇인지 찾아볼 것이다.

7장은 도시가 만들어 내는 새로운 개념의 친구가 지닌 선교적 가치에 주목한다. 도시인들이 민족의 경계를 넘어 타민족과도 친구가 될 수 있다는 점은 여러 민족과 교류할 기회라는 것을 살펴볼 것이다. 도시에서의 친구야말로 전통적으로 타민족과 교류하지 못하게 막았던 민족 경계선을 넘게 해주는 교량임을 사회학적으로 설명할 것이다. 이를 통해 도시에서 소수 민족과 미전도 종족을 선교하기 위해 어떤 전략을 세워야 할지를 연구할 것이다.

8장에서는 도시가 새롭게 만들어 내는 민족 안의 여러 그룹이 의미하는 선교적 기회를 알아볼 것이다. 도시에서는 여러 하부 문화 그룹이 주도적으로 자신의 미래를 선택하는 가운데 많은 그룹이 타민족과 점점 활발히 교류한다. 사회학적 검토를 통해 같은 민족 안에서도 어떤 종류의 그룹을 먼저 전도하는 것이 전략적인지를 연구할 것이다.

1부

도시의
다섯 가지 얼굴

1장

빌딩보다는 사람들이 모인 곳, 도시

이 장은 겉에서 보이는 건물과 외형적인 모습만으로는 도시를 이해하는 데 한계가 있음을 보여 줄 것이다. 그리고 선교적으로 좀 더 직접 도시를 이해하기 위해서는 그 안의 사람과 사회를 이해하는 것이 중요하다는 것을 나눌 것이다. 이를 위해 살펴볼 주요 내용은 다음과 같다.

- 도시를 이해하는 두 가지 접근법_ 도시화(urbanization)과 도시성(urbanism)의 비교
- 사회 관계망으로 이해한 도시 사회

이를 통해 독자들은 도시를 좀 더 객관적으로 이해하게 될 것이다. 그리고 도시 안의 사람과 사회를 이해하는 것이 도시 사역 전략 수립의 첫 단계임을 인식하게 될 것이다.

사례_ 도시, 생각보다 훨씬 복잡한 곳

나는 중국의 대도시인 시안에서 살았다. 그곳에서 무슬림 친구인 류를 사귀었는데, 그는 택시 기사였다. 나는 종종 류와 함께 배드민턴을 쳤다. 류와 배드민턴을 칠 때면 다른 무슬림 친구들도 함께 나와서 운동을 즐겼다. 알고 보니 그들은 모두 택시 기사였다.

류는 통신용 비둘기를 키우는 일에 매료되어 비둘기 경주 대회에 여러 번 참여했다. 심지어 국제 대회에도 나갈 만큼 관심이 컸다. 또 다른 택시 기사 리는 택시 운전과 실내 장식업으로 살아간다. 친척이 새로운 사업을 하면, 이들은 돈을 모아 자본금을 대주어 쉽게 시작할 수 있도록 돕는다. 그들은 무슬림만 모여 지내는 마을에서 살았고, 아내들은 가까운 길거리에서 작은 가게를 운영했다. 그중 한 사람인 마 씨의 부인은 한국 드라마에 푹 빠져 있었다. 내 아내를 만나면 마 씨의 부인은 최근에 본 드라마 이야기를 하느라 시간 가는 줄 몰랐다. 마 씨, 류, 그리고 리는 한결같이 내게 이렇게 이야기했다. "나는 이렇게 못 배우고 힘들게 살지만, 우리 자식만큼은 꼭 대학에 보낼 거예요."

개인적으로 아는 사람이 많아질수록 내가 생각한 중국 도시의 이미지가 점점 바뀌었다. 처음 내 머릿속에 떠오른 중국 도시는 복잡한 길과 콘크리트 건물들이었다. 그리고 사람들의 이미지는 주로 기차역 가판대에서 물건을 파는 가난한 모습이었다. 그들은 종교적이고 보수적이며, 외부 세계에 적대적이고, 나와는 매우 다른 사람들일 것이라고 생각했다. 사실 그들 가운데 내가 개인적으로 아는 사람은 없었다. 이 이미지는 내가 중국에 도착하기 전, 주로 텔레비전이나 선교 보고에 나온 사진 등을 접하면서 형성된 것이었다.

그러나 중국에 사는 동안 무슬림 친구가 늘고 그들과 많은 시간을 보내면서 그들 안에 내가 생각하지 않은 모습들, 나와 매우 닮은 모습들이 있는 것을 보았다. 그리고 그 안에는 외부인이 모르는 다양하고 복잡한 인간관계와 그룹이 있었다. 그것들은 서로 유기적으로 연결되어 각자의 삶을 발전시키고 윤택하게 했다. 그곳에는 외부인이 알지 못하는 따스함, 아름다움, 사랑, 자부심, 사연들이 있었다.

도시는 내가 생각한 것보다 더 크고 풍성하며 복잡한 곳이다. 겉으로 보이는 건물과 거리를 들춰 보면, 도시 안에 수많은 민족과 개인이 살고 있으며 그들은 각자 미래를 향한 꿈과 사연을 안고 살아가는 것을 볼 수 있다. 그들은 복잡한 관계망 속에서 필요에 따라 유기적으로 서로 돕고 때로 경쟁하고 때로 거래하면서 자신의 삶을 살찌워 간다. 도시란 사람과 사회로 만들어진 곳이기 때문이다.

도시를 보는 관점들

성경을 보면 인류는 초기부터 도시와 함께 살아왔다. 창세기에는 인류가 창조된 지 얼마 안 되어 성, 즉 도시를 건축하는 장면이 나온다. 가인은 동생 아벨을 죽인 후, 자기 아들 에녹의 이름으로 성을 건축한다.[1] 이는 성경에 나타난 인류 최초의 도시 성읍이라 할 수 있다.

한편 고고학적 발굴에 따르면 인류 초기 도시는 약 5천여 년 전에 건설된 것으로 추정된다. 이러한 고대 도시들은 주로 큰 하천을 끼고 발달하였는데, 그 결과 각각 독특한 문명권을 발흥시켰다. 예를 들어 티그리스 유프라테

---

1 창 4:17.

스 골짜기(Tigris-Euphrates valley)의 메소포타미아 문명(Mesopotamia civilization), 인더스 강 주변(the Indus River valley)의 인더스 문명(Indian civilization), 황하 주변(the Huang-he basin)에 형성된 중국 문명(Chinese civilization) 등이다.[2] 트루먼 핫숀(Truman A. Hartshorn)에 따르면 가장 오래된 것으로 인정받은 도시는 주전 4000-3000년경에 티그리스 강과 유프라테스 강 유역에 생성된 에리두(Eridu)다. 에리두는 경제적 기반을 제공해 준 연장 제조, 도자기 굽기 및 바구니 짜기 등의 수공업 시설을 갖추고 있었고 종교 중심지이기도 했다. 그러나 이를 포함한 대부분의 초기 도시는 사라지고, 다마스커스(Damascus)만이 가장 오래 지속된 고대 도시로 인정받고 있다.[3]

그후 도시는 꾸준히 성장했고, 최근에는 그 성장 속도가 급격히 빨라졌다. 급기야 2008년에는 세계 인구의 50퍼센트 이상이 도시에 사는 시대가 되었다. 이렇게 점점 도시가 우리 삶에 깊이 들어오면서 사람들은 도시에 대해 여러 질문을 해야 했다. '도시란 무엇인가?', '도시는 내게 어떤 의미를 주는가?', '도시는 좋은 곳인가, 나쁜 곳인가?'

이러한 대답의 일환으로 도시학자들은 도시를 여러 가지로 정의해 왔다. 예를 들어 노춘희, 김일태는 도시를 다음과 같이 설명한다.

> 한정된 공간 안에 많은 사람이 모여, 매우 정교하게 짜여진 사회 제도 속에서 바쁘게 일상생활을 영위하는 시민들의 삶의 현장이다. …… 주거 및 위락 활동, 경제 활동, 그리고 문화와 예술 등 각종 행위가 곳곳에서 벌어지고, 산업 사회의 상징인 각종 물질들이 넘쳐나며, 그것들을 생산, 유통, 소비하

---

[2] Mark Gottdiener and Ray Hutchison, *The New Urban Sociology*, 3rd ed. (Boulder, Colo.: Westview Press, 2006), 21-25.
[3] Truman A. Hartshorn, *Interpreting the City: An Urban Geography* (New York: Wiley, 1980), 15-17.

기 위한 각종 시설물들의 복합체인 거대한 인공 환경(man-made or built environment)이 지배하고 있다. 그리고 곳곳에서 각종 과학 기술과 문화 예술 등의 창조적 행위가 역동적으로 벌어지고 있는 곳이기도 하다.[4]

클로드 피셔 또한 도시를 개념화하기 위해 다음 네 가지 일반 정의를 소개했다. 즉, 인구가 적절한 규모와 밀도를 유지하는 곳, 사람들을 통치하고 행정적으로 운영하는 기관이 있는 곳, 도시적인 세계관과 가치관을 갖게 하는 문화의 집합소, 그리고 도시인 특유의 삶과 행동을 영위할 수 있게 하는 곳이다.[5]

도시가 지닌 네 가지 기능, 즉 경제 활동의 중심, 정치와 행정의 중심, 문화 창조의 중심, 그리고 사회적 공동체[6]로 도시를 정의할 수도 있다.

첫째, 도시는 경제 활동의 중심지다. 즉 도시란 농촌과 달리 공업과 상업이 중심이 되는 곳이고, 그러한 활동들을 통해 도시는 경제적 자원을 만들어 내는 곳으로 발전하였다. 사람들은 직업과, 더 나은 경제적 기회를 찾기 위해 도시로 몰려든다.

둘째, 도시는 정치와 행정의 중심지다. 예를 들어 막스 베버(Max Weber)는 특히 동양의 도시를 예로 들면서 이러한 도시의 특징을 설명했다.[7] 서양의 도시가 경제 활동을 중심으로 편재된 것과 달리 동양의 도시는 주민을 행정적으로 모으고 관리하는 곳, 즉 관청이 있는 곳이었다. 이처럼 도시는 정치와 행정의 중심처로, 많은 사람을 통치하고 정치적으로 의도하는 방향으로 인

4　노춘희, 김일태, 「도시학 개론」, 개정판 (서울: 형설출판사, 2004), 12.
5　Claude S. Fischer, *The Urban Experience*, 2nd ed. (San Diego: Harcourt Brace Jovanovich, 1984), 24-25.
6　여기 소개한 네 가지 관점과 참고 서적들은 노춘희, 김일태가 정리한 것이다. 노춘희, 김일태, 「도시학 개론」, 12-15.
7　Max Weber, *The City* (Glencoe, Ill.: Free Press, 1958).

도하는 곳이다. 도시는 적들의 외침을 효과적으로 방어하기 위해 효과적인 관청과 행정적 통솔 중심처 역할을 한다.

셋째, 도시란 문화를 창조하고 발전시키는 중심처다. 또한 예술과 문학, 과학의 발상지요, 자유와 해방의 힘을 만들어 내는 원천이 되기도 한다. 도시는 휴머니즘 정신과 민주주의 정신이 번성하는 곳이며, 지식과 정의에 대한 인간의 탐구욕을 만들어 내고, 사고와 사고가 만나 새로운 사고를 창출하는 곳이다.[8]

마지막으로 도시란 사회적 공동체다.[9] 도시에는 법과 인격을 갖는 사회 단위가 있고, 이들은 서로에게 촉매 작용을 한다. 그들은 공공재를 생산하고 여러 희로애락을 만들어 내는 공동체를 형성한다.

이처럼 도시를 보는 관점은 다양하다. 이런 다양한 관점과 정의는 다른 관점이 제공하지 못하는 도시의 독특한 색과 냄새를 인식하고 형상화해 준다. 이런 다양한 접근을 골고루 활용할 때, 우리는 도시를 향한 균형 잡힌 관점을 가질 수 있게 된다.

도시를 이해하기 위한 두 가지 접근법_ 도시화론과 도시성론

도시가 사람들과 관계로 구성된 사회라는 개념이 정착되기까지는 미국과 유

---

8 William Alexander Robson, *Great Cities of the World: Their Government, Politics and Planning* (London: Allen and Unwin, 1954); Philip L. Wagner, *The Human Use of the Earth* (Glencoe, Ill.: Free Press, 1960); Lewis Mumford, *The City in History: Its Origins, Its Transformations, and Its Prospects* (New York: Harcourt, Brace & World, 1961).

9 James M. Banovetz, *Managing the Modern City* (Washington: Published for the Institute for Training in Municipal Administration by International City Management Association, 1971).

럽에서 오랫동안 많은 도시 사회학자들의 연구가 있었다. 도시 연구 초기에 미국에서는 도시를 이해하기 위해 두 가지 접근법(도시화론 연구와 도시성론 연구)을 발전시켰다. 이번 단락에서는 도시를 이해하기 위한 두 종류의 학문적 렌즈에 대한 이해와, 그것이 나오기까지의 역사적 배경을 살펴보겠다. 마지막에는 두 렌즈의 관계와, 선교 전략을 위해서는 둘 중 어느 것에 우선순위를 두는 것이 좋은지를 살펴보고자 한다.

도시를 이해하고 그 안에 사는 사람들에게 복음을 전하기 위해서는 먼저 그들의 삶과 행동을 이해할 수 있어야 한다. 그들의 삶을 이해하도록 도와줄 학문으로 도시 사회학이 있다. 도시 사회학은 문자 그대로 '도시'와 '사회학'이 합해진 학문으로, '도시의 사회에 관한 학문' 또는 '도시에 관한 사회학'이라고 말할 수 있다. 도시 사회학은 사회학적 지식과 방법을 통해 도시 안의 현상들, 그중에서도 특히 사회적인 측면을 사회학적으로 탐구한다.

도시 사회학의 시작

도시 사회학은 19세기 말엽에 유럽에서 먼저 발전되었다. 이때 유럽의 사회학과 도시학에 기초를 놓은 학자로는 페르디난트 퇴니스(Ferdinand Tönnies),[10] 막스 베버, 에밀 뒤르켐(Emile Durkheim),[11] 프리드리히 엥겔스(Friedrich Engels) 등이 있다.

20세기 초에 들어서는 미국에서도 사회학이 발전하였다. 미국에서는 이른바 '시카고학파'(Chicago School)라 불린 학자들이 그동안 발전해 온 유럽의 도시학을 가장 먼저 받아들이고 자체적인 발전을 꾀했다. 이들을 시카고

10　Ferdinand Tönnies and Charles Price Loomis, *Community & Society (Gemeinschaft Und Gesellschaft)* (NewYork: Harper & Row, 1957).
11　Emile Durkheim, *The Division of Labor in Society* (New York: Free, 1964). 「사회분업론」, 민문홍 역 (서울: 아카넷, 2012).

학파라 부르는 이유는 주요 학자들이 모두 시카고 대학의 사회학과에 소속되어 있었기 때문이다. 주요 인물로는 게오르크 지멜(Georg Simmel),[12] 로버트 파크(Robert Ezra Park), 루이스 워스[13] 등을 비롯하여 어니스트 버제스(Ernest W. Burgess),[14] 로데릭 맥켄지(Roderick McKenzie),[15] 윌리엄 토마스(William Isaac Thomas),[16] E. C. 휴즈(Hughes),[17] 찰스 쿨리(Charles Horton Cooley)[18] 등이 있다.

시카고학파 탄생에 큰 역할을 한 사람은 로버트 파크다. 파크는 유럽 도시 사회학자 출신인 지멜에게서 수학한 학자다.[19] 파크의 도시학 연구는 이전에 베버가 수행한 도시의 역사나 습성 비교 연구 등을 뛰어넘어 도시 환경에서 사람들의 삶과 행동, 사람들 간의 교류 현상 연구에 많은 업적을 남겼다. 시카고학파가 도시인의 삶에 대해 개척해 놓은 이런 연구는 도시를 건물과 기관으로 보기보다는 사람과 사회로 본다는 점에서 오늘날의 도시 선교와 선교 전략 수립에도 적지 않은 이론적 기초를 제공했다고 볼 수 있다.

---

12 Georg Simmel, "The Metropolis and Mental Life," in *Classic Essays of the Culture of Cities*, ed. Richard Sennett (New York: Appleton-Century-Crofts, 1965), 47-60.
13 이들의 주요 저서로는 다음과 같은 것이 있다. Robert Ezra Park and E. W. Burgess, *Introduction to the Science of Sociology Including the Original Index to Basic Sociological Concepts* (Chicago: University of Chicago Press, 1969); Louis Wirth, "Urbanism as a Way of Life," *American Journal of Sociology* 44, no. 1 (1938): 1-24; Robert E. Park, "The City: Suggestions for the Investigation of Human Behavior in the City Environment," *American Journal of Sociology*, no. 20 (1915): 577-612.
14 Ernest W. Burgess, "The Growth of the City: An Introduction to a Research Project," in *The City*, ed. Robert Ezra Park, E. W. Burgess, and Roderick Duncan McKenzie (Chicago: University of Chicago Press, 1925), 47-62.
15 Roderick Duncan McKenzie, *The Metropolitan Community* (New York; London: McGraw-Hill Book Co., 1933).
16 William Isaac Thomas and Morris Janowitz, *On Social Organization and Social Personality: Selected Papers* (Chicago: University of Chicago Press, 1966).
17 E. C. Hughes, "A Study of a Secular Institution the Chicago Real Estate Board" (University of Chicago, 1928).
18 Charles Horton Cooley, *Human Nature and the Social Order* (New York: CharlesScribner's Sons, 1902).
19 지멜은 전통적인 도시 연구가 겉으로 나타내는 기능과 현상학적 차원에서 한 걸음 더 나아가 도시가 지닌 문화 요소와 도시인의 삶의 연구에 주목했다.

도시화론과 도시성론의 이해

시카고학파는 도시학을 크게 도시의 외형과 내면 연구로 분류하여 접근하였다. 이러한 분류는 나중에 도시의 구조와 기능을 외형적인 면에서 연구하는 도시화 연구와, 도시인의 삶과 사회를 연구하는 도시성 연구로 발전하였다.[20]

먼저 외형을 연구하는 도시화는 도시의 기원, 도시의 역사, 도시의 흥망성쇠, 문화와 국가별 도시의 특징, 도시의 구조와 기능 등을 연구한다. 그래서 도시화론 분야에서는 표1.1의 예처럼 세계 도시의 현상이나 숫자를 표기한 그래프와 차트가 자주 등장한다.

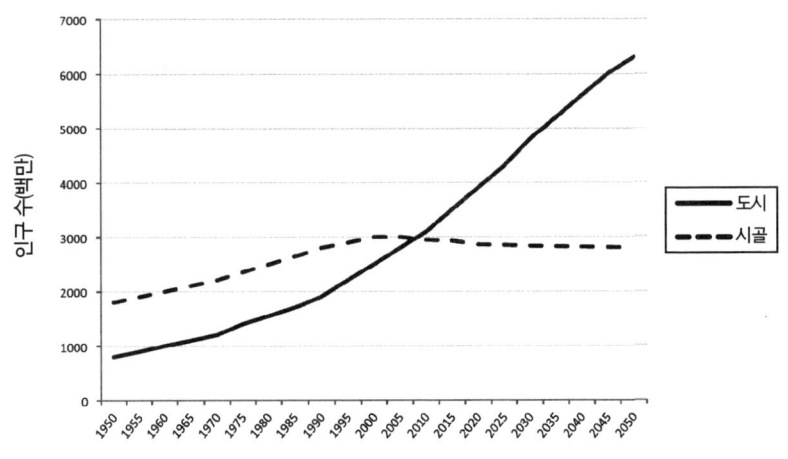

표1.1. 도시화론에서 사용하는 그래프의 예[21]

좁은 의미에서 도시화란 농촌과 같은 비도시 지역이 도시 지역으로 바뀌어 가는 현상을 가리킨다. 도시화는 물리적으로 어떤 공간이 도시로 변해 가

20　Gottdiener and Hutchison, *The New Urban Sociology*, 45-46.
21　Population Division United Nations Department of Economic and Social Affairs, "World Urbanization Perspects: The 2014 Revision, Highlights (ST/ESA/SER.A/352)" (United Nations Department of Economic and Social Affairs, Population Division, 2014), 7.

는 것을 가리키지만, 사회적, 경제적 측면으로는 도시가 지녀야 할 기능과 모양을 갖추는 현상을 말한다.[22]

도시화론은 보통 도시의 성장과 축소, 구조와 효율 등 외형적인 모습과 구조 등을 주로 연구한다. 이런 의미에서 도시화론은 도시를 향한 거시적 접근이라 보는 것이 좋다. 여기서 나온 연구 결과는 도시 계획이나 국가 정책 등에 유용한 정보가 된다. 도시의 현 상태가 사회와 경제에 끼치는 영향, 그리고 도시 미래에 대한 예측 역시 도시화론에서 나온 자료로 판단할 수 있다. 뿐만 아니라 도시의 시설, 문화, 수준, 규모 등이 개인의 삶에 어떤 영향을 주는지도 예측할 수 있다. 이런 이유로 도시화론은 물리적, 양적, 수치적 자료를 중요시 여긴다. 그래서 도시가 사람들의 삶에 어떤 영향을 끼치는지 알기 위해서는 이러한 도시화 연구 수행이 필수라 하겠다.

도시 성장학에 대조되는 두 번째 분야로는 도시성 연구가 있다. 도시성 연구는 도시의 내면적인 모습, 즉 도시 안의 사람과 사회에 관해 연구한다. 여기서는 도시인의 삶을 이해하기 위해 도시의 문화, 도시인의 생각과 생활 패턴, 그들의 생각 속에 있는 의미와 상징, 반복되는 습관, 가족, 친구, 동료, 이웃과 같은 사회망에 대해 연구한다. 이뿐 아니라 도시성론은 도시인이 그들의 도시 환경에 어떻게 적응하고, 어떻게 도시 환경을 활용하는지, 그들이 도시 환경에 받는 영향과 변화가 무엇인지에도 관심을 갖는다. 그리고 도시 안에 존재하는 갈등, 사람들이 정치 사회 기관과 관계하는 방식, 대도시와 소도시 안에서의 삶의 차이도 연구한다.

이러한 도시성에 대한 연구는 도시 사회학과 도시 인류학이 발전했기 때문에 가능했다. 도시 인류학은 인류학의 한 분야로, 도시인에 대해 연구하는

---

22 Banovetz, *Managing the Modern City*.

학문이다.[23] 도시 인류학은 도시라는 환경에서 사람들의 생활 패턴과 생각, 관계가 어떠한지를 연구한다. 예를 들면 그 도시의 독특성, 기관들, 도시인들 안에 형성된 그룹들 간의 역학 관계 등이 그 좋은 연구 대상이다. 도시 인류학의 거장으로는 루이스 워스,[24] 오스카 루이스(Oscar Lewis),[25] 마이클 영(Michael Young)과 피터 윌모트(Peter Willmott),[26] 애브너 코헨(Abner Cohen),[27] 허버트 갠스(Herbert Gans) 등이 있다.[28, 29]

그후로도 도시 관련 사회학은 발전을 거듭하였다. 이전의 초기 도시학자들은 주로 선진국을 중심으로 연구해 왔으나 최근의 연구가들은 지역적 특색이 더 가미되고 세계화 현상이라는 큰 상황 아래에 놓인 도시를 연구한다는 특징이 있다.[30]

---

23 도시 인류학은 초기 도시 생태학이 도시 전체를 하나의 단위로 보는 한계를 넘어섰다는 점에서 의미가 있다.
24 루이스 워스는 도시인의 삶을 현상적, 관계적, 심리적으로 설명하려 하였다. 워스를 중심으로 형성된 도시학 학파들은 도시를 시골과 대비시켜 서로 비교하고 차이를 찾아내는 연구를 발전시켰다.
25 도시 안의 멕시코 이주민을 연구한 오스카 루이스는 도시의 소그룹들이 자신의 정체성을 계속 유지할 수 있다고 주장하여 워스의 이론에 반대하는 주장을 폈다.
26 Michael Dunlop Young and Peter Willmott, *Family and Kinship in East London*, Reports of the Institute of Community Studies, 1 (Glencoe, Ill.: Free Press, 1957).
27 Abner Cohen, *Two-Dimensional Man: an Essay on the Anthropology of Power and Symbolism in Complex Society* (London: Routledge & K. Paul, 1974).
28 Herbert J. Gans, *The Urban Villagers: Group and Class in the Life of Italian-Americans* (New York: Free Press of Glencoe, 1962).
29 Gideon Sjoberg, *The Preindustrial City, Past and Present* (Glencoe, Ill.: Free Press, 1960); J. Douglas Uzzell and Ronald Provencher, *Urban Anthropology*, Elements of Anthropology (Dubuque, Iowa: W. C. Brown Co., 1976); Edwin Eames and Judith Goode, *Anthropology of the City: An Introduction to Urban Anthropology*, Prentice-Hall Series in Anthropology (Englewood Cliffs N.J.: Prentice-Hall, 1977); Richard Basham, *Urban Anthropology: The Cross-Cultural Study of Complex Societies*, 1st ed. (Palo Alto, Calif.: Mayfield Pub. Co., 1978); Ulf Hannerz, *Exploring the City: Inquiries toward an Urban Anthropology* (New York: Columbia University Press, 1980); George M. Foster and Robert V. Kemper, *Anthropologists in Cities* (Boston: Little Brown, 1974); Joyce Cathryn Aschenbrenner, *The Processes of Urbanism: A Multidisciplinary Approach. Editors: Joyce Aschenbrenner, Lloyd R.Collins* (Hague: Mouton, 1978); Brian M. Du Toit and Helen Icken Safa, *Migration and Urbanization: Models and Adaptive Strategies*, World Anthropology (Chicago: Mouton, 1975).
30 Robert A. Beauregard, "City of Superlatives," *City & Community* 2, no. 3 (2003): 183-99; Neil Brenner, "Stereotypes, Archetypes, and Prototypes: Three Uses of Superlatives in Contemporary Urban Studies," *City &*

선교 전략에 대한 역할과 우선순위

그렇다면 도시화론과 도시성론 사이의 관계를 어떻게 이해해야 하는가? 분명 도시의 외형은 도시인의 삶에 적지 않은 영향을 주기 때문에 외형적 연구, 즉 도시화론이 간과되어서는 안 된다. 그럼에도 보통 도시 사역자들이 도시의 외형적 모양과 건물, 행정 기관, 교통 시설 등을 보면서 그러한 것들이 자신의 사역에 많은 의미를 준다고 생각하는 경우는 많지 않다. 사역자들은 그보다 그 안에서 살아가고 출퇴근하며 자녀들을 키우는 도시 사람들에게 더 관심을 갖고 의미를 둔다.

도시화론과 도시성론, 이 두 가지는 도시학을 이루는 서로 다른 분야로 대립되기보다는 상호 보완 관계에 있다고 보아야 한다. 컴퓨터로 말하면 도시화론은 하드웨어에 관한 연구와 같고, 도시성론은 소프트웨어를 다루는 분야와 같다고 할 수 있다. 실제로 도시 안의 사람들은 그 도시의 외형에 영향을 끼친다. 예를 들어 소수 민족 중학교가 있는 곳은 그 민족이 선호하며 장기적으로 거주하는 곳이기 때문에 그 민족의 소득 수준보다 집세와 물가 수준이 좀 더 높다. 또한 연쇄 이주(chain migration)를 통해 생겨난 도시의 판자촌이 급증할 경우, 도시 책임자들은 저임 노동 인구의 필요에 맞춰 그 지역의 버스 노선을 증설할 수 있다. 이처럼 사람들의 삶과 분포에 따라 도시의 외형이 영향을 받는다.

Community 2, no. 3 (2003): 205-16; Mike Davis, *Planet of Slums* (London; New York: Verso, 2007); Garth Andrew Myers, *African Cities: Alternative Visions of Urban Theory and Practice*, 1 online resource (xi, 242 pages) : illustrations, maps vols. (London: Zed Books Ltd., 2011); Ananya Roy and Aihwa Ong, *Worlding Cities: Asian Experiments and the Art of Being Global* (Chichester, West Sussex; Malden, MA: Wiley-Blackwell, 2011); Tim Edensor and Mark Jayne, *Urban Theory beyond the West* (Abingdon, Oxon: Routledge, 2011); Andreas Huyssen, *Other Cities, Other Worlds: Urban Imaginaries in a Globalizing Age* (Durham: Duke University Press, 2008); Eugene McCann and Kevin Ward, "Relationality/Territoriality: Toward a Conceptualization of Cities in the World," *GEOF Geoforum* 41, no. 2 (2010): 175-84; Jamie Peck, Nikolas Theodore, and Neil Brenner, "Neoliberal Urbanism: Models, Moments, Mutations," *SAIS Review* 29, no. 1 (2009): 49-66.

이와 반대로 환경 역시 도시인의 삶에 영향을 주게 되어 있다. 예를 들어 대도시에서는 어떤 종류의 음식점도, 어떤 부류의 사람도, 그리고 어떤 기회도 쉽게 찾을 수 있다. 즉, 큰 도시는 그만큼 가동할 수 있는 자원이 많기 때문에 작은 도시에 비하여 개인의 삶과 행동에 다양한 영향을 끼친다.

그렇다면 도시성론과 도시화론 중 어느 것이 선교 전략 수립에 더 많은 영향을 끼치는가? 선교 전략은 이 둘 모두에 영향을 받는다. 도시인과 도시 환경은 서로 영향을 주고받기 때문이다. 뿐만 아니라 선교 전략을 어떻게 보느냐에 따라 그 대답은 여러 가지가 나올 수 있다. 그럼에도 도시화 연구보다는 도시성 연구가 선교 전략에 직접적이고 일차적인 영향을 준다고 보는 것이 현실적이다. 도시인들의 삶, 그들의 가치관과 인간관계, 그룹에 관한 연구가 선교 전략에 좀 더 직접적인 자료를 제공하기 때문이다. 저자의 주관적인 관찰을 나누자면, 지금까지의 많은 사역자들, 특히 제3세계의 사역자들은 자신의 사역을 진행하는 데 국가나 도시 전체가 주는 요소보다는 이웃이나 개인 간의 관계에서 오는 요소를 직접적으로 고려하는 것 같다. 이러한 현상은 사역자들에게 도시성을 더 먼저 연구하게 만든다. 도시성 연구를 우선해야 하는 또 다른 이유로는 이번 장에서 강조했듯이 도시란 사람으로 이루어진 사회이기 때문이다. 즉 사람 간의 관계를 직접 다루는 도시성 연구야말로 선교 전략 수립에 우선적인 이론을 제공할 수 있다.

이러한 논지를 바탕으로 선교 전략을 다루는 이 책은 이제 되도록 도시성 분야를 중심으로 연구하고자 한다. 물론, 도시 인류학과 사회학 안에는 많은 비성경적 요소가 존재한다. 그렇기 때문에 성경에 근거한 비판적 렌즈를 가지고 일반 학문을 선별적으로 대하고 사용해야 함은 더 말할 필요가 없다.[31]

31　Scott W. Sunquist, *Understanding Christian Mission: Participation in Suffering and Glory* (Grand Rapids, Mich.: Baker, 2013), 35-36. 「기독교 선교의 이해」, 이용원, 정승현 역 (인천: 주안대학원대학교 출판부,

사회 관계망으로 이루어진 곳, 도시

앞서 도시에 대한 관점 중에 도시를 사회 공동체로 보는 관점이 있다고 설명하였다. 또한 도시성 연구에 대한 소개에서 도시를 사람과 사회로 이해하는 것이 선교 사역에 효과적이라는 것도 살펴보았다. 이를 바탕으로 이제는 도시 공동체, 즉 도시 안의 사람과 사회는 무엇으로 이루어졌으며 사회 관계망의 이해는 그러한 도시 사회를 이해하는 데 어떠한 틀을 제공할 수 있는지 살펴보도록 하자.

사회란 사람 간의 관계와 구조를 말한다. 그 관계는 가장 기초 단위인 가정을 필두로 확대 가족, 친구, 사회의 각종 그룹과 결사체(associations), 나아가서는 국가나 정부까지 확대해 볼 수 있다. 또한 국제화 사회에서는 개인의 관계망이 국가 너머까지 확대되기도 한다.

1929년 프리기예스 카린시(Frigyes Karinthy)는 "모든 것은 다르다"(*Everything is Different*)라는 글에서 여섯 명만 건너뛰면 지구상 누구라도 아는 사람으로 연결되어 있다고 표현했다.[32] 그는 사람 간의 연결망이 증가하다 보니 마치 지구가 작아지는 효과를 낸다고 생각하였다. 이 생각은 후일 사람과 사람의 관계를 연결하면 세계의 사람들 거의 대부분이 연결될 수 있으리라고 여기게 만들었다. 이처럼 사회 관계망 이론은 바로 사람들의 관계망이 지닌 역학 관계와 생리에 대해 연구한다.

최근 스마트폰이 등장하면서 '소셜 네트워크'(Social Network)라는 단어가 더 각광 받고 있다. 그래서 어떤 경우에는 소셜 네트워크라는 단어 자체를 현대 미디어 기기를 일컫는 것으로 오해하기도 한다. 하지만 소셜 네트워크, 즉 사

2015).
32   Frigyes Karinthy, *Minden Másképpen Van (Ötvenkét Vasárnap)* (Budapest: Athenaeum, 1929).

회 관계망은 스마트폰이 등장하기 훨씬 전부터 사회학과 인류학 분야의 학자들이 연구하고 사용해 온 단어다.[33] 단지 정보 기술이 발전하면서 사람들이 예전부터 맺어 온 인간관계를 이러한 기기들이 더 쉽게 해주고, 확대해 주고, 빠르게 만들어 준 것이다. 즉 어떤 기계가 사회 관계망을 창조한 것이 아니라 인간들이 원래 갖고 있던 면모를 그 기계가 촉진한 것이라 볼 수 있다.

시간이 가면서 점점 여러 학자가 사회 관계망 개념의 정의와 특징을 더 현실적으로 정리하였다. 학자마다 자신이 중요하다고 생각하는 특징을 강조하여 사회 관계망을 묘사하였다. 예를 들어 J. 클라이드 미첼(Clyde Mitchell)은 사회 관계망을 "사람들이 보이는 사회 행동을 해석하기 위해 관련된 사람들 간의 연계"라 하였다.[34] 위튼(Whitten)과 울프(Wolfe)는 "특정한 상황에서 특정한 목적을 이루기 위해 형성된 사람들 간의 연결"이라 정의하였다.[35] 한편 보아세뱅(Boissevain)은 사회 관계망을 "서로 연결되거나 교류할 수 있는 사람들 간의 고리들"이라 정의했다.[36] 종합하건대 사회 관계망이란 연쇄적으로 연결된 사람들 간의 관계를 말하는 것으로, 그 연결을 통해 정보와 감정이 교류되는 하나의 사회적 단위라 할 수 있다.[37] 오늘날 여러 학계의 노력과 상업적 필요

---

33 사회학에서 사회 관계망 연구가 시작된 것은 존 반스(John A. Barnes)와 엘리자베스 스필리우스(Elizabeth Bott spillius)에 의해서다. J. A. Barnes, "Class and Committees in a Norwegian Island Parish," *Human Relations* 7, no. 1 (1954): 39-58; Elizabeth Bott Spillius, *Family and Social Network: Roles, Norms, and External Relationships in Ordinary Urban Families* (New York: Free Press, 1971).
34 J. Clyde Mitchell, Zambia University of, and Research Institute for Social, *Social Networks in Urban Situations: Analyses of Personal Relationships in Central African Towns* (Manchester: Published for the Institute for Social Research, University of Zambia, by Manchester U.P., 1969), 2.
35 Norman E. Whitten and Alvin W. Wolfe, "Network," *Handbook of Social and Cultural Anthropology*, 1973, 720.
36 Jeremy Boissevain, *Friends of Friends: Networks, Manipulators and Coalitions*, Pavilion Series Social Anthropology (Oxford: Blackwell, 1974), 24.
37 캐서린 주프리(Katherine Giuffre)는 사회 관계망에 관한 여러 학자의 개념들을 종합하여 소개하였다. Katherine Giuffre, *Communities and Networks: Using Social Network Analysis to Rethink Urban and Community Studies* (John Wiley & Sons, 2013), 7-8.

에 의해 사회 관계망에 관한 이론적 연구는 많은 발전을 이루었고 앞으로도 계속 연구될 것이다.

사회 관계망 이론의 발전

사회 관계망 이론이 보여 주었듯이 우리 사회는 다양한 인간관계로 이루어져 있다. 그러나 사회가 인간 관계망으로 이루어져 있다는 개념은 처음부터 있던 것이 아니다. 우리의 사회가 단순히 다양한 집단뿐 아니라 다양한 사회 관계망으로 이루어져 있다는 개념이 나오기까지 사회학에서는 여러 세대를 거쳐 커뮤니티(community)를 연구해야 했다.[38]

커뮤니티에 관한 연구는 약 140여 년 전으로 거슬러 올라간다. 서이종에 따르면 커뮤니티에 대한 연구는 적어도 다음 세 가지 중요한 이론적 정리를 경험하며 발전을 거듭해 왔다.[39]

커뮤니티에 관한 근대 연구의 첫 선구자로는 페르디난트 퇴니스를 꼽을 수 있다.[40] 퇴니스는 1871년 근대의 커뮤니티를 '공동 사회'(*Gemeinschaft*)와 '이익 사회'(*Gesellschaft*)로 나누어 분류했다. 그가 말한 공동 사회란 공동의 선, 공동의 이익, 공동의 목적을 위해 일하는 살아 있는 유기적 조직체를, 이익 사회란 그와 대조되는 개념으로 기계적인 집합체요 인공물의 협회를 뜻한다고 할 수 있다.

퇴니스와 비슷한 개념을 가진 학자로 로버트 매키버(Robert MacIver)가 있는데, 그는 공동체란 종합되고 연속성이 있는 사회라고 생각했다.[41] 매키버에게

---

38 앞의 책, 19-26.
39 여기 정리한 세 세대 개념은 서이종의 책에서 아이디어를 받았다. 서이종, 「인터넷 커뮤니티와 한국 사회」(도서출판 한울, 2002), 18-21.
40 Ferdinand Tönnies and Charles Price Loomis, *Community & Society (Gemeinschaft Und Gesellschaft)* (New York: Harper & Row, 1957), 7-12.
41 Robert M. MacIver and Leon Bramson, *Robert M. MacIver on Community, Society and Power; Selected*

공동체란 한정된 영역 안에서 공동생활을 하는 사람들을 의미했다. 매키버는 작은 마을이나 지역 공동체에서 시작하여 넓게는 나라에 이르기까지 공동체의 규모와 유형을 다양하게 정리하였다.[42] 매키버는 결사체의 개념도 소개했는데, 결사체란 공동체와 대치되는 개념으로 일시적, 일부, 그리고 목적 중심적인 모임으로 보았다. 매키버가 말하는 결사체는 공동체와 달리 구성원의 이익과 목적이 성취될 때까지 운영되는 한시적인 사회생활 조직이다. 이러한 결사체와 공동체는 비록 성격이 다르지만 공존할 수도 있다.

이들에 이어 커뮤니티를 사회-지리적 개념(socio-geographical view)으로 이해하는 2세대 학자들이 등장했다. 이 개념은 주로 도시 인류학자들에 의해 발전되었는데, 커뮤니티를 지리적으로 가까이 사는 사람들로 이해하는 접근이다. 이러한 관점은 주로 시카고학파에서 제안된 것이다.[43] 이 학자들은 주로 도시 공동체와 시골 공동체를 비교 연구했다. 특히 시골에서 도시로 이주한 사람들의 전통적 공동체 요소들이 어떻게 해체되거나 유지되는지를 연구했다. 이러한 연구는 나중에 사회 관계망 이론에도 많은 이론적 기초를 제공해 주었다.[44]

이러한 지역 공동체적 개념에 이어 최근에는 커뮤니티를 사회 관계망으로 구성된 사회로 이해하려는 3세대 관점이 등장했다. 이러한 관점은 커뮤니티를 공간적, 기능적으로 이해하던 전(前) 학자들의 한계를 뛰어넘는 개념이다. 3세대의 커뮤니티 연구는 주로 배리 웰만(Barry Wellman)[45]과 같은 학자들이 주축이 되었다. 그들은 공동체나 결사체가 모두 사람 간의 관계로 이루어

Writings (Chicago: University of Chicago Press, 1970), 30-31.
42 Robert M. MacIver and Charles Hunt Page, *Society: an Introductory Analysis* (New York: Rinehart, 1949).
43 시카고학파의 로버트 파크, 어니스트 버제스, 로더릭 맥켄지, 루이스 워스가 이 분야의 주요 학자들이다.
44 Giuffre, *Communities and Networks*, 27-29.
45 Barry Wellman, *Networks in the Global Village: Life in Contemporary Communities* (Boulder Colo: Westview Press, 1999).

사진1.1. 사회란 사람들의 모임이다. 중국 시안의 무슬림들(중국 시안, 2010년 4월)

지는 것에 착안하여 사람 간에 형성된 관계의 방향, 관계의 질, 여러 사람 간에 형성된 관계의 분산과 집중 등, 즉 관계망을 분석하여 공동체를 규명하려 하였다. 이런 관계망 중심의 커뮤니티 개념은 관계망을 '나'라는 자신이 중심(ego-centrism)이 된 형태라고 보았다. 이 3세대 커뮤니티 학파는 이후 상업 응용(business applicants)자들에 의해 현대의 비즈니스, 모바일 기기 산업에도 큰 영향을 끼쳤다.

이런 의미에서 도시 역시 사람들의 모임이기 때문에 하나의 사회 관계망으로 구성된 공동체로 보는 것이 타당하다. 이러한 관점은 도시 사역자들이 도시를 이해하는 데 많은 도움을 준다. 도시를 커뮤니티와 사회 관계망으로 접근하는 것은 복음 전도에 관심이 있는 우리로 하여금 좀 더 효과적으로 도시를 해석할 수 있도록 해준다.

그래프 이론을 통한 관계망 이해

도시를 실제로 분석하기 위해서는 그 안의 사람들 간의 관계, 즉 사회 관계망을 더 편리하고 객관적으로 표현할 수 있는 방법들이 필요하다. 그중 J. A. 반스는 사람 간의 관계와, 그 관계가 지닌 강도 또는 밀도를 기호로 표기하는 방법을 개발하였다.[46] 점과 선으로 사람들 간의 관계를 묘사하는 방법으로, 이것이 바로 그래프 이론(graph theory)이다.[47]

표1.2는 두 사람(A와 B) 사이의 관계를 그래프로 표시한 예다. 이 그래프를 통해 우리는 둘 사이의 거리가 얼마나 먼지, 그리고 얼마나 자주 또는 얼마나 오랫동안 얼마나 많은 양(3만큼)의 영향을 주는지 등 A가 B에게 끼치는 영향을 알 수 있다.[48]

그래프 이론은 사회 관계망의 특징과, 관계망이 표현해야 할 내용을 간편하고 명확하게 설명할 수 있다는 점에서 많은 주목을 받았다.[49] 이로 인해 이제 그래프 유형은 사회 관계망의 보편적인 표기법이 되었다.[50] 그래프 이론은 도시인들 간에 관계망적 독특성, 세대 간 차이, 도시로 새로 이주해 오는 사람들의 관계망, 도시 빈민의 특성, 도시인이 지닌 친구라는 개념과 그 친밀도, 도시 안의 민족촌과 외부인, 민족과 민족 간의 관계 또는 민족 내부에서 서로 간의 관계 등, 수없이 많은 대인 관계에 나타나는 수많은 정보를 손쉽고 객관적으로 표현할 수 있다.[51]

46　J. A. Barnes, "Graph Theory and Social Networks: A Technical Comment on Connectedness and Connectivity," *Sociology* 3, no. 2 (1969): 215-32.
47　그래프 이론의 기원은 1736년 레온하르트 오일러(Leonhard Euler)로 올라간다. Leonhard Euler, *The Seven Bridges of Konigsberg* (S.l.: Wm. Benton, n.d.).
48　그래프 이론에서 '점'은 사람을 가리키고 '선'은 사람 간의 관계를 나타낸다. 이 두 요소가 당사자 간의 거래, 관계, 교류 등을 시각적으로 표현해 준다. 손동원, 「사회 네트워크 분석」 (서울: 경문새한헌주), 2002), 26.
49　William G. Flanagan, *Urban Sociology: Images and Structure*, 2nd ed. (Boston: Allyn and Bacon, 2002), 115.
50　Bino G. D. and Krishna M, "Does Social Network Matter in Knowledge Output?," *Science Technology & Society* 16, no. 2 (2011): 235-55.
51　트래비스(Travis), 비르지니(Virginie), 주세페(Giuseppe)가 연구한, 조직 내에서 소문이 퍼지는 현상과 사회 관계망 간의 관계 연구는 좋은 관련 자료다. J. Grosser Travis, Lopez-Kidwell Virginie, and Labianca Giuseppe, "A Social Network Analysis of Positive and Negative Gossip in Organizational Life," *Group & Orga-*

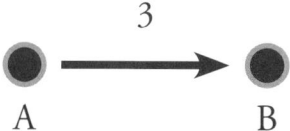

표 1.2. 방향과 밀도를 나타내는 그래프의 예

제레미 보아세뱅은 사람 간의 관계를 긴밀도에 따라 크게 두 범위(zone)로 나누었다. 가까운 범위는 직접 접촉할 수 있는 사람들, 먼 범위는 친구의 친구처럼 간접적으로 관계된 사람들이다. 그리고 그는 가까운 범위에서 한 사람이 관련될 수 있는 사람들을 다시 여섯 계층으로 나누었다.[52] 보아세뱅은 사람들의 관계를 직접 알고 있는 사람들인 개인 그룹(personal cell)으로 시작하여, 친구의 친구처럼 간접적으로 알고 있는 사람들(intimate)이 있고, 더 나아가 멀리 있는 사람들은 유효한(effective) 그룹, 명목상(nominal) 그룹, 연장된(extended) 그룹, 이렇게 세 계층을 나누었다.[53]

현대에 와서 그래프 이론은 인간관계뿐 아니라 연구 방법론,[54] 교육학,[55] 의학,[56] 범죄학,[57] 커뮤니케이션[58] 등 다양한 곳에서 사용되고 있다. 이 책 뒷부

---

nization Management 35, no. 2 (2010): 177-212.
52 Boissevain, *Friends of Friends*, 47.
53 앞의 책, 47.
54 T. A. Williams and D. A. Shepherd, "Mixed Method Social Network Analysis: Combining Inductive Concept Development, Content Analysis, and Secondary Data for Quantitative Analysis," *Organizational Research Methods* 20, no. 2 (2015): 268-98.
55 A. Anderson et al., "Social Network Analysis of Children with Autism Spectrum Disorder: Predictors of Fragmentation and Connectivity in Elementary School Classrooms," *Autism: The International Journal of Research and Practice* 20, no. 6 (2016): 9.
56 F. Vecchio et al., "Cortical Brain Connectivity and B-Type Natriuretic Peptide in Patients With Congestive Heart Failure," *Clinical EEG and Neuroscience* 46, no. 3 (2015): 224-29.
57 D. Katerndahl et al., "Differences in Social Network Structure and Support among Women in Violent Relationships," *Journal of Interpersonal Violence* 28, no. 9 (2013): 1948-64.
58 H. L. Litaker, "Understanding Dual Rover Communications Using Social Network Analysis," *Proceedings of the Human Factors and Ergonomics Society Annual Meeting* 55, no. 1 (2011): 1351-55.

분에 나오는 도시인의 관계망과 도시인의 이해 등과 같은 개념화 작업은 이러한 그래프 이론의 도움을 받아 발전시킨 것이다.

> ○ 본 장을 통해 살펴본 것들 ○
>
> 1장에서는 도시란 건물과 행정 구역이라는 관점을 넘어 사람과 사람이 모인 사회라는 관점을 제공하려 했다. 그리고 도시 선교 전략을 위해서는 거시적 접근인 도시화와 미시적 접근인 도시성 사이의 균형과 함께 도시성 연구에 우선을 두어야 할 필요를 설명하였다. 그리고 도시 사회는 사회 관계망으로 구성되었다는 점도 소개하였다.

사회 관계망의 관점이 도시 선교에 주는 의미

이제 지금까지 다룬 이론이 도시 선교에 줄 수 있는 선교적 고찰을 두 가지로 나누어 정리하고자 한다. 하나는 미시적 관점과 거시적 관점이 대치되기보다는 상호 보완하는 관계라는 점이다. 다른 하나는 복음 전도 측면에서 아무리 미디어가 발달해도 사람들은 결국 자신이 신뢰하는 사람의 말에 마음을 열게 되어 있다는 점이다.

거시적 관점과 미시적 관점의 균형
각 도시는 나름대로 독특한 특색을 지니고 있다. 이는 그 도시의 거시적인 특징이라 할 수 있다. 동시에 미시적으로 도시 안에는 여러 종류의 그룹과 개인이 존재하고, 그들은 각자 자신의 특징을 갖고 있다.

성경에도 이러한 예가 나온다. 예수님은 예루살렘이라는 도시 전체의 이미지를 갖고 계셨다. 예루살렘은 선지자를 죽이고 파송된 자를 돌로 치려는 곳이라고 하시면서 슬퍼하신 것이다(눅 13:34). 반면 주님은 그 안에 살고 있는 많은 사람에 대해서는 다르게 말씀하셨다. 악하다고 말씀하신 예루살렘 안에는 그 도시 이미지와 전혀 다른, 병아리들 같은 많은 관계망과 사람들이 있었다. 주님은 그들을 하나씩 기억하시면서 마치 암탉이 여러 마리의 병아리를 품듯 품으려 하셨다.

예수님의 씨 뿌리는 자 비유에서도 거시적 접근과 미시적 접근을 함께 볼 수 있다. 먼저, 씨앗 하나하나가 열매를 맺으려고 땅에 뿌려진다는 점을 설명하시면서 예수님은 우리가 이 씨앗들을 미시적으로 보기 원하신다. 예수님은 씨앗이 떨어지는 밭, 즉 사람의 마음에 관심을 갖고 계셨다(마 13:18-19). 그러므로 사역자가 일하는 현장은 다름 아닌 사람의 마음이다. 씨는 환경에 따라 각자 다른 속도로 성장하고 수확량도 차이가 난다.

도시 사역자 역시 우선 그곳 사람들을 이해할 수 있어야 한다. 아무리 거대한 빌딩으로 뒤덮인 곳이어도 도시는 바로 그 안의 사람들이 만드는 것이고, 그 사람들의 모임이 그 도시의 특징을 만들기 때문이다.

반면, 씨 뿌리는 자의 비유는 우리에게 도시에 대한 거시적 관점도 놓치지 않게 한다. 본문에서 식물이 열매 맺기 위해서는 그 밭의 상태가 결정적이기 때문이다. 이에 예수님은 밭을 네 가지(길가, 돌밭, 가시떨기, 좋은 땅)로 구분해서 설명하셨다. 이처럼 사람들도 상태가 동일하지 않다. 좋은 땅과 달리 돌밭은 씨를 뿌리기 전에 오랜 시간 동안 돌부터 치워야 한다. 이 돌들은 오래전부터 그곳에 자리 잡고 있었다. 그렇기 때문에 그 도시를 거시적으로 이해하기 위해서는 생태적 환경과 역사적 배경, 그리고 도시학적 이해를 소홀히 여기지 말아야 한다. 즉 도시성만이 아닌 도시화 차원에서도 도시를 이해할 수 있어야 하는 것이다.

사역자들 역시 자신의 도시에 대해 거시적인 관점과 미시적인 관점을 모두 갖고 있어야 한다. 그러면서도 둘 중 하나에 적절한 우선순위를 두어야 한다. 이를 위해 도시 사역자들은 몇 가지 사역적 전략을 갖고 있어야 한다. 먼저 사역자들은 자신의 밭, 즉 사역 대상을 명확히 규정해야 한다. 어떤 민족, 그리고 어떤 계층을 대상으로 사역하느냐에 따라 그 밭이 다르기 때문이다. 즉 사역자는 먼저 어디까지가 자신의 현장인지 규정할 수 있어야 한다. 둘째, 그 밭의 상태, 다시 말해 도시인들의 행동 패턴을 잘 알아야 한다. 예를 들어 그 도시에 대상 민족이 얼마나 많이 살고 있는지, 어떻게 하루를 보내는지, 누구와 어울리고, 가정은 어떤 상태인지, 교육 상태나 문화적 특징은 어떠한지를 이해해야 한다. 셋째, 그 밭의 배경을 이해해야 한다. 사람들의 행동에는 모두 이유가 있기 때문이다. 이러한 배경에는 그들의 역사, 민족 간 감정, 도시에 이주해 온 배경, 종교와 가치관 등 그들을 받치고 있는 발판이 있다. 넷째, 어떤 순서로 일해야 할지를 알아야 한다. 지금은 돌을 치워야 하는지, 아니면 물길을 만들어야 하는지 먼저 순서를 정해야 한다. 이러한 종합적인 로드맵, 즉 거시적 전략을 갖고 있을 때 그 도시와 민족에 적합한 전략을 세울 수 있다.

복음은 관계를 따라 흐른다

정보와 마찬가지로 복음도 사람의 관계를 타고 전달된다. 복음도 하나의 소식, 즉 정보이며, 정보를 나누는 소통은 참여가 있어야 통할 수 있기 때문이다.[59] 현대 문명이 아무리 발달해도 사람에게 근본적인 영향을 주는 것은 결국 사람

---

59 Donald K. Smith, *Creating Understanding: A Handbook for Christian Communication Across Cultural Landscapes* (Pasadena, CA: Creating Understanding, 2016), 31-56. 「마음으로 만나는 문화 간 소통: 서로 간 이해를 통해 사역하는 기독교적 접근」, 김에녹, 윤조엔 역.

이다. 그리고 아무리 현대 사회라 할지라도 사람을 변화시키는 복음은 사람을 통해 직접 전달되는 경우가 대부분이다. 메시지의 효과는 그 내용과 함께 메시지의 통로, 즉 자신에게 메시지를 전달해 주는 사람과의 관계에 좌우되기 때문이다.[60]

수년 전 필자는 중국의 한 가정 교회 모임에서 그들이 어떤 식으로 복음을 듣게 되었는지 물은 적이 있다. 놀랍게도 100여 명의 신도 거의 대부분이 이미 잘 아는 사람을 통해 처음 복음을 들었다고 답했다. 그후 한 중국 신학교에 가서도 신학생들에게 같은 질문을 던졌다. 결과는 마찬가지였다. 특히 비서구 문화권일수록 이미 형성된 관계를 타고 복음이 들어가게 된다. 다시 말해 복음은 사회 관계망을 통해 흘러간다.

예수님의 제자들이 처음 예수님을 만나고 믿는 과정에도 이러한 인적 요소(human factor)가 작동한 것을 볼 수 있다. 예수님의 주요 제자들은 이미 잘 알고 있는 관계를 통해 예수님을 소개받았다. 특히 처음에는 예수님에 대해 회의적이었지만 빌립에 대한 신뢰 때문에 주님을 만난 나다나엘이 좋은 예다.[61]

특별히 비서구 문화권에서는 메시지 내용보다 메시지 전달자가 수용성에 큰 영향을 끼친다. 아시아인들은 어떠한 메시지를 전달했을 때 "누가 그러더냐?"라고 되묻는 경우가 많다. 발신자가 누구냐에 따라 수용자가 느끼는 메시지의 신용도, 권위, 친밀도, 정확도, 중요도가 많은 영향을 받기 때문이다.

첨단 미디어가 발달한 현대에서도 사람 간의 관계가 복음 전도에 끼치는 영향은 막대하다. 미디어가 아무리 발달해도 그 전달되는 내용은 사람의 생각과 삶이기 때문이다. 즉 마셜 맥루한이 말한 것처럼 모든 미디어는 하나의

60　Herbert Marshall McLuhan, *Understanding Media: The Extensions of Man*, 4. print. (London: The MIT Press, 1964).
61　요 1:40-47.

확대된 인간(an extended man)일 뿐이다.[62] 보통 복음이 개인에게 전달되기까지는 매체와 대인을 통한 소통의 역할이 모두 기여하게 되어 있다. 대중 매체는 새로운 소식, 즉 복음에 대한 인식과 내용을 파악하는 데 커다란 도움을 줄 수 있다.[63] 그러나 일단 사람들이 개인의 확신과 결단을 요구하는 단계로 들어설수록 신뢰하는 사람의 직접적인 설명과 도전, 그리고 삶의 공유가 훨씬 설득력이 있다.[64] 그러므로 복음 전도는 전자레인지를 사용하듯 많은 사람을 대상으로 간단하고 편리하게 만들어 주는 것이 오히려 비효율적이 되기도 한다. 현대처럼 미디어와 자동화가 발달한 시대에도 한 사람의 마음을 얻기 위해서는 전도하는 사람들의 땀과 눈물, 신뢰 증진과 살아 있는 간증이 변함없이 중요한 전도 요소가 될 것이다. 그러므로 복음은 미디어보다, 조직이나 프로젝트보다 사람의 관계, 즉 사회 관계망을 통해 흐른다. 이런 의미에서 우리 도시의 내 사역 대상자가 어떤 사람들과 관계하고 어떤 영향력 속에 살아가는지를 이해하는 것은 전략상 매우 중요하다.

62　McLuhan, *Understanding Media*.
63　Everett M. Rogers, *Diffusion of Innovations*, 5th ed. (New York: Free, 2003), 18-21. 「개혁의 확산」, 김영석, 강내원, 박현구 역 (서울: 커뮤니케이션북스, 2005).
64　엥겔(Engel)은 한 사람이 영적으로 성숙하는 여정을 그리스도에 관한 무의식에서 시작하여 영적 재생산 단계까지 총 아홉 단계로 나누어 정리하였다. 엥겔의 정리로 인해 선교 전략을 세울 때 언제 대중 매체를 사용하고 언제 개인 전도를 사용하는 것이 더 효과적인지 정리하는 것이 더 용이해졌다. James F. Engel, *Getting Your Message Across* (Mandalunyong Metro Manila: OMF Literature, 1989).

MISSION STRATEGY IN THE CITY

2장

이주자에게 새로운 고향을 제공하는 곳, 도시

1장에서 우리는 도시를 건물과 행정 구역이라기보다는 사람과 사회로 보아야 한다는 점을 살펴보았다. 이번 장에서는 그 두 번째 얼굴로, 도시를 새로운 이주자가 새로운 생활을 시작하는 곳으로 살펴보고자 한다. 도시로 이주한 후 오랫동안 여러 애환과 노력을 거치면서 적지 않은 사람이 결국 그곳을 새로운 고향으로 여기게 된다. 우리는 도시로 이주한 민족들이 정착하고 나중에 그곳 사람이 되기까지 거치는 과정을 여러 단계로 나누어 살펴볼 것이다. 이들은 보통 여섯 단계를 통과하는데 각 단계는 나름대로 독특한 사회 문화적 특징을 지닌다. 이 내용을 통해 독자들은 각 과정마다 이주민이 갖는 애환과 기쁨, 그리고 사회적 문제들을 이해하게 될 것이다. 이 장 마지막에서는 이들에게 효과적으로 선교하기 위해 어떤 전략적 사고를 해야 할지 고찰할 것이다.

사례_ 도시 이주민의 갈등과 희망

중국에서 나는 한 대만식 빵집을 즐겨 갔다. 하루는 빵 값을 계산하기 위해

카운터에 서 있는데, 주인 옆에 유리로 된 코란이 놓여 있는 것을 발견하였다. 주인에게 무슬림인지 묻자 그는 "네, 저는 무슬림입니다"라고 대답하였다. 그러고 나서 그 주인과 약 한 시간 정도 대화를 나누었다. 대화를 통해 그 빵집은 무슬림이 운영하고 있으며 종업원도 모두 무슬림이라는 사실을 알게 되었다. 30대 초반인 빵집 주인은 대학에서 영문과를 졸업한, 보기 드문 회족 지식층 여성이었다. 중국 시안 중심에는 수백 년 동안 유지되어 온 민족촌이 있다. 그런데 빵집 주인의 부모는 15년 전에 그 마을을 떠나 한족이 사는 사회로 들어가 살았다. 그리고 민족촌의 회족과 달리 그 가족은 자녀들을 대학에 보내고 주류 사회에 진출시켰다. 내가 "그 마을에 다시 돌아갈 생각은 없나요?"라고 묻자, 그는 단호하게 대답했다. "절대 가지 않을 겁니다. 그곳은 매우 보수적이고 꽉 막혀 있거든요."

그의 고모부는 시안에서 가장 크고 전통 있는 모스크의 아홍(회족이 종교 지도자를 부를 때 사용하는 명칭. 간혹 '이맘'과 혼용하기도 한다)이었다. 그리고 그때까지도 여러 친척이 민족촌에서 보수적인 삶을 살고 있었으며, 몇 가정은 민족촌에서 외부로 나와 주류 사회에 적응하며 살아가고 있었다. 같은 소수 민족이라 할지라도 어떤 사람은 민족촌 안에 머물러 있고, 또 어떤 사람은 도시 사회의 주류 사회로 진출하는 것이다. 그리고 주류 사회로 나온 사람들과 그의 자손은 점점 주류 사회와 공유하는 부분이 많아지게 된다.

도시로 이주하여 정착하면서 사람들은 어떤 과정을 거칠까? 그리고 그 과정마다 어떤 선교적 의미와 기회가 있을까? 1990년에 1억 5천6백만 명이던 국제 이민자의 수는 점점 증가하여 2010년에는 2억 1천4백만 명에 달하였다.[1] 보통 국제 이민자는 주로 개발도상국(developing countries)에서 북미, 유

---

1 유엔의 〈International Migrant Stock〉 보고서를 참조함. http://esa.un.org/migration/index.asp?panel=1.

럽, 호주 같은 선진국으로 이주한다.² 2006년도 유엔 국제 이주 보고서(Report International Migration)에 따르면 이주자의 약 60퍼센트가 선진국에 정착한다.³

이주자들의 이주 과정에는 여러 가지 사회학적 현상이 나타난다. 타민족과의 갈등, 민족적 자부심, 그 안에서 생기는 개인 간의 갈등, 주류 사회로의 꿈과 좌절감 등이 모두 섞이면서 그들은 조금씩 도시에 정착해 간다.

그동안 여러 학자의 연구를 토대로 할 때, 이주자는 보통 여섯 단계를 거치며 새로운 도시에 정착한다고 볼 수 있다. 이 여섯 단계는 (1) 이민 또는 이주, (2) 친족을 기반으로 시작되는 공동체, (3) 독립된 민족 모임, (4) 빈민가와 판자촌, (5) 성숙된 민족촌, (6) 주류 사회로의 진출로 구성된다. 이 책이 도시의 한 민족에게 복음을 전하는 것에 관심이 있는 만큼, 여기서 다루는 이주 과정은 같은 민족으로 구성된 이주민들이 도시에 정착하는 과정을 주로 염두에 두고 있다. 이제 각 단계를 하나씩 자세히 살펴보자.

1단계 이주와 이민

현대에는 과거 어느 때보다 많은 사람이 이동, 특히 이주를 한다.⁴ 현대인들은 도시로, 더 큰 도시로, 다른 나라로, 더 선진국으로 이동한다. J. J. 망갈람(Mangalam)과 해리 슈바르츠웰러(Harry K. Schwarzweller)는 이주를 다음과 같이 정의했다.

---

2 2010년 현재, 더 개발된 지역으로 이민한 사람은 전체 2억 1천4백만 명 중 1억 2천8백만 명이다.
3 International Migration 2006, UNITED NATIONS, Department of Economic and Social Affairs, Population Division. http://www.un.org/esa/population/publications/2006Migration_Chart/Migration2006.pdf.
4 R. Waldinger, "Crossing Borders: International Migration in the New Century," *Contemporary Sociology: A Journal of Reviews* 42, no. 3 (2013): 349-63.

이주란 본래 자리를 비교적 영속적으로 떠나 이주민이라 불리는 집단과 함께 다른 지역으로 이동하고, 가치적 산물과 가치 체제의 체계적 요구에 근거한 의사 결정의 추진에 의해 삶의 체계가 바뀌는 것이다.[5]

망갈람과 슈바르츠웰러가 내린 정의에 등장하는 모든 단어는 그 하나하나가 이주의 의미를 잘 설명해 준다. 먼저 "비교적 영속적으로 떠남"이라는 말은 사람들이 본래 살던 지역을 정신적이 아닌 지역적으로 떠나는 것을 뜻한다. 떠나는 기간도 잠깐이 아니라 상당히 길고, 대부분 결코 돌아가지 않는 것을 말한다. 그리고 이주란 한두 개인이 이동하는 것이 아니라 집단("이주민이라 불리는 집단")이 함께 이동한 것을 가리킨다. 그것은 주변 요소와 사람들의 의사가 여러 사람을 이주하도록 만드는 집단적 의사 결정이다. 또한 이주란 "가치 체제의 체계적 요구에 근거한 의사 결정의 추진"이어야 한다. 즉 사람들은 이전 사회에서 자신이 중요하게 여기는 것들을 박탈당한다고 느낀다든지, 새로운 땅에서 더 많은 가치를 가질 수 있다고 생각할 때 이주한다. 그러면서도 이주란 각자가 이주할 체계적인 능력과 여건을 갖추었을 때에야 가능하다. 마지막으로 이주란 "삶의 체계 변화"를 동반한다. 즉, 이주자들이 새로운 환경에서 살게 된다는 것은 그저 호텔에 잠시 머물다 돌아가는 짧은 출장과는 근본적으로 다른 것이다. 이주에는 새로운 환경에서 살아가면서 부수적으로 발생하는 여러 구조적인 문제가 따라오기 때문이다.

이주 유형도 동기와 상황, 목적에 따라 여러 형태로 나눌 수 있다. 윌리엄 피터슨(William Petersen)은 이주 원인을 네 가지로 정리했다. 환경적 떠밀림, 이

---

[5] J. J. Mangalam and Harry K. Schwarzweller, "Some Theoretical Guidelines toward a Sociology of Migration," *International Migration Review* 4, no. 2 (1970): 8.

주 정책, 새로운 열망, 사회적 추진력이다(표2.1).[6]

관계	이주의 동력	이주의 성격	이주 유형	
			보존	노동력 활용
자연과 사람	환경적 떠밀림	기초적	떠돌이	도주
			배회	
국가(또는 권력)와 사람	이주 정책	강제 이주	대치	노예 교역
		재촉 이주	탈출	노무자 교역
사람과 가치	새로운 열망	자의적 선택	집단	개척자
선택적 행동	사회적 추진력	대량 이주	정착	도시화

표2.1. 이주 유형[7]

첫째, '환경적 떠밀림'이란 자연적 재해 등으로 본래 지역의 환경이 사람들의 기본 필요를 채워 주지 못하거나 부정적 요소가 많아진 상태를 말한다. 이런 이주는 인간의 기초적인 욕구를 충족하기 위한 자연적인 이동이므로 기초적인 이주 유형으로 볼 수 있다. 이렇게 기초적인 필요를 위해 떠나는 이주는 이동하는 동선에 따라 두 종류로 나눌 수 있다. 하나는 어디로 가야 할지 목적지가 불분명한 '떠돌이 이주'(wandering migration)다. 갑작스럽게 출발해서 어디로 갈지에 대한 정보나 목적이 없기 때문에 떠돌이 이주는 위험하고 실패하기 쉽다. 다른 하나는 규칙적으로 몇 개의 장소를 떠도는 '배회형 이주'(ranging migration)다. 이는 채집 생활이나 유목 생활 등에서 많이 볼 수 있으며, 고산 지대에 사는 민족이 겨울 동안 추위를 피해 저지대의 겨울 캠프로 이동하는 것도 이에 해당된다.

두 번째 이주 요인은 '이주 정책'이다. 이는 국가나 권력을 가진 자들이 사

---

6 William Petersen, "A General Typology of Migration," *American Sociological Review* 23, no. 3 (1958): 256-66.
7 Petersen, 266.

람들을 이동시키는 것을 말한다. 이주하는 당사자들이 반대 의사를 표현할 수 있는 힘이 있는지 없는지에 따라 이 이주 정책은 다시 '재촉 이주'와 '강제 이주'로 나뉜다. 나아가 이 이주 정책은 권력자의 정책 동기에 따라 이주민을 보호하려는 '보존'과, 노동력을 이용하려는 '노동력 활용'으로 나눌 수 있다. 이 두 가지 측면과 두 가지 동기를 조합하여 이 이주 형태는 모두 네 가지(대치, 노예 교역, 탈출, 노무자 교역)로 구분할 수 있다.

세 번째 이주 요인은 '새로운 열망'인데, 이는 사람들이 새로운 꿈과 열망을 품고 새로운 지역으로 이동하는 것을 말한다. 이 경우는 개인의 의사 결정에 따라 이주한 것이므로 이주의 성격은 자의적 선택으로 분류할 수 있다. 이러한 이주 형태에서는 처음에 소수의 무리가 개척자가 되어 출발하고, 나중에 그 뒤를 따라 여러 사람이 그룹으로 이주한다. 유럽에서 새로운 곳을 향해 신세계나 식민지를 개척한 경우가 이에 해당한다.

사람들이 이주하는 마지막 요인은 '사회적 추진력'이다. 이 사회적 추진 요인은 많은 사람이 움직이게 되어 있어서 자주 대량 이주를 만들어 낸다. 이러한 요인으로 이주한 사람들은 이주지에 도착해서도 사회적으로 잘 적응할 수 있기 때문에 이 이주 형태는 용이한 이주라 할 수 있다. 이 경우에는 정착지에 이미 동향 출신이 많고 그들에 의해 여러 사회 시설이 잘 개척되어 있다. 이런 경우, 다음에 오는 이주민들은 타문화에 적응하면서 겪는 문화 충격을 줄이면서 쉽게 정착할 수 있다.

앞서 설명한 목적과 상황에 따른 분류와 달리, 이주자의 주요 신분과 직종으로도 이주 유형을 분류할 수 있다. 이 방식은 이주자를 게스트형 노동 이민자, 전통적 이민자, 중산층 전문 인력 이민자 등 세 가지 유형으로 분류한다.[8]

---

8 고트디너(Gottdiener)와 버드(Budd)는 근래에 보이는 이주 유형을 이주자의 직업에 따라 세 가지로 나누었다. Mark Gottdiener and Leslie Budd, *Key Concepts in Urban Studies*, SAGE Key Concepts (London;

보통 이 세 가지 노동력은 서로 시간차를 두고 순서대로 선진국으로 이주한다.[9]

보통은 가장 먼저 게스트형 노동자들이 선진국으로 이민한다.[10] 이들은 대부분 저급 기술 노동자로, 가족은 모국에 남겨두고 육체노동과 기초 기술을 가지고 선진국으로 이주하여 일하면서 생활비만 보내는 경우가 많다.[11]

게스트형 노동자에 이어 선진국으로 이주하는 이민자로는 전통적 이민자가 있다.[12] 이들은 여러 친척이나 친구의 지원을 받아 외국에 정착한다. 대부분 가족 단위로 입국하고, 주로 초청한 사람들이 경영하는 소규모 업체에서 일하거나 같은 일을 배워 일을 시작한다. 이러한 전통적 이민자가 많아지면 자연스럽게 민족 공동체가 발달한다. 예를 들어 미국 로스앤젤레스에서 히스패닉, 일본인, 중국인이 각각 형성한 지역이 좋은 예다.

전통적 이민자들의 뒤를 이어 중산층 전문 인력 이민자들이 선진국으로 이민한다.[13] 1970년대에 들어서 미국과 유럽 국가들은 더 고급 기술을 소유한 사람들을 이민으로 받아들이려 했다. 이들은 이미 모국에서 전문 인력 중산층 계급으로 자리매김을 했고, 선진국으로 이주해서도 역시 같은 계급으로 진입한다.[14]

Thousand Oaks, Calif.: SAGE Publications, 2005), 61-65.
9   James A. Tyner, "Global Cities and Circuits of Global Labor: The Case of Manila, Philippines," *The Professional Geographer* 52, no. 1 (2000): 61-74.
10 Gottdiener and Budd, *Key Concepts in Urban Studies*, 61.
11 González-Ferrer Amparo, Baizán Pau, and Beauchemin Cris, "Child-Parent Separations among Senegalese Migrants to Europe: Migration Strategies or Cultural Arrangements?," *The ANNALS of the American Academy of Political and Social Science* 643, no. 1 (2012): 106.
12 Gottdiener and Budd, *Key Concepts in Urban Studies*, 61.
13 앞의 책, 62-63.
14 White Paul, "The Settlement Patterns of Developed World Migrants in London," *Urban Studies* 35, no. 10 (1998): 1725-44.

2단계 익숙한 곳에 정착

시골 사람이나 소수 민족이 도시로 이주하면 대부분 아는 사람들에게 도움을 받아 정착하게 된다. 이처럼 정착 초기인 사람들은 주로 친척이나 동향 사람에게 도움을 받게 되는데, 그 결과 그들은 서로 가까운 곳에 살면서 경제적, 사회적, 정서적 또는 종교 문화적으로 강한 유대감을 갖는 공동체를 형성하기 쉽다.

도시에는 사람들이 끊임없이 이주해 온다. 그들은 주로 도시 주변의 작은 마을이나 시골에서 이주해 와서 장거리 버스 정류소나 기차역 주변에 생활 터전을 잡는다. 국제도시의 경우에는 단순히 주변 지역뿐 아니라 세계 곳곳에서 이민 온 사람들이 정착한다.[15]

도시 안에 형성된 친족 관계망은 특히 1세대에게는 고향 분위기와 문화적 안정을 누릴 수 있는 곳으로 매우 중요하다. 사람들은 이 관계망에서 고향의 전통을 유지하면서 새로운 도시의 정보와 물질, 새로운 질서 가운데 갈등과 타협을 반복해 가며 살아간다. 같은 가족 안에서도 세대별로 활동하는 범위와 만나는 사람이 많이 다르기 때문에 그들은 이 친족 관계망 안에서 서로 다른 가치관과 열망, 상이한 우선순위를 갖고 공존한다. 서로 가치관이 다른 사람들은 새로운 경향이나 정보에 대해 다른 수용성이나 편견, 선호도로 반응한다.

15　아래 논문들은 다양한 국가에서 다양한 형태로 정착하는 이민자들의 모습을 연구한 것이다. Emília Malcata Rebelo, "Work and Settlement Locations of Immigrants: How Are They Connected? The Case of the Oporto Metropolitan Area," *European Urban and Regional Studies* 19, no. 3 (2012): 312; Karen Schönwälder and Janina Söhn, "Immigrant Settlement Structures in Germany: General Patterns and Urban Levels of Concentration of Major Groups," *Urban Studies* 46, no. 7 (2009): 1439-60; Liu Cathy Yang and Painter Gary, "Immigrant Settlement and Employment Suburbanisation in the US : Is There a Spatial Mismatch?," *Urban Studies* 49, no. 5 (2012): 979-1002; Vaughan Laura and Penn Alan, "Jewish Immigrant Settlement Patterns in Manchester and Leeds 1881," *Urban Studies* 43, no. 3 (2006): 653-71.

보통 친족 관계망은 연쇄 이주를 만들어 내는 주요 동력이 된다.[16] 이 연쇄 이주를 통해 도시로 이주한 사람들은 선임자가 살고 있는 도시 생활의 패턴을 빠른 속도로 모방한다. 더군다나 그들은 대체로 선임자와 같은 경제 활동 망에 들어가 같은 직업으로 활동한다. 미국의 아시아인들 사이에는 이런 현상을 대변하는 농담도 있을 정도다. "당신이 미국에 이민 올 때, 공항으로 마중 나온 사람의 직업이 당신의 남은 생의 직업을 결정해 줄 것이다." 이런 결과, 도시의 민족들은 삶의 방식뿐 아니라 직업도 비슷하기 쉽다.

도시 안의 이러한 친족 관계망은 정착 초기 이주자들에게 정서적, 경제적, 사회적 안정감을 주며, 이는 유대감으로 발전한다. 하지만 시간이 지나면서 그들은 친족 관계망에서 얻는 정보 외에 여러 외부 정보를 더 많이 필요로 한다. 사람에 따라 어떤 계층과 개인은 이러한 낯선 정보를 더 좋아하거나 빨리 흡수하기도 한다. 이런 사람은 자신이 속한 친족 관계망의 내부와 외부에서 얻는 정보의 질과 양의 격차를 느끼고, 혼동과 갈등, 타협을 반복한다.

다행히 이러한 특징들은 사역자가 도시 이주민을 전도할 때 생각해야 할 문제가 무엇인지를 알려 준다. 도시 이주민은 문화적으로 시골에서 가져온 문화를 그대로 유지하며, 타종교에 심한 편견을 갖고 있기 쉽다. 특히 가족 가운데 누군가가 다른 신앙을 받아들일 경우 다른 가족이 모두 강하게 반대한다. 이렇게 작용하는 공동체적 압력은 한 개인이 새로운 신앙을 갖는 데 매우 큰 방해 요소가 될 수 있다. 무슬림이나 힌두교도가 공동체에 소속되어 있는 것이 개종하기 어려운 사회적 이유가 되듯이, 친족 관계망은 개인이 새로운 변화를 요구받을 때 큰 장애로 작용할 수 있다. 일반적으로 전통 사회에서는 변화를 수치로 여기기 때문이다.

---

16   Kim Korinek, Barbara Entwisle, and Aree Jampaklay, "Through Thick and Thin: Layers of Social Ties and Urban Settlement among Thai Migrants," *American Sociological Review* 70, no. 5 (2005): 779.

3단계 빈민가와 달동네

이주자들은 사회적 자원과 경제력이 부족한 탓에 처음에는 주로 빈민가와 달동네에 정착한다.[17] 이들은 이후에 자세히 살펴볼 민족촌과 흡사하면서도 몇 가지 면에서 성격이 다르다. "빈민가(slum)란 적절치 못한 주택, 빈약한 주거 환경, 부족한 커뮤니티 기능이 함께 나타나는 곳"[18]이다. 보통 빈민가를 생각할 때면 먼저 쓰러져 가는 건물들을 떠올린다. 그러나 빈민가에 그런 건물이 있는 이유는 단순히 그들이 건물을 고치지 못해서가 아니다. 오히려 부족한 공공시설, 낙후된 의료 시설과 교육 환경, 그리고 사회 전반에 걸친 무관심과 같은 사회적 환경이 그들을 가난하게 만드는 것이다.[19]

한편 달동네란 빈민가의 한 형태이기도 하지만, 현대화와 공업화에 의한 부산물이기도 하다. 보통 달동네는 비공식적, 점유, 그리고 주변 자재 등을 연상시킨다.[20] 경우에 따라 빈민가와 달동네는 민족촌과 동일하게 불리기도 한다. 소수 민족이 도시로 이주할 때는 연쇄적으로 이주해 오기 때문에 같은

---

17   아래에 나열한 연구와 보고서는 여러 국가의 빈민가와 달동네에 관한 이해를 돕는다. Sohini Paul, "Creditworthiness of a Borrower and the Selection Process in Micro-Finance: A Case Study from the Urban Slums of India," *Margin: The Journal of Applied Economic Research* 8, no. 1 (2014): 59-75; J. Kher, S. Aggarwal, and G. Punhani, "Vulnerability of Poor Urban Women to Climate-Linked Water Insecurities at the Household Level: A Case Study of Slums in Delhi," *Indian Journal of Gender Studies* 22, no. 1 (2015): 15-40; Jason Jindrich, "The Shantytowns of Central Park West: Fin de Siècle Squatting in American Cities," *Journal of Urban History* 36, no. 5 (2010): 672; N. C. Gibson, "Introduction: A New Politics of the Poor Emerges from South Africa's Shantytowns," *Journal of Asian and African Studies* 43, no. 1 (2008): 5-17; Hooper Michael and Ortolano Leonard, "Motivations for Slum Dweller Social Movement Participation in Urban Africa: A Study of Mobilization in Kurasini, Dar Es Salaam," *Environment & Urbanization* 24, no. 1 (2012): 99-114; K. Jorgenson Andrew, Rice James, and Clark Brett, "Cities, Slums, and Energy Consumption in Less Developed Countries, 1990 to 2005," *Organization & Environment* 23, no. 2 (2010): 189-204; M. Koster, "Mediating and Getting 'burnt' in the Gap: Politics and Brokerage in a Recife Slum, Brazil," *Critique of Anthropology* 32, no. 4 (2012): 479-97.
18   Gottdiener and Budd, *Key Concepts in Urban Studies*, 135.
19   앞의 책, 136.
20   앞의 책, 136-37.

지역에 거주하게 되는데, 경제적으로나 사회적으로 충분히 준비되지 못했기 때문에 결국 빈민이 되어 값싼 거주지에 몰려 살게 되는 것이다. 그 결과, 그들의 민족촌은 빈민가나 달동네가 되기도 한다.

그러면서도 민족촌과 빈민촌은 근본적으로 다른 점이 있다. 사람들은 가난해서 빈민촌으로 온다. 즉, 빈민촌의 구심점은 경제적 이유다. 그래서 가난한 민족들이 정착한 도시 민족촌은 그 가난이 수세대에 걸쳐 대물림된다. 반면에 달동네나 빈민촌에서는 한 세대가 가기 전에 후손들이 재빨리 그곳을 떠나 주류 사회로 진입하려 한다. 즉 후자는 되도록 빠른 시일에 도시의 주류 사회로 들어가기 원하는 사람들을 위한 중간 캠프 같은 곳이다.

빈민가나 달동네에 있는 사람들은 모두 늘 자원 부족에 시달린다. 새로 정착한 도시에서는 언어와 문화가 다르고, 모든 것이 낯설고 서투르며, 정보도 부족하다. 예를 들어 새로 정착한 1세대는 자녀가 교육과 성공을 통해 주류 사회로 진입하도록 높은 교육열을 갖고 희생하지만, 안타깝게도 자원과 정보가 부족하여 가난이 대물림되기 쉽다.[21]

4단계 민족촌

도시라는 거대한 구조와 힘은 사람들에게 기회와 희망을 주기도 하지만 한편에서는 여러 사람을 소외시키고 피해를 입히기도 한다. 사람들은 이러한 도시 생활에서 자신을 보호하며 살아가는 방법을 터득한다. 이를 위해서 비슷한 사람들이 모여 살고 자신만의 생활 방식을 개발해 내기도 한다. 시골이

---

21 Wilson George, "Racialized Life-Chance Opportunities across the Class Structure: The Case of African Americans," *The Annals of the American Academy of Political and Social Science* 609, no. 1 (2007): 215-32.

나 타국에서 끊임없이 새로운 이주민을 공급받는 현대의 도시 안에는 이주해 온 여러 민족이 만들어 낸 여러 가지 가상의 고향(pseudo hometown)이 있다. 이중 하나가 민족촌이다. 민족촌은 보통 경제적으로나 사회적으로 약한, 같은 민족이 함께 모여 살면서 자신들만의 완충 장치를 개발하는 일종의 극복 장치라 할 수 있다.[22] 유진 브로디(Eugene B. Brody)는 민족촌의 일종인 게토가 이주민에게 문화적 완충 장치를 제공한다고 말했다.

비록 늘 잘 돌아가는 것은 아니지만 게토는 일종의 완충 장치 같은 곳이다. 대도시의 주류 사회로 들어가기 전에 사람들은 이곳에서 자신과 비슷하고 공감대가 있으며 말이 통하는 사람들을 만나 사회적 충격을 완화할 수 있다.[23]

그러므로 민족촌은 다음과 같은 몇 가지 사회적인 특징을 보인다. 첫째, 민족촌은 민족들이 휴식과 안정을 취하는 보호처다. 이민 과정에서 이민자는 감정적, 경제적, 관계적, 문화적으로 엄청난 변화를 겪는다. 원 사회 체계를 떠난 이주민은 사회와 환경이 주는 안정감, 그리고 그동안 자신의 삶을 유지해 오던 가치와 습관들을 잃어버리게 마련이다. 뿐만 아니라 새로운 지역에서 만나는 여러 질병, 빈곤, 위협, 혼돈, 사회와 관계 자원의 부족을 겪으면서 그들에게는 삶의 안전장치가 결핍된다. 한편, 민족촌은 도시와 고향을 잇는 유대이며, 이주자를 담아내는 틀이기도 하다. 시골에 살던 사람들이 도시의 특정한 곳에 모여 점점 마을을 형성하면서 도시 안에 민족촌을 발전시킨다. 그들은 고향에서 가져온 자신의 문화, 전통, 사투리, 질서 등을 민족촌이

---

22 에릭 퐁(Eric Fong)과 징 선(Jing Shen)은 소수 민족이 한 지역으로 집적하는 요소를 삶의 환경, 이중 노동 시장, 민족촌과 상권으로 전제한 후, 캐나다의 중국 이민자들이 도시 안에서 한곳으로 모이는 현상을 연구하였다. Eric Fong and Jing Shen, "Explaining Ethnic Enclave, Ethnic Entrepreneurial and Employment Niches: A Case Study of Chinese in Canadian Immigrant Gateway Cities," *Urban Studies* 48, no. 8 (2011): 1605-33.

23 E. B. Brody, "Migration and Adaptation: The Nature of the Problem," *American Behavioral Scientist* 13, no. 1 (1969): 5-13.

라는 공간을 통해 새로운 도시에서도 다시 한 번 뿌리내리려 한다.

둘째, 민족촌은 도시에서 같은 민족 간에 자원과 정보를 제공하여 사회 활동을 용이하게 해주는 모판 역할을 한다. 이 민족촌은 단순히 모여 사는 공간을 넘어 민족 상권, 민족 문화, 민족 전통을 유지할 수 있는 근간이 되기도 한다.[24] 처음에는 그 수가 그리 많지 않다가 본향에서 끊임없이 들어오는 이주민들 때문에 규모가 점점 커지면, 민족촌은 다양한 기능과 힘을 갖추게 된다. 나중에는 민족 행사, 민족 종교, 민족 기관이 발달하고, 민족 정치가와 기업가가 리더십을 행사한다. 본향의 민간단체, 리더, 종교 기관, 정부도 이곳 민족촌과 많은 관련을 맺고 서로 협력하는 동역자로 발전한다.[25]

셋째, 민족촌은 독특한 제3의 문화를 만들고 발전시키는 곳이다. 시간이 지나고 규모가 커지면서 민족촌은 그들만의 문화를 창조해 나간다. 도시의 이러한 민족촌 문화는 본토의 원 문화(original culture)는 물론 도시의 주류 사회와도 다른 하나의 도시 하부 문화(urban subculture)라 할 수 있다. 도시의 민족촌이 만들어 내는 하부 문화란, 민족의 고유문화와 주류 사회의 요소를 기초로 민족촌 자신만의 특수한 상황이 만들어 내는 제3의 문화라 할 수 있다. 민족촌 안의 사람들은 자신의 고향에서 경험한 전통과 문화를 가져와 살지만 동시에 미디어, 학교, 사회 활동, 결혼, 여러 클럽 활동 등을 통해 끊임없이 주변의 다른 문화권과 접촉한다. 특히 주류 사회의 문화에 많이 노출되는 사람들은 자신의 기존 문화를 객관적인 눈으로 보기 시작하고 제3자 관점에서 각

---

24 풍과 선은 캐나다의 중국 이민자가 도시로 집중하는 현상을 연구하였다. Eric and Jing, "Explaining Ethnic Enclave, Ethnic Entrepreneurial and Employment Niches."
25 카를로스 가르시아(Carlos Garcia)는 라티노 이민자가 다음과 같이 구별되면서도 연결되는 세 가지 관계망에 속한다는 것을 찾아냈다. 바로 전통적 관계망, 교회 관계망, 계약 관계망이다. Mahia Saracostti, "Social Capital as a Strategy to Overcome Poverty in Latin America," *International Social Work* 50, no. 4 (2007): 515-27.

성과 재창조를 선도하기도 한다.

넷째, 민족촌은 자치적 성격(self-governing nature)을 지닌다. 그 안에는 중앙 정부와 별도로 전체가 인정하는 실제적인 리더가 있으며, 종교, 상권, 기능적 전문성 등에서 리더십이 있는 사람들이 누구인지를 모두가 알고 있다.[26] 오랜 시간 동안 다른 여러 민족과 중앙 정부의 영향력 아래서 자신을 지키고 민족적 자긍심이나 민족촌의 체계를 세우려면 이러한 자치 체계는 필히 갖추어야 할 기능이라고 할 수 있다.

5단계 민족촌 안의 다양한 그룹들

내부가 동일할 것이라는 외부 시각과 달리 민족촌 내부는 그 구조가 매우 복잡하며, 그 안에는 내부인이 아니면 알기 어려운 역학 관계가 존재한다. 민족촌 내부에는 다시 여러 하부 조직(subsects)이 존재한다. 민족촌 내부에 존재하는 계층을 이해하는 것은 선교적으로 매우 중요한 의미가 있다. 그룹마다 외부에 개방된 정도가 다르며, 그 개방성은 바로 전도의 출발점과 복음의 확산 속도에도 큰 영향을 주기 때문이다.

민족촌 내부의 그룹을 나누는 방식은 여러 가지이지만 기본적으로는 고립되거나 단일한 문화 그룹, 내부와 외부 문화를 선별적으로 선택하는 그룹, 외부와 적극적으로 교류하는 그룹 등 적어도 세 그룹으로 분류할 수 있다. 먼저, 고립되거나 단일한 문화 그룹은 민족촌 안에서 외부와 교류를 단절한 채 익숙한 사람들과 민족 고유의 문화를 유지하며 살아가는 사람들을 말한

---

26 T. C. Warren and K. K. Troy, "Explaining Violent Intra-Ethnic Conflict: Group Fragmentation in the Shadow of State Power," *Journal of Conflict Resolution* 59, no. 3 (2015): 484-509.

다. 둘째, 선별적으로 선택하는 그룹은 민족 문화와 외부 주류 사회의 문화를 선택적으로 사용하는 사람들을 말한다. 예를 들어, 사업이나 학교 등 사회생활에서는 주류 사회의 방식으로 처리하고, 개인적인 일들은 민족 문화의 코드를 따라 대처하는 경우다. 셋째, 외부에 적극적인 그룹은 자신의 민족 그룹보다는 외부, 즉 주류 사회로 진출하는 데 훨씬 많은 관심을 갖고 그들을 따라하거나 주류 사회의 인물들과 더 많은 시간을 보내려는 사람들을 말한다.[27]

민족촌 안의 여러 그룹이 외부에 대해 보이는 태도와 개방성을 이해하는 것은 그 민족을 향한 선교 전략 수립에 매우 중요한 정보다. 개방성이 높은 그룹은 그만큼 외부인에 대한 거부감이 적고 외부 정보에 적극적이기 때문이다. 셜리 에이커(Shirley Achor)가 미국 텍사스 주 댈러스의 멕시코 민족촌 안에 분포된 소그룹에 대해 연구한 내용은 민족 내 소그룹 연구 사례로 선교사들이 주목해 볼 만하다.[28]

에이커는 민족 내 소그룹을 네 가지로 분류하여 소개했다(표2.2). 에이커는 미국의 멕시코인들이 주류 문화와 자신의 문화 사이에서 취하는 태도에 따라 민족촌 안의 사람들을 네 그룹으로 나누었다. 바로 내부자(insulationist), 수용자(accommodationists), 동원가(mobilizationists), 이방인(alienation)이다.

먼저 내부자 그룹은 민족 외부의 문화와 고립된 채 자신의 관점으로 외부 문화를 판단한다. 그들은 주류 사회가 주는 혜택을 잘 받지 못하는 대신 자문화가 주는 혜택과 도움에 의존하여 살아간다. 또한 외부 세력에 방어적인 대신 자문화에는 자부심이 많기 때문에 민족촌은 그들에게 일종의 피난처나 보호처가 되는 셈이다. 이들이 하는 활동은 대부분 민족촌 안에서 이뤄지

---

27 예를 들어 울프 하네르츠(Ulf Hannerz)가 소개한 주류 사회(mainstremers)가 여기에 해당한다. Ulf Hannerz, *Soulside: Inquiries into Ghetto Culture and Community* (New York: Columbia University Press, 1969), 38-57.
28 Shirley Achor, *Mexican Americans in a Dallas Barrio* (Tucson: University of Arizona Press, 1978), 116-21.

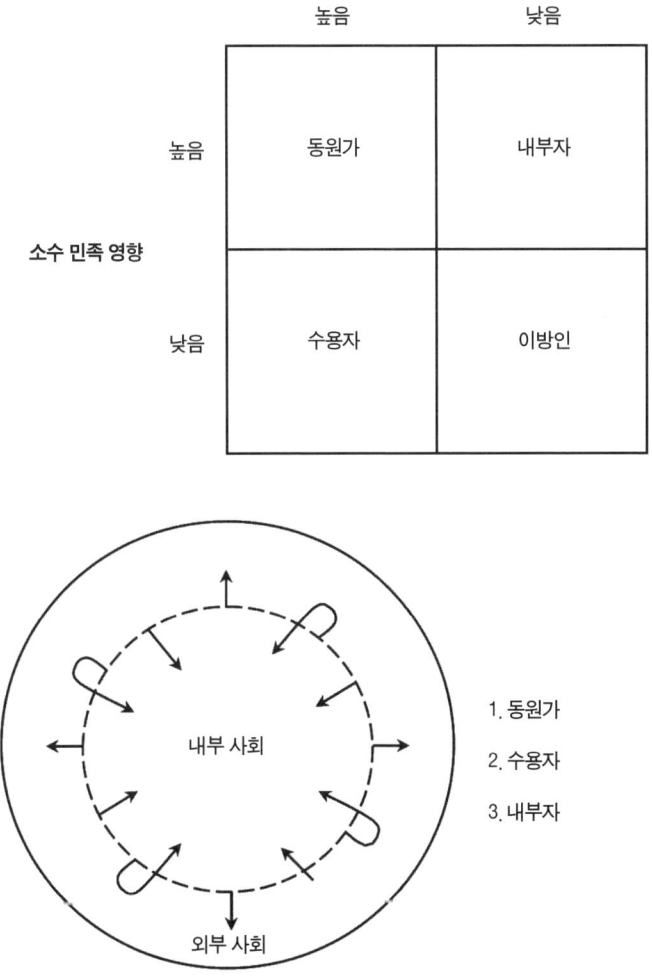

표2.2. 텍사스 주 댈러스의 멕시코 민족촌 분석[29]

---

29 앞의 책, 115.

고, 특별한 일이 있을 때만 밖으로 나가 활동한다. 당연히 족내혼(endogamy)을 선호하며, 자녀 역시 되도록 민족의 정신을 많이 가르칠 수 있는 학교에 보내 교육시키려 노력한다.

　수용자 그룹이란 주류 사회로 들어가려고 매우 노력하지만 아직 그러지 못한 사람들을 말한다. 그들은 성공을 위해서 민족의 한계를 넘어 열심히 백인들을 따라 배우려 한다. 또한 내부자 그룹과는 반대로 자녀에게 열심히 영어를 가르치며, 적극적으로 외부 정보를 습득하는 것이 성공의 지름길이라 믿는다. 친척과의 유대는 그리 강하지 않은 반면 족외혼(interethnic marriages)이 많다. 또한 멕시코인의 주류 신앙인 가톨릭에서 개신교로 개종하는 비율도 비교적 높은 것으로 나타났다. 그러나 수용자 그룹은 기대와 달리 동족 멕시코인은 물론 서양인 사회에서도 종종 배척당하고, 또 그런 이유로 스스로 정체성의 위기를 겪기도 한다.

　셋째, 동원가 그룹이란 주류 사회와 소수 민족 사이를 오가면서 멕시코 사회의 발전을 위해 일하는 그룹을 말한다. 이 사람들은 낙후한 멕시코 민족촌이 발전하도록 일하는 것을 보람으로 여긴다. 그들은 자기 민족이 주류 사회에 들어가 희석되기보다는 경제, 사회, 정치적으로 발전하여 나아가 기존 사회에서 새로운 민족적 방향을 모색할 힘을 주어야 한다고 믿는다.

　마지막은 이방인 그룹이다. 이들은 주류 사회와 소수 민족 사회 어디에도 속하기 힘들어 한다. 주변 환경에 속하기 힘들어 하다 보니 결국 백인 사회와 멕시코 민족촌(barrio) 모두에서 이방인처럼 살아간다.

　에이커가 제시한 표2.2 하단에는 앞서 설명한 네 그룹이 추구하는 삶의 목표와 방향이 어느 쪽을 향하고 있는지가 표시되어 있다. 여기서 특이한 점은 동원가 그룹과 수용자 그룹이 동일한 외부의 정보와 자원을 사용하지만 이 외부 자원을 사용하는 방식은 매우 다르다는 사실이다. 외부에 개방적이라는 점에서는 수용자 그룹과 다를 바 없으나, 동원가 그룹은 수용자 그룹에 비해 민족 안에서 리더십도 많이 발휘하며 자신의 민족을 위해 외부 자원을 사용하기 원한다. 이러한 의미에서 동원가 그룹은 선교적으로 전략적인 가치가 있다. 복음 역시 민족촌에는 하나의 외부 소식이고, 이 외부 소식이 내부에 전해지는 데는 외부에 개방적인 그룹이 중요한 역할을 하기 때문이다. 이뿐만 아니라 전해진 복음이 민족 안으로 확산되려면 리더십이 필요한데, 동원가 그룹은 리더십을 갖출 확률도 높다. 동원가 그룹은 외부에 개방적이면서도 민족에 대한 애착과 리더십을 갖추었다는 면에서 새로운 소식인 복음을 받아들여 내부에 확산할 수 있는 커다란 선교 전략적 가치를 지녔다고 할 수 있다.[30]

6단계 주류 사회의 삶

도시 민족촌에서 자라난 이주 후세들 또는 도시에 적응하고 충분한 시간을 지낸 이주자 1세의 일부는 도시 문화에 적응할 발판을 확보하면서 점차 주류 사회에 진입하고픈 열망을 품게 된다. 주류 사회에 조금씩 발을 디디면서 그들은 정체성의 위기, 가족 내 갈등, 미래에 대한 불안함, 신분 상승의 필요 등 다양한 혼란을 겪는다.[31]

---

30 Grzymała-Kazłowska Aleksandra, "The Role of Different Forms of Bridging Capital for Immigrant Adaptation and Upward Mobility. The Case of Ukrainian and Vietnamese Immigrants Settled in Poland," *Ethnicities* 15, no. 3 (2015): 460-90.
31 폴 히버트(Paul Hiebert)와 엘로이스 메네시스(Elois Meneses)는 도시인이 겪는 세계관적 주제를 다섯 가지로 분류했다. 즉, 다양성의 수용, 공적인 삶과 사적인 삶 사이의 뚜렷한 구분, 개인주의, 소비주의, 시간과 미래 지향성이다. Paul G. Hiebert and Eloise Hiebert Meneses, *Incarnational Ministry: Planting Churches in Band, Tribal, Peasant, and Urban Societies* (Grand Rapids, Mich.: Baker, 1995), 352-58. 「성육신적 선교 사

도시에는 끊임없이 이주자가 들어오며, 새로운 삶을 시작하는 사람들이 넘쳐난다. 그들이 도시에 적응하고 주류 사회로 진입하는 과정은 대단히 힘들고 험난하다. 이들이 진입하는 과정에서 겪는 어려움은 다음과 같다.[32]

첫째, 이주자는 새로운 도시로 이주하면서부터 삶의 기초를 다시 쌓아야 한다. 많은 이주자가 경제적, 사회적으로 어려움을 겪는다. 그들이 이전에 습득한 기술은 새로운 도시에서 환영받거나 그 실력을 인정받기가 어렵다. 특히 그 지식과 기술이 자기 민족과 문화 밖에서는 사용될 수 없다든지, 그 기술을 모국어로만 발휘할 수 있다든지, 자격증이나 공식 교육이 호환되지 못할 경우, 오랫동안 축적된 전문성일지라도 인정받지 못한다. 그렇기 때문에 이주자들은 변호사, 회계사, 의사 등과 같은 전문 직종으로 들어가기보다는 청소부, 요리사, 자동차 수리공처럼 사회적으로 낮은 계층의 직업에 종사하게 된다. 이러한 낮은 계층에서 날마다 쉬지 않고 일하면서도 이들은 언제나 경제적으로 생활이 힘겨울 수밖에 없다.[33]

둘째, 갑작스럽게 변한 문화적 환경으로 여성 이주자들이 어려움에 내몰리기 쉽다. 많은 여성이 적절한 준비 없이 갑작스러운 사회 변화를 맞닥뜨리게 되기 때문이다. 새로운 사회에서 여성이 자신의 역할과 지위를 다시 만들기는 쉽지 않다. 때로 사회 적응 능력이 뛰어난 여성들은 비전문 직종이나 동향 사람이 알선하는 저임금 노동을 하기도 한다. 역설적이게도 이러한 비전문 직종은 오히려 여성에게 기회가 더 많기 때문에 앞서 말한 여성과 반대로 오히려 남성보다 더 왕성하게 경제 활동을 하는 경우도 있다.[34]

역: 교회 사역을 위한 선교 현장 이해」, 이대헌, 안영권 역 (기독교문서선교회, 1998).
32 앞의 책, 315-20.
33 J. Winders, "Seeing Immigrants: Institutional Visibility and Immigrant Incorporation in New Immigrant Destinations," *Annals of the American Academy of Political and Social Science* 641, no. 1 (2012): 58.
34 이민자 여성의 지위와 역할 변화에 대한 연구로는 다음과 같은 논문들이 있다. Thanh-Dam Truong and

셋째, 이주자는 부부간의 역학 관계에서도 여러 변화를 체험한다. 남편들은 전통 사회의 습관대로 가부장적인 지위를 행사하려 하지만, 아내들은 도시 생활을 통해 더 자유로운 지위와 기회에 눈을 뜬다. 또한 도시가 주는 자유분방한 삶은 개인이 발전하는 기회도 되지만 한편으로는 전통 가정이 가지고 있던 관념에 큰 도전이 되기도 한다.

넷째, 자녀 교육은 도시 이주민에게 크나큰 관심사이자 어려운 문제이기도 하다. 많은 부모가 자녀를 교육하기 위해 도시로, 선진국으로 이주한다. 그리고 이주한 부모들은 자녀가 주류 사회의 일원으로 안정되기를 열망한다.[35] 교육이야말로 이주자가 주류 사회에 진입하는 지름길이라 생각하기 때문에 이주자들은 자식에 대한 교육열이 강하다.[36] 그러나 현실적으로 부모가 자녀의 성공을 위해 사회적, 재정적, 문화적으로 지원할 자원은 부족하다.

다섯째, 세대 간 갈등도 도시 이주민의 큰 문제다.[37] 이주자들에게 나타나는 특이점은 이렇게 세계관이 서로 다른 세대들이 한 집안이나 같은 조직에서 생활한다는 점이다. 이러한 공동체는 다양한 문화적 갈등을 안고 살아가게 되어 있다.

지금까지 여러 문제를 나열했지만 무엇보다 이주자를 괴롭히는 것은 '나

Des Gasper, "Trans-Local Livelihoods and Connections," *Gender, Technology and Development* 12, no. 3 (2008): 285-302; Nana Oishi, *Women in Motion : Globalization, State Policies, and Labor Migration in Asia*, 1 online resource (xviii, 238 pages); illustrations vols. (Stanford, Calif.· Stanford University Press, 2005); Sarah J. Mahler and Patricia R. Pessar, "Gender Matters: Ethnographers Bring Gender from the Periphery toward the Core of Migration Studies," *International Migration Review* 40, no. 1 (2006): 27-63; Nicola Piper and Mina Roces, *Wife or Worker?: Asian Women and Migration* (Lanham, Md.: Rowman & Littlefield Publishers, 2003).

35 Alejandro Portes and Rubén G. Rumbaut, *Legacies: The Story of the Immigrant Second Generation* (Berkeley; New York: University of California Press; Russell Sage Foundation, 2001).

36 Michael P. Todaro, "Urbanization in Developing Nations: Trends, Prospects, and Policies," in *Urban Development in the Third World*, ed. Pradip K. Ghosh (Westport, Conn.: Greenwood Press, 1979), 7-26.

37 Paul G. Hiebert and Eloise Hiebert Meneses, *Incarnational Ministry*, 321. 「성육신적 선교 사역: 교회 사역을 위한 선교 현장 이해」.

는 누구인가?'라는 궁극적 질문이다. 즉, 이주자는 자신이 속한 사회에서 문화적으로 어느 정도나 어울리며 살아야 할지 혼란스러워한다. 이주자들은 주류 사회 사람들과 거리가 있지만 오랜 도시 생활로 인해 고향 사람들과도 많이 달라졌기 때문이다. 이주자들은 이렇게 혼란스러워하는 과정에서도 나름대로 그 상황에서 살아갈 생존 방법을 터득해 나간다. 즉 주류 사회에서, 소수 민족 사회에서, 또는 고향에서 각각 다른 얼굴로 행동하면서 상황에 적절하게 처신하는 법을 배워 나가는 것이다.

> ○ **본 장을 통해 살펴본 것들** ○
>
> 이번 장은 도시에 관한 두 번째 관점으로, 도시란 이주 민족들이 새로운 고향을 만들어 가는 곳이라는 내용을 살펴보았다. 이주 민족들이 도시를 자신의 고향으로 받아들이기까지 겪는 과정은 여섯 단계로 나눌 수 있다는 것도 알게 되었다. 이주민의 정착 과정을 단계별로 이해하는 이유는 각 단계 안에 하나님이 주시는 독특한 선교적 기회가 있어서다. 이는 단계마다 서로 다른 전략을 세워야 한다는 의미이기도 하다.

고향으로서의 도시가 선교에 주는 의미

이번 장은 도시 안의 민족들을 이해하고 그들이 어떤 변화에 직면하는지를 알아 적절한 선교 전략을 세우는 데 관심이 있다. 그렇기에 한 민족이 도시에 정착할 때 주로 겪는 과정을 이해하는 것은 전략적으로 상당한 의미를 제공한다. 그래서 이번 장에서는 이주자의 도시 이주, 정착, 빈민가와 달동네, 고립, 이웃 민족과의 교류, 도시 주류 사회로의 진입 현상 등을 단계별로 살펴보았다. 지금도 전 세계의 많은 민족이 이주하고 정착하며 민족촌 안에서 살아간다. 이런 단계들은 늘 순서대로 진행되는 것도, 한 방향으로만 전개되는 것도 아니다. 경우에 따라서는 몇 단계를 건너뛰거나 심지어 반대 방향으로 진행되기도 한다. 도시의 민족들은 나름대로 애환과 희망, 열정과 실망을 안고 하나님의 섭리 속에서 살아간다. 하나님은 도시 안의 민족이 각자의 단계를 지날 때마다 그에 적절한 방식으로 복음을 전해듣기를 원하신다. 교회는 이러한 사회 현상 앞에 놓인 도시의 민족들을 현실적으로 이해하고 그에 적절한 선교 전략을 세울 수 있어야 한다.

하나님이 주시는 새로운 선교적 기회, 도시

민족촌의 많은 사람들은 희망보다 비관과 절망을 안고 살아간다. 또한 낮은 교육 수준과 열악한 공공시설, 반복되는 사회 문제 등으로 꿈과 노력이 실패로 돌아가는 경험을 반복하기도 한다. 이들을 대상으로 사역할 때, 우리는 먼저 그들을 향해 하나님이 주시는 긍휼한 마음을 품어야 한다. 경제적인 어려움과 싸우면서 날마다 힘겨운 삶을 살아가는 그들을 향해 그리스도의 마음으로 다가갈 수 있어야 한다.

민족촌(달동네)을 향한 사역 전략은 매우 현실적인 바탕이 있어야 한다. 이들을 향한 사역 전략을 세울 때는 제3세계에서 성공한 선교 방법들을 유심히 돌아보아야 한다. 예를 들어 빈민 선교나 윤락 여성 사역, 소규모 자본 대출, 지역 사회 개발 등과 같은 긍휼 사역은 그들에게 희망을 주고 현실적인 문제를 해결하며, 구조적인 죄악에서 빠져 나올 수 있게 해준다. 이러한 일들을 감당하기에는 교회의 규모나 전문성이 매우 취약하므로 전문적인 사역 단체들과 연합하여 일해야 한다.

한편 이주 패턴도 새롭게 변화하고 있다. 과거에는 전쟁, 난민, 자연 재해,

육체노동 위주의 이주자가 많았는데, 오늘날의 이주자는 잘 준비된 상태에서 자발적으로 이주하고 정착한다. 또한 새로운 지역에서도 기존 사회에서 누리던 사회적 계층과 수준을 유지할 수 있는 능력이 커졌다. 그중 일부 선택된 사람들은 국제도시에 있는 비즈니스 빌딩으로 출근하고, 가족이 국제학교 근처에 살면서 자녀들을 그 학교에 보낸다. 이른바 중류층에서 중류층으로 이동하는 이주민이 많아지는 것이다. 이들은 빠른 교통수단과 첨단 장비로 세계의 소식을 신속하게 교환한다. 그러면서도 자신의 문화와 언어를 자녀에게 전수하며, 가족이 외부의 좋은 정보를 누릴 수 있게 한다.

이런 현상은 우리로 하여금 새로운 관점으로 민족촌과 이민자(디아스포라)를 보게 만든다. 이제는 도시 안에 자기 마을을 형성하고 사는, 이른바 '미전도 종족 민족촌' 역시 이전의 전통적인 모습에서 벗어나 외부와 교류하며 변화와 발전을 꾀하고 있다. 특히 큰 도시에 있는 이주민들과 민족촌에는 좀 더 개방적이고 외부 사람과 적극적으로 교류하는 부류가 있게 마련이다. 즉 현대의 도시 민족들 중에는 새로운 소식에 열려 있는 사람이 늘고 있다는 것이다. '기쁜 소식'이라 말하는 복음 역시 개방되어 가는 그들에게 새로운 소식 중 하나가 될 수 있다. 그러므로 도시의 민족촌에는 이제 현대의 사도 바울을 기다리는 사람들이 있다고 볼 수 있다. 마치 그리스, 터키, 로마의 여러 도시에 흩어진 유대인들을 찾아가 그들의 삶과 경제 활동 영역과 회당에서 그리스도를 나눈 사도 바울처럼 말이다.

민족 간 고립 현상에 대한 이해

민족 간 고립 현상은 도시 선교 사역에 큰 영향을 끼친다. 오랜 시간 민족 간에 축적된 갈등과 무관심이 교인들 사이에서 쉽게 갈등을 일으키기도 하고, 타민족을 향한 전도에 부정적인 영향을 주기도 하기 때문이다. 도시의 기독교 사역자들은 이러한 상황에 어떻게 답할지를 생각해야 한다. 특히 민족 문제는 지나치게 안일하게 해결하려 해서는 안 되며, 좀 더 현실적으로 대할 수 있어야 한다. 그러지 않을 경우, 비록 일시적으로는 여러 민족이 신앙 안에 함께 모였다 하더라도 오래 유지되기가 어렵기 때문이다.

민족 간 고립 현상을 간과하면 선교 전략을 수립할 때에도 잘못된 판단을 내릴 수 있다. 예를 들어 한국인 선교사 같은 경우는 중국의 조선족이나 중앙아시아의 고려인처럼 언어적으로 장벽이 낮은 민족에게만 다가가는 일이 많다. 또는 외부의 소식과 문물에 적극적인 민족에게만 선교하기 쉽다. 그리고 그 민족들이 언젠가는 저절로 다른 민족에게도 전도하리라 기대한다. 그러나 현실은 대체로 그렇지 않다. 복음이 한 민족에서 다른 민족으로 전달될 때에는 장애물이 매우 많기 때문에 자연스럽게 확산될 것이라는 기대는 지나치게 낭만적인 생각이다. 즉 민족들은 본래부터 서로에게서 고립되어 온 특성이 있기 때문이다. 그러므로 선교사는 이러한 민족 간 고립 현상을 파악하여 현실적 대안을 세워야 하며, 그래야만 비로소 효과적인 선교 전략을 수립할 수 있다.

도시 민족의 불안함과 고단함을 향한 연민

온 가족이 타문화권으로 옮겨와서 적응하며 살아간다는 것은 매우 힘든 일이다. 보통 이주민들은 이주에 필요한 자원과 정보가 부족한 상태에서 정착한다. 그들은 경제와 신분의 어려움, 언어문화의 차이로 인한 지역 정보 습득의 어려움, 기존에 습득한 전문 지식이 무용지물이 되는 박탈감, 가중되는 부부 문제와 도덕 문제, 자녀 교육의 절박성과 세대 간 갈등, 그리고 정체성의 혼란으로 힘겨워한다. 이러한 도시인의 애환을 한마디로 압축하면 '불안함과 고단함'이라 할 수 있다. 도시에 새로이 정착하는 민족은 불안하고 고단한 삶을 살아간다. 하나님은 이런 상황에 있는 도시의 소수 민족을 선교사들이 어떻게 바라보길 원하실까?

포로로 끌려간 롯을 구하기 위해 아브람이 사병 318명을 이끌고 출동한 사건은 도시의 소수 민족과 이주민에게 사역하는 사역자들이 묵상해 보아야 할 내용이다. 당시 롯은 소돔이라는 도시의 새로운 정착민이자 소수 민족이었다. 그후 소돔성에 일어난 전쟁으로 롯은 모든 재산을 빼앗기고 포로로 잡혀 간다. 이 소식을 들은 아브람은 위험을 무릅쓰고 한 나라의 왕을 상대로 전쟁을 벌였고, 결국 롯의 가족과 재산을 모두 구해 낸다(창 14장).

주님은 오늘날에도 도시에 정착하여 여러 혜택을 누리다가 어느 날 갑자기 재난과 어려움을 당하는 도시 이주민과 소수 민족에게 도시의 사역자들이 관심을 갖길 원하신다. 이뿐 아니라 소돔성을 향한 하나님의 심판 계획을 알고 롯의 가족을 구하기 위해 두려움과 무례함을 무릅쓰고 끝까지 하나님께 중보한 아브라함의 태도는(창 18:17-33) 오늘날 도시 사역자들도 배워야 하는 부분이다. 이들을 바라보고 멸망하지 않도록 길을 막아서며 중보한 아브라함의 마음을 우리 도시 사역자들도 가질 수 있어야 한다.

MISSION STRATEGY IN THE CITY

3장

민족 간 갈등과 경쟁의 마당, 도시

그동안 우리는 건물과 행정 구역보다는 사람과 사회로 구성된 곳, 많은 민족이 모여 경쟁과 갈등, 화합을 하는 곳이라는 관점으로 도시를 살펴보았다. 이번 장에서는 도시를 구성하는 여러 민족에게 초점을 맞출 것이다. 도시 안에 있는 여러 민족의 생활, 서로 간의 갈등과 화합을 구체적으로 이해하려면 사회학적으로 접근하는 것이 중요하다. 이에 이번 장에서는 민족들을 갈등 또는 화합하게 만드는 여섯 가지 요소를 찾아볼 것이다. 또한 민족 간 갈등 수준을 약한 단계에서 강한 단계까지 네 단계로 나누고, 그 안에서 어떤 현상이 일어나는지를 알아볼 것이다. 마지막으로 선교지 또는 비서구권의 민족 간 갈등은 서구와 어떤 다른 특징이 있는지도 살펴보고자 한다.

사례_ 갈등과 경쟁 속의 민족들

북경 동남쪽에는 뉴지에(牛街)라는 마을이 있다. 이곳은 전통적으로 회족이 모여 사는 민족촌이다. 뉴지에란 '소의 거리'(Oxen Street)라는 뜻으로, 돼지고기를 멀리하고 주로 소와 양을 음식으로 삼는 무슬림을 상징하여 붙여진 이름이다.[1] 한번은 뉴지에에 찾아가기 위해 택시를 탔다. 마을에 도착했을 때 한족인 택시 운전수가 갑자기 그 마을 무슬림들을 가리키면서 이렇게 말했다. "저 사람들이 돼지고기를 먹지 않는 이유는 조상이 돼지와 연관이 있기 때문이에요." 회족이 들으면 정말 모멸감을 느낄 말이었다. 그의 말과 표정에서도 회족을 경멸하는 태도를 느낄 수 있었다. 이러한 적대 감정을 지닌 것은 회족도 마찬가지였다. 간쑤성 란저우에서 회족 마을의 큰길을 지나가고 있는데, 회족 사람과 한족 사람이 말다툼을 시작하는 것을 보았다. 그런데 3분도 되지 않아 수십 명의 회족 청년이 달려들어 한족 사람을 에워싸고 적개심을 보이며 위협하기 시작했다. 회족 청년들은 자초지종도 알려 하지 않고 무조건 한족이 잘못했다며 사과를 요구했다.

한족과 회족은 같은 공간에서 1,300년을 살았지만 서로 평행선을 그으며 살아왔다. 실생활에서 되도록 마주치지 않으면서 마치 상대방이 없는 듯이 살아온 것이다. 회족은 중국 사회에서 오랫동안 살아온 익숙한 외지인(familiar stranger)[2]인 셈이다. 그러면서도 상대방에 대한 편견과 적대감은 가라앉지 않고 마음속에 살아 있어서 언제라도 그 감정이 다시 일어날 수 있다. 그렇기에 상대 민족을 비하하는 마음은 오늘날까지도 계속되고 있다.[3] 그런데 역설적이게도 이러한 민족 간 편견과 경쟁, 그리고 자민족에 대한 자긍심은 회족

---

1 뉴지에는 북경에서 가장 크고 전통 있는 이슬람 사원인 뉴지에 리바이쓰(牛街礼拜寺)가 있는 곳으로 유명하다. 이 사원은 10세기 요나라(Liao Dynasty) 때 세워졌다. Wang Shoujie, *Niu Jie Huimin Shenghuo Tan" (Discussion of the Lifestyle of the Oxen Street Hui)* (Yue Hua, 1930).
2 Jonathan Neaman Lipman, *Familiar Strangers: A History of Muslims in Northwest China*, Studies on Ethnic Groups in China (Seattle: University of Washington Press, 1997).
3 Dru C. Gladney, *Dislocating China Reflections on Muslims, Minorities, and Other Subaltern Subjects* (Chicago: The University of Chicago Press, 2004).

이 여러 민족 설화와 문화적 상징을 만들어 내는 좋은 토양이 되었다.[4] 이러한 민족 간 대치는 평소에는 무관심과 비난, 상업적 경쟁 정도로만 표현되지만, 때로는 충돌, 심지어 민족과 민족 간 대규모 살육전으로 나타나기도 했다.[5]

전통적으로 회족은 시골에서 농사를 짓고 사는 사람이 많았다. 도시 한편에 상권을 갖추기도 하지만, 대부분의 생활은 민족촌 안에서 이루어진다. 밖으로 잘 드러나지 않은 채 살아 보니 같은 도시 안에서 오랫동안 살아오면서도 상대방과 부딪치지 않을 수 있었던 것이다. 문제는 도시화가 되면서 현대 중국 사회가 더는 서로 무관심하거나 고립되게 놓아두지 않는다는 것이다. 현대 도시는 끊임없이 민족끼리 교류하게 만든다. 서로 다른 민족들이 공원에서, 시장에서, 학교에서 만나고, 그 결과 교류와 협력, 또는 경쟁과 갈등이 끊이지 않고 있다.

도시는 여러 민족이 공존하는 공간이다. 즉, 도시는 사람의 모임일 뿐 아니라 민족의 모임이기도 하다. 도시의 민족들은 고유한 역사를 갖고 있다. 이들은 자민족은 물론 상대 민족에게도 그러한 역사적 경험을 바탕으로 대한다. 그러면서도 도시 안의 민족은 변화하고 있다. 민족들은 도시라는 거대한 힘 앞에서 변화를 요구받는다. 그들은 이제 다른 민족과 빈번히 접촉하고

---

4 Shujiang Li and Karl W. Luckert, *Mythology and Folklore of the Hui, a Muslim Chinese People* (Albany: State University of New York Press, 1994).
5 중국 회족은 1,300여 년의 역사를 갖고 있다. 초기 역사에는 민족 간 갈등이 그리 많이 기록되지는 않았다. 그러나 명조(1368-1644)와 청조(1644-1912)에 들어서 회족 규모가 커지면서 타민족과 갈등이 증가하였다. 최근에 일어난 큰 충돌로는 1915년 윈난성에서 문화 혁명 당시 홍위병에 의해 종교 활동이 금지되면서 일어난 것이 있다. Marshall Broomhall, *Islam in China: A Neglected Problem* (New York: Paragon book reprint corp, 1966), 64-68; G. Andrew Findlay, *The Crescent in North-West China* (London: China Inland Mission, 1921), 115, 119; Jonathan N. Lipman and Steven Harrel, "Ethnic Violence in Modern China: Hans and Huis in Gansu, 1781-1929," in *Violence in China*, ed. Jonathan N. Lipman and Steven Harrel (N.Y.: State University of N.Y. Press., 1990), 71-73; Michael Dillon, *China's Muslim Hui Community: Migration, Settlement and Sects* (London: Curzon Press, 1999), 164.

어떠한 형태로든 반응하도록 강요받는다. 아이는 학교에서, 어른은 직장과 사회에서 다른 민족과 교류할 수밖에 없게 되었다.

그렇다면 도시에서 일하는 기독교 사역자들은 이렇게 급증하는 민족 간 갈등과 교류 앞에 어떠한 자세를 가져야 할까? 그리고 사역자들이 알아야 할, 민족 간 갈등과 경쟁 속에 존재하는 사회학적 역학 구도와 이론은 어떤 것이 있을까? 이에 대한 대답은 선교 전략을 세우는 데 중요한 해답을 제공한다. 도시 사역자들은 민족들 마음속에 형성된 민족 간 감정, 이해와 편견, 그리고 현대 도시에서 재편성되는 민족 간 위치와 역학 관계를 알 수 있어야 한다. 이제 이러한 이해를 위해 먼저 민족 간 관계에 영향을 끼치는 요소들을 알아보고자 한다.

민족 간 관계에 영향을 주는 여섯 가지 요소

고대 사회는 물론 문명사회라 불리는 현대 사회에 와서도 민족 간 갈등은 끊임없이 우리 주변의 뉴스를 장식하고 있다. 사실 민족 문제에는 테러처럼 눈에 보이는 폭력뿐 아니라 여러 형태가 있다. 예를 들어 민족에게 주는 교육 혜택과 기회, 공용어로 선택되기 위한 지방 사이의 기득권 다툼, 미디어 선점, 경제와 정치 영역에서의 경쟁 등 그 모양이 매우 다양하다. 민족 문제는 선교 전략상으로도 매우 중요하다. 민족 간 접촉 기회가 많아지면서 서로 협력하거나 갈등이 생겨날 상황도 많아졌기 때문에 이러한 현상은 도시에서 특정 민족을 대상으로 사역하는 사역자들에게도 커다란 변화를 요구한다. 보통 현대의 민족들이 서로 갈등하거나 화합하는 데에는 적어도 다음 여섯 가지 요소에 영향을 받는다. 민족 간 역사, 최근 정세, 세계화, 도시화, 복지 정책, 미디어 등이다. 이제 구체적으로 그 내용을 살펴보자.

첫째, 오랫동안 형성되어 온 민족 간의 역사가 오늘의 민족 관계에 영향을 준다. 민족 간의 문제는 하루아침에 생겨난 것이 아니라 수백 년 전부터 차곡차곡 형성된 것이다.[6] 서로 종교가 다르거나, 전통적으로 신분과 사회 계층에서 민족 간에 우열이 생겼거나, 정복과 피정복의 역사가 있거나, 새로 유입된 민족이 점점 커져 기존 민족과 갈등을 일으키는 등, 역사 안에서 민족 간에 갈등이 생기는 이유는 매우 다양하다. 예를 들어 오랫동안 갈등을 겪고 있는 벨기에의 플레밍 민족과 왈론 민족, 지방 민족과 중앙 정부가 마찰을 빚는 중국과 러시아, 언어와 종교에 따라 민족이 잘게 나뉜 인도, 백인과 역사적 혼혈로 생성된 메스티조(mestizo)와 인디언 전통 부족이 함께 살아야 하는 페루 등 거의 대부분의 국가에서 역사가 만들어 놓은 민족 간 문제를 찾아볼 수 있다.

둘째, 최근의 정치적, 경제적 문제가 민족 문제를 야기할 수 있다. 예를 들어 제2차 세계대전 이후 독립 국가나 신생 국가가 만들어지면서 선진국이 그어 놓고 간 국경선으로 민족 간 내분과 갈등이 시작된 경우가 여기에 해당된다. 특히 준비되지 않은 채로 한 국가 안에서 타민족과 함께 살게 되거나, 국가가 불평등한 민족 정책을 펴거나, 민족 정서를 충분히 고려하지 않을 때, 민족 간 갈등은 증폭된다.

셋째, 현대의 세계화도 민족 관계에 큰 영향을 끼친다.[7] 국가 간 관계가 빈번해지면서 같은 도시 안에서 민족 간 계층에도 많은 지각 변동이 발생한다. 선진국들 역시 세계화 경제로 인해 새로운 민족 문제를 경험한다. 특히 남유

---

6 Jens Rydgren, "The Power of the Past: A Contribution to a Cognitive Sociology of Ethnic Conflict," *Sociological Theory* 25, no. 3 (2007): 225-44.
7 Susan Olzak, "Does Globalization Breed Ethnic Discontent?," *Journal of Conflict Resolution* 55, no. 1 (2011): 3-32.

럽에서 엄청난 규모의 노동력이 유입되면서 북유럽은 이전과 비교할 수 없는 다민족 국가가 되어 가고 있다. 세계화되는 사회에서는 이전과 달리 새로운 민족을 상대해야 하며, 또한 이 민족들 간에 새로운 계층도 만들어진다.[8]

넷째, 이주민의 도시 이동이 도시 민족 간 관계에 큰 영향을 끼친다. 이주자들은 날마다 도시에서 경제생활과 사회생활을 하고, 자녀를 학교에 보내며, 도시가 세워 놓은 규칙을 따라 살아가는데, 이 과정에서 끊임없이 타민족과 교류한다. 그 가운데서 여러 민족이 편견과 적응, 이익 추구와 상호 양보, 충돌을 하며 살아간다.[9]

다섯째, 현대 국가의 복지 정책이 민족 간 교류를 증폭시킨다. 전통 사회에서는 민족 간 관계가 비교적 경직되고 정체되어 있다. 현대의 다민족 국가들은 보통 민족을 초월하여 복지 혜택을 주는데, 그 결과 민족 간 계층에 많은 변동이 생겼다. 심지어 시간이 가면서 저층에 있던 민족이 자본과 사회적 힘을 획득하고, 자신의 문화와 전통을 발전시키고 부흥시키는 능력을 갖기도 한다. 어떤 국가는 소수 민족이나 저층의 국민에게 더 많은 혜택을 주는데, 이 경우 하층 민족은 상당한 신분 상승의 기회를 얻게 된다. 그 결과 민족 간 불평등이 조금씩 바뀌어 간다.

여섯째, 미디어 발달이 민족 간 관계에 큰 영향을 준다. 어느 사회든 미디어는 여러 민족이 국가의 통치와 사회 유지를 따르고 그에 호응할 수 있도록 선도하고 홍보하는 역할을 발휘해 왔다. 또한 미디어를 통해 국가는 여러 민족이 서로 상대방을 의식하고 더불어 살 수 있도록 돕기도 한다. 반대로 미디어는 민족 간 갈등을 촉발하기도 하고 정치인의 의도에 따라 민족 감정을

---

[8] Daniel Bell, "Ethnicity and Social Change," in *Ethnicity: Theory and Experience*, ed. Nathan Glazer and Daniel Moynihan (Cambridge, Mass.: Harvard University Press, 1975), 151-52.

[9] Nils B. Weidmann, "Geography as Motivation and Opportunity: Group Concentration and Ethnic Conflict," *The Journal of Conflict Resolution* 53, no. 4 (2009): 526.

조정하기도 한다.

지금까지 우리는 도시의 민족들 사이의 관계에 영향을 끼칠 수 있는 여러 요소 중 대표적인 여섯 가지를 살펴보았다. 민족 문제는 야만적인 리더의 정복 전쟁이나 노예 제도, 인권에 대한 의식이 부족한 옛날에만 있던 것이 아니다. 오히려 현대에 들어 이전에 고립되어 있던 민족도 역동성을 갖게 되고 서로의 활동 반경이 넓어지면서 도시는 민족들이 더 많이 접촉하는 곳이 되어 간다. 도시 사역을 하는 사역자들은 자신의 사역 대상 민족이 다른 민족과 끊임없이 교류한다는 사실을 잊지 말아야 한다. 특히 민족 간에 존재하는 다양한 정서를 이해하는 것은 도시 사역자에게 매우 중요하다.

민족 간 갈등 유형

도시는 민족으로 구성되었기 때문에 도시를 이해하려면 민족 간에 존재하는 갈등과 화합 요소를 알아야 한다. 두 민족이 도시라는 같은 공간에 살고 있으면 갈등과 경쟁이 일어나기 쉽다. 이런 배경을 가진 민족들을 아무 지식 없이 선교하는 것은 매우 위험한 일이다. 민족 갈등은 타민족을 향한 적의 또는 적대적 표현을 말하는 것으로, 단순한 감정부터 그 감정을 표현하는 다양한 행동과 사회 구조까지 포함한다.[10] 민족 간 갈등 유형은 적어도 다음 네 가지로 나누어 생각할 수 있다.

첫째, 가장 자주 볼 수 있는 유형은 주류 민족과 소수 민족의 갈등이다. 보

10　Philip Q. Yang, *Ethnic Studies: Issues and Approaches* (Albany: State University of New York Press, 2000), 189-90.

통은 수가 많은 민족, 즉 다수 민족이 주류가 되고 소수 민족이 주변인 대접을 받는다. 그러나 실제로 주류 또는 주변 민족은 수와 같은 규모만으로 정해지기보다는 누가 압도적이고 우월한 위치를 점하고 있는지로 정해진다. 소수이지만 지배 계층을 차지하고 국가의 자원을 독식하는 민족도 있다. 이 경우에는 수가 많은 주변 민족에게 소량의 자원만 분배되어 결국 두 민족 간에 커다란 빈부 격차와 정치적 불균형이 발생한다. 한편, 다수 민족이 주류 사회의 기득권을 갖는 경우 소수 민족은 피해 의식으로 인해 내부로는 단결을 호소하고 외부로는 불만을 축적해 나간다.

민족 간 갈등의 두 번째 유형은 다수 민족과 여러 소수 민족 간의 갈등이다. 이는 다수 민족이 국가의 권력을 갖고 다른 여러 소수 민족 모두에게 불리한 정책을 펼친다고 생각할 때 발생한다. 이 경우 소수 민족들은 한 다수 민족을 적대시하는 반면 소수 민족 간에는 협력과 단결이 이루어진다. 예를 들어 중국의 경우 터키 계통인 위구르족과 동아시아 계통인 회족은 혈통적으로 커다란 거리가 있지만 소수 민족이자 무슬림이라는 공통점 때문에 다수 민족인 한족을 향해 비슷한 목소리를 내어 왔다.

세 번째 유형은 외국의 지지 세력을 가진 소수 민족과 다수 민족의 갈등이다. 예를 들어 중국의 위구르족은 범튀르크 국가들의 암묵적 지지와 함께 이슬람이라는 종교권의 비호를 등에 업고 중국 정부와 계속 갈등한다.

네 번째 유형은 소수 민족 간의 갈등이다. 이들이 갈등을 겪는 데는 여러 이유가 있다. 보통 소수 민족들은 민족 전체가 동일한 종교를 갖고 있고 근접한 다른 소수 민족과 오랜 갈등을 겪으며 살아온다. 또는 한 민족이 장악해 온 상권에 다른 민족이 들어와 경제적 위협이 생긴다든지, 자신의 거주지에 다른 민족이 많이 들어와 살아가는 과정에서 갈등이 발생할 수 있다.

일반적으로 민족들은 복잡하고 다양한 원인으로 충돌한다. 많은 경우, 민족 간 충돌은 하루아침에 생긴 것이 아니라 오랜 역사적 배경에서 차츰 형성되는 것이다.[11] 현대에 와서는 민족 간 갈등을 일으키는 원인이 더욱 다양하고 복잡해졌다. 현대화, 국제화, 도시화, 세속화, 미디어의 발달 등이 국가 정책, 사회 정치적 상황, 문화와 전통 사상을 빠르게 변화시켰고, 이러한 변화가 민족 간 관계에 새로운 여러 변수를 만들어 냈다.

수위별 민족 간 갈등

민족 간의 갈등은 강도에 따라 '비폭력적 충돌', '적대적 표현', '폭력적 충돌'로 나눌 수 있다.[12] 비폭력적 충돌이란 타민족에 적대적으로 표현하거나 행동하되 폭력성을 띠지 않는 것이다. 예를 들면 어떤 민족과 관련된 특정 물품을 구입하지 않기(boycott), 평화적인 저항이나 행진 등이 있다. 적대적 표현은 여기서 한걸음 더 나아가 언어, 문서, 또는 상징적 표현을 사용하여 적대적 감정을 드러내는 갈등 수준을 말한다. 여기에는 벽보, 낙서, 소문, 비하하는 여러 모양이 포함된다. 마지막으로 폭력적 충돌 단계가 있는데, 린치(lynch)처럼 폭력적인 행동을 가한다든지, 타민족의 구성원들을 향해 폭동을 일으키는 것을 말한다. 이는 대규모 폭력은 아닐지라도 대상 민족의 상징이나 기관, 사람 등을 공격하여 많은 피해와 두려움을 주는 행위다.

민족 간 충돌이 표면화되기까지는 이미 그전에 여러 단계를 거치면서 상대방에 대한 인식과 감정, 표현이 적대화되는 과정이 있다. 그 과정의 첫 출발은 '자민족 중심적 관점'이다. 이 관점은 자연스럽게 '민족적 우월성'으로

---

11 앞의 책, 202.
12 앞의 책, 202.

발전하고, 나아가 '민족 비하'로 나타난다. 여기서 더 발전한다면 바로 '인종 차별'이 되며, 이 단계에서는 상위 기관에 의해 조직적인 표현과 행동이 나타난다. 이제 민족 간 갈등의 시작이라 할 수 있는 자민족 중심적 관점부터 가장 심하다고 할 수 있는 인종 차별까지 그 개념과 내용이 어떠한지 단계별로 살펴보자.

자민족 중심적 관점

자민족 중심적 관점이란 자신이 속한 문화나 사회가 상대방의 그것보다 우월하고 효율적이라고 전제하는 무의식적 또는 의식적인 생각을 말한다.[13] 모든 민족은 타민족과 자신을 볼 때 늘 자신이 오랫동안 만들어 온 렌즈를 통해 본다. 자민족 중심적 관점이 건강하게 작용할 때는 민족의 자부심과 독특한 문화적 창조를 일으킨다. 반대로 건강하지 못한 방향으로 갈 때는 자신의 민족, 문화적 상징과 표시, 사회 체계, 관계와 세계관 등이 타민족보다 우월하다는 생각, 나아가 타민족에 대한 편견과 차별의 출발점이 되기도 한다.

모든 인류는 자신이 자라온 방식에 익숙해 있어서 자연스러운 것이 더 우월하다고 생각하며, 그 결과 타문화권에 편견과 우월감을 갖는다.[14] 이렇게 모든 사람이 자민족 우월주의적 관점을 갖는 것은 사람이 그만큼 자기 관점과 문화를 뛰어넘기 어렵고, 심지어 거의 불가능하기 때문이다.[15]

13　Gary P. Ferraro, *Cultural Anthropology: An Applied Perspective* (Minneapolis/St. Paul: West, 1995), 23; Carol R. Ember, *Cultural Anthropology* (Englewood Cliffs, N.J.: Prentice Hall, 1993), 15.
14　W. Bausch Andrew, "The Geography of Ethnocentrism," *Journal of Conflict Resolution* 59, no. 3 (2015): 510-27.
15　A. Heydari et al., "Influential Factors on Ethnocentrism: The Effect of Socioeconomic Status, Anomie, and Authoritarianism," *Social Science Information* 53, no. 2 (2014): 240-54.

자민족 우월감

자민족 중심적 관점이 계속 발전하면 타민족에 대한 민족적 우월감이 된다. 민족적 우월감이란 주로 타민족을 차별하는 부정적 용어로 많이 사용된다.[16] 이러한 자민족 우월감을 가지고 특정 민족을 보게 되면, 그 특정 민족은 더 게으르고, 더 비위생적이며, 느리고, 신용이 부족하며 능력도 없기 때문에 결국 우월한 지위를 가질 자격이 없다고 믿게 된다. 사람들 사이에 이러한 생각이 보편적으로 형성되면, 점점 당연한 의식(stereotype)으로 정착된다. 그 결과 열등하다고 생각되는 민족은 점점 능력을 키울 기회와 환경을 잃게 되고, 결국 대를 이어 낮은 계층에 머물게 된다.[17]

민족 비하

자민족 우월감이 더 심해지면 민족 비하감으로 발전하게 된다. 민족 비하란 민족 간 우열 의식이 개인을 대하는 태도에 스며든 상태를 말한다.[18] 이러한 상태는 주로 압도적인 민족이 약하고 소수인 민족을 대할 때 나타난다.[19] 또한 민족적 우월감이 사람들의 생각과 태도라면, 민족 비하는 사람들의 조직적인 행동과 활동에 좀 더 초점이 맞춰진 개념이라 할 수 있다. 극단적인 경우에는 국가가 나서서 특정 민족에게 불리한 정책을 펴기도 한다.[20] 이렇게 국가 주도적인 민족 차별을 차치하고서라도 민족 비하는 둘 이상의 민족이

16　Ulrich Wagner et al., "Prejudice and Minority Proportion: Contact Instead of Threat Effects," *Social Psychology Quarterly* 69, no. 4 (2006): 380-90.
17　Yang, *Ethnic Studies: Issues and Approaches*, 116-17.
18　Joseph F. Healey, *Race, Ethnicity, Gender, and Class: The Sociology of Group Conflict and Change* (Thousand Oaks, Calif.: Pine Forge Press, 2011).
19　Joe R. Feagin and Clairece Booher Feagin, *Racial and Ethnic Relations* (Englewood Cliffs, N.J.: Prentice Hall, 1993), 15.
20　Arnaud Lefranc, "Unequal Opportunities and Ethnic Origin: The Labor Market Outcomes of Second-Generation Immigrants in France," *The American Behavioral Scientist* 53, no. 12 (2010): 1851-82.

있는 장소에서는 쉽게 찾아볼 수 있다.

보통 민족 비하는 다수 민족과 소수 민족의 정책적 차별로 많이 나타나지만, 좀 더 자세히 들여다보면 소수 민족들 간에도 서로 차별이 있으며 때로는 소수 민족이 다수 민족을 차별하기도 한다. 그러므로 민족 비하란 모든 민족이 모든 민족에게 행할 수 있는 불평등 또는 불공정하고 체계적인 행위라 할 수 있다.[21]

인종 차별

민족 비하가 더 강화되면 인종 차별로 나타나기도 한다. 인종 차별은 민족 비하의 한 형태로도 볼 수 있다. 인종 차별은 단순히 개인적인 관념이나 집단의 행동이 아니라 좀 더 총체적이고 구조적인 것이라 할 수 있다. 인종 차별은 적어도 다음 네 가지 유형으로 표현될 수 있다. (1) 특정 인종이 생물학적 또는 정신문화적으로 우월하거나 열등하다고 믿게 만드는 이데올로기적 인종 차별, (2) 특정 민족에 대한 왜곡된 정보 등으로 특정 인종을 차별하게 만드는 태도적 인종 차별, (3) 차별을 실제 행동으로 옮기는 형태인 행동적 인종 차별, (4) 사회의 법, 정책, 실천 등으로 특정 민족에게 특혜나 손해를 가하는 제도적 인종 차별이다.[22]

제도적 인종 차별은 사회 전체를 인종 차별적 체계로 만든다. 사람들은 사회 전체에 편만한 차별적 환경에 노출되면서 더욱 인종 차별적으로 생각하고 행동한다. 그 결과, 제도적 차원과 그 앞의 세 가지 차원이 서로 융합해 가며 점점 인종 차별을 가속화한다. 이 네 가지 차원이 함께 작용하기 때문

---

21 Jack Levin and William C. Levin, *The Functions of Discrimination and Prejudice* (New York: Harper & Row, 1982).
22 John E. Farley, *Majority-Minority Relations* (Englewood Cliffs, N.J.: Prentice Hall, 1995).

에 인종 차별은 한두 개인의 생각과 자세만 바꾼다고 해서 쉽게 극복되지는 않는다.

지금까지 우리는 민족 간 갈등이 심화되는 네 단계(자민족 중심, 자민족 우월감, 민족 비하, 인종 차별) 과정을 알아보았다. 이 단계들이 늘 이 순서대로 발전하지는 않는다. 사회에 따라 갑자기 중간 단계에서 갈등이 나타날 수도 있고, 잠재되어 있던 것이 갑자기 활성화되어 중간 단계나 끝 단계로 건너뛸 수도 있다. 그렇기 때문에 이처럼 복잡한 민족 간 역학 관계를 진단하거나 해결책을 찾을 때에는 단편적으로 접근해서는 안 된다. 이러한 민족 문제는 더 종합적인 것으로, 개인 간에 해결할 문제가 있고, 조직 간의 업무적 관계로 해결할 문제도 있다. 또한 좀 더 구조적이고 문화와 역사에 깊이 뿌리박혀 있어서 국가의 정책과 캠페인으로 해결할 문제도 있다.

교회 역시 이러한 민족 문제를 해결하기 위해 할 수 있는 일들을 해야 한다. 예를 들어 교회는 개인이 할 수 있는 성경 공부나 행사를 통해 민족 간 화해와 용서를 강조하고 이에 맞는 프로그램과 이벤트를 진행할 수 있다. 뿐만 아니라 프로그램의 효율성이 침해되지 않는다면 교회 안에서 서로 다른 민족 간의 교제와 프로그램을 진행할 수 있어야 한다. 교회가 개인의 성화만 강조하고 민족 문제에는 관심이 없다면, 개인의 성화가 민족 문제를 해결할 수 있는 충분조건이라고 생각하는 것과 같다. 그러나 사회 구조와 조직 간의 의식이 함께 변하지 않으면 민족 간의 문제는 개인의 노력만으로 해결하기에는 많은 한계가 있다. 그러므로 교회는 개인의 성화와 타민족의 배려를 강조하면서도 민족 정책과 관련 법률을 보완하여 민족 간 관계가 원활히 유지되도록 여러 관련 기관과 정부에 목소리를 낼 수 있어야 한다.

비서구권에서 나타나는 민족 갈등 유형

그동안 민족 갈등에 관해 연구된 것들은 주로 미국을 중심으로 하는 북미주의 소수 민족, 특히 흑인에 관한 것이 많았다. 그러나 북미주의 민족 문제는 비서구권의 그것과 사회 환경적으로 상당한 거리가 있다. 보통 선교지는 비서구권인 경우가 많은데 이런 곳에서 발생하는 민족 간 갈등은 앞서 소개한 세 가지 유형(비폭력, 적대적 표현, 폭력적)보다 훨씬 복잡한 특징을 지니고 있다. 선진국으로 이주하는 소수 민족은 대부분 자발적인 이민으로 이동한다. 반면 선교지의 소수 민족은 자발적 이민뿐 아니라 본국의 자연 재해, 정치 경제적 도피 등 타의에 따라 이동하는 경우가 적지 않다.

비서구권 도시에서 선교하기 위해서는 바로 이러한 비서구권 특유의 민족 간 갈등 요소들을 이해하는 것이 필요하다. 비서구권의 민족 갈등 유형은 다음 다섯 가지로 정리해 볼 수 있다.

첫째, 어떤 민족이 자신의 영토와 왕조를 빼앗긴 경우다. 예를 들어 중국의 티베트족, 몽골족, 위구르족 등은 이전에 지배하던 영토와 정치 체계가 명확했다.[23] 중국에 영토를 빼앗기고 나서도 그들 마음속에는 영토 의식이 선명하게 살아 있기 때문에 어떻게 해서든 그 지역을 회복해야 한다고 생각하고 있다. 이럴 경우 소수 민족은 다수 민족에 대한 분노와, 독립에 대한 열망이 매우 강해진다. 특히 그들의 영토에 지하자원이 많거나 다수 민족이 많이 들어와 정착하게 되면, 민족 간의 갈등과 박탈감은 더 강해진다.[24]

둘째, 압제당하는 민족 안에 민족의 유산과 문화 체계가 분명할수록 갈등

---

23 Thomas Heberer, *China and Its National Minorities: Autonomy or Assimilation?* (Armonk, N.Y.: M.E. Sharpe, 1989), 130.
24 Colin Mackerras, *China's Minority Cultures : Identities and Integration since 1912* (Melbourne Australia, New York: Oxford University, 1995), 221.

은 더 오래가고 강하게 나타난다. 예를 들어 고유 언어와 역사가 분명하거나, 민족의 사회 체계가 잘 발달한 경우가 여기에 해당한다.

셋째, 국가의 조직적인 민족 차별 정책이 민족 분규를 촉발한다. 특히 국가 리더나 정부가 특정 민족 출신으로 상대 민족을 노골적으로 핍박할 때, 피지배 민족은 생존을 위해 저항할 수밖에 없다. 1994년 르완다의 민족 분규가 대표적인 예다. 평소 르완다는 14퍼센트밖에 차지하지 않는 투치족과 85퍼센트를 차지하는 후투족 간에 정치적 균형이 유지되었다. 그러나 1994년, 대통령이 암살당하면서 정권을 잡은 민족이 상대 민족을 청소하기 시작했다. 그후 위협을 느낀 상대 민족은 생존을 위해 대대적인 역 민족 청소를 감행하였다.[25]

넷째, 식민지 국가가 독립한 후 전(前) 지배 국가가 해결해 놓지 못한 문제가 민족 분규를 유발할 수 있다. 앞선 르완다 사태의 경우, 두 민족 간의 갈등은 이전 통치국인 벨기에의 정책이 한몫을 했다. 르완다는 전통적으로 토착 민족인 후투족이 대부분을 차지하고 있었다. 그러나 1919년 벨기에가 르완다를 지배하면서 소수 투치족에게 많은 정치적 특혜를 주었다. 이전에 벨기에는 소수 민족인 투치족 출신 왕들을 통해 르완다를 다스렸다. 그러한 처사는 다수 민족의 불만을 샀고, 이러한 힘의 균형을 무시한 벨기에의 처사는 나중에 르완다가 독립한 후에 후투족과 투치족 간의 갈등을 본격화시켰다.[26]

다섯째, 국가의 급격한 산업화와 도시화, 현대 복지 정책이 오히려 비서구 국가의 민족 분규를 가속시킬 수 있다. 현대 여러 나라가 의욕적으로 도시화와 산업화를 추진하면서 많은 민족이 도시의 학교, 직장, 상권 등에서 타민족

---

25 Kenneth R. White, "Scourge of Racism: Genocide in Rwanda," *Journal of Black Studies* 39, no. 3 (2009): 471.
26 앞의 책.

과 교류하게 되었다. 이전에는 고립되어 각자 자치적인 통치 체계만 유지하던 민족들이 이제는 국가의 법과 경제 규칙을 지켜가며 많은 타민족과 살아가야 하는 것이다. 뿐만 아니라 거주지도 전통적으로 민족에 따라 나뉘어 있던 것에서 민족 위주가 아닌 경제 수준에 따라 재배치된다. 즉 현대화된 전통 국가의 민족들은 다방면에서 타민족과 삶을 공유해야 하는 것이다. 그 결과 접촉 면적이 넓어지면서, 선교지에서 많은 민족 간에 예상치 못한 갈등이 촉발되기도 한다.[27] 급격한 도시화나 산업화는 소수 민족에게 그들의 전통과 정체성을 위협하는 문화적 요소로 작용한다.[28]

역설적이게도 현대 국가 체제와 복지 정책이 민족 간에 갈등을 일으킬 수 있다. 국가의 복지 정책으로 힘없는 민족에게 권한과 혜택이 주어지면서 약소민족도 힘을 갖고 목소리를 내게 되었다. 그 결과, 선교지 여러 곳에서 이전에는 관심도 끌지 못하고 아무 이익 관계가 없던 민족들 간에 새로운 이해관계가 형성된다.

지금까지 선교지에서 쉽게 만날 수 있는 민족 갈등을 이해하기 위해 비서구 국가에서 민족 간 갈등을 유발하는 다섯 요인을 살펴보았다. 주로 선진국에서 나온 민족 간 갈등의 요소가 없는 것은 아니나 비서구 국가에서 나타나는 요소들은 훨씬 심각하고 피부에 와 닿는다. 선교사들은 서구에서 개발된 이론도 참고하지만, 이러한 요소들을 생각하면서 자신의 선교 현장이 지닌 특성이 무엇인지 간과하지 않아야 할 것이다.

---

27 Weidmann, "Geography as Motivation and Opportunity: Group Concentration and Ethnic Conflict."
28 Maris Boyd Gillette, *Between Mecca and Beijing: Modernization and Consumption among Urban Chinese Muslims* (Stanford, Calif.: Stanford University Press, 2000), 233.

> ○ 본 장을 통해 살펴본 것들 ○
>
> 지난 장에서는 도시란 사람과 사회로 구성된 곳이며, 한 민족이 도시에 정착하려면 많은 단계를 겪어야 한다는 점을 소개했다. 본 장에서는 도시의 세 번째 얼굴, 즉 도시란 민족으로 구성된 사회라는 점을 부각했다. 그리고 도시 안의 민족 간에는 반복적인 경쟁과 갈등이 존재한다는 점을 살펴보았다.
>
> 민족 간 갈등과 경쟁은 그 도시를 향한 선교 전략을 세우는 데 막대한 영향을 끼친다. 이를 위해 한 민족이 타민족에게 어떤 식으로 편견과 부정적 감정을 품게 되는지, 또 그것이 개인 차원을 넘어 법과 사회 제도에 반영될 때 나타날 수 있는 현상은 어떤 것인지 알아보았다. 끝으로 비서구 국가의 도시에서 많이 볼 수 있는 민족 갈등 요인들을 살펴보았다.

도시의 민족 문제에 대한 선교적 자세

도시는 다양한 민족으로 구성되어 있다. 그리고 민족들은 끊임없이 서로 경쟁하고, 갈등하고, 또 화합하면서 제3의 문화를 만들어 낸다. 이처럼 점점 복잡해지는 도시의 민족들 가운데 하나님의 사역자들은 어떤 자세로 도시 사역을 해야 할까?

외부에서 들어온 선교사가 도시 안의 한 미전도 종족에게 복음을 전할 경우 민족 간의 관계와 관련하여 어떤 점을 주의해야 할까? 또는 같은 도시에서 한 민족이 다른 민족에게 사역자를 파송할 경우, 이를 책임 진 사람들은 어떤 생각을 해야 할까? 다민족이 살아가는 도시에서 다민족 교회를 세울 때 어떤 생각을 가지고 있어야 할까? 현대 교회는 성도가 다른 민족을 어떻게 대하도록 인도해야 할까? 이번 장을 마무리하면서 이러한 질문들에 대한 몇 가지 생각을 정리하고자 한다.

민족 간 관계를 이해해야 함

새로운 선교지에 들어갈 때 선교사는 그곳의 민족들이 어떤 관계를 맺고 있으며 역사적 배경은 어떠한지를 자세히 배워야 한다. 그들 가운데 형성된 민족 간 관계나 갈등은 수천 년 동안 이어져 온 것일 수 있다. 뿐만 아니라 민족 간에 형성되어 있는 계급 의식도 살펴보아야 한다. 선교사는 교회 성도들 사이에서 민족 간에 존재하는 역학 관계가 보일 때, 문화적으로 적절하면서도 성경적인 자세를 보일 수 있어야 한다.

필자가 인도하던 중국 교회에는 개종한 무슬림 여러 명이 예배에 참석하였다. 처음에는 교회도 그들을 기쁘게 환영했으나 시간이 가면서 한족과 무슬림 배경 성도 간에 크고 작은 불편이 생겨났다. 특히 무슬림은 개종한 지 오랜 시간이 지나도 돼지고기가 섞인 한족 음식을 가까이 하지 못했다. 그러던 중 한족 수가 크게 늘면서 무슬림 배경의 성도들은 점차 교회의 중요한 결정에서 소외되었고, 필자가 그 교회를 떠나고 난 후 얼마 되지 않아 그 무슬림들도 그 교회를 떠나고 말았다. 이는 주류 사회 성도들이 소수 민족을 배려하지 못한 점이나, 성도들이 지닌 타문화 이해의 한계점을 보여 준 안타까운 사례다.

한편 선교사는 자신이 사역하는 민족 안에 형성된 사회 계층에 대해서도 주의를 기울여야 한다. 같은 민족이어도 계층이 다를 경우에는 같은 공동체에서 활동하는 것을 어려워할 수 있다. 필자가 중국에서 대학생을 대상으로 선교 사역을 할 때, 학생 중에는 같은 민족의 대학생인데도 같은 그룹에 속하기를 원치 않는 사람들이 있었다. 학교에는 정식으로 입학한 그룹과 문교부 허락 없이 학교에서 자체적으로 입학시킨 자고생(自考生)이라는 그룹이 있었는데, 이 자고생은 정규 대학생에 비해 실력과 기대치가 모두 떨어지는 그룹으로 인식되어 차별과 편견이 존재했기 때문이다. 물론, 하나님 앞에서는 높고 낮음 없이 누구나 평등하므로 선교사는 기존에 형성된 사회 계층에 대한 인식을 무조건 받아들이지 않도록 주의해야 한다. 동시에 선교사는 현지인들 사이에 오랫동안 형성된 민족 간 관념을 성급하게 바꾸려 하지 않도록 주의해야 한다. 무리하게 변화를 시도하는 것은 오히려 장기적인 선교의 길을 막을 수도 있다. 그러므로 선교사는 현지의 민족 간 감정과 계층 간 불평등에 쉽게 동조하기보다는 제3자의 자세를 가져야 한다. 동시에 민족이나 계층에 상관없이 교회 안의 모두는 주 안에서 성도요 형제와 자매라는 사실에 따라 사역할 수 있어야 한다(요 1:12-13). 특히 현지인 리더들이 이렇게 오래된 민족 간 문제를 자신의 방법으로 해결할 수 있는 초민족적 공동체를 만들 수 있도록 격려해야 한다.

민족 문제 앞에서의 교회

현대 교회는 어느 때보다 타민족에 대한 접촉이 많아졌다. 이에 교회는 타민족에 대한 배려와 더불어 살아가는 법을 더욱 배우고 교육해야 할 때다. 세상은 끊임없이 자민족 중심주의와 인종 차별의 골을 깊이 파내려 갈지 몰라도 교회는 인간의 죄성과 이기심이 빚어내는 민족 간 갈등 앞에 "그만!"이라고 외쳐야 한다.

    대도시에 있는 다민족 교회나 소수 민족 교회의 성도는 사회생활을 하는 가운데 끊임없이 타민족을 접한다. 그렇기 때문에 교회는 성도에게 타민족과 타 계층을 어떻게 대하는 것이 성경적인지를 교육해야 한다. 작게는 우리의 성경 공부 모임에 나온 약한 민족들이 세상에서 접하지 못하는 존귀함을 맛보도록 섬겨야 할 것이다. 나아가 도시의 교회들은 주변의 약한 타민족이나 소수 민족 교회에 계속 관심을 가져야 한다. 그들을 위해 봉사하고 섬기는 프로그램과 이벤트를 열 수도 있다. 또는 소수 민족 교회의 리더를 세우는 일에 동참할 수도 있을 것이다. 어떤 교단에는 한 도시 안에 소수 민족 교회가 여러 곳 있기도 하다. 같은 교단 안에서나 이웃에 있는 교회들 가운데 미자립 소수 민족 교회를 섬기는 전략 개발도 매우 중요하다.

4장

민족들이 문화적으로 동화되는 곳, 도시

앞 장들에서 우리는 도시를 사람들이 모인 사회, 이주민이 새로운 고향을 만들어 가는 곳, 민족 간에 갈등과 변화가 있는 곳이라는 세 가지 관점으로 볼 수 있다는 것을 살펴보았다. 이번 장은 도시의 네 번째 얼굴로, 도시란 민족들이 문화적 동화(cultural assimilation)와 문화적 유지(cultural continuation) 사이에서 갈등하며 다양한 모습을 만들어 내는 곳이라는 점을 살펴보고자 한다. 도시의 민족들이 동화될 것인가 아니면 그들의 정체성을 유지할 것인가의 문제는 선교 전략 방향에 엄청난 영향을 끼치기 때문에 이번 장 역시 많은 의미를 제공할 것이다. 이를 이해하기 위하여 이번 장에서는 변화 쪽에 무게를 두는 동화 이론(Assimilation Theory)과 결정론(Determinism), 그리고 문화를 그대로 유지한다는 것에 무게를 둔 구성론(Compositionalism)과 같은 사회학적 이론들을 살펴볼 것이다.

사례_ 마 자매 이야기

우리 부부가 선교사로 북경에서 중국어를 배울 때, 같은 학교에 다니는 무슬림 여학생 마 자매에게 종종 중국어 도움을 받았다. 마 자매는 소수 민족으로, 대부분 그렇듯 청소년 때까지는 자기 민족들로 이루어진 민족촌에서 자랐다. 그리고 마을 사람들에게 중국인 한족에 대한 경쟁심과 경계심을 배우며 살아왔다. 나중에 성인이 되어 북경에 온 마 자매는 우리와 대화할 때에도 자주 타민족에 적개심을 표현하거나 자기 민족의 우월성을 자랑했다. 종종 무슬림 식당에서 우리에게 자신의 음식 문화를 가르쳐 주면서 이렇게 말하기도 했다. "한족은 깨끗하지 않아요. 우리는 그들과 함께 식사할 수 없어요."

그런데 나를 혼란스럽게 하는 점이 있었다. 마 자매가 말은 그렇게 하지만 실제로는 중국의 도시 문화와 주류 사회를 좋아하는 모습을 자주 보인다는 점이었다. 마 자매는 북경이라는 대도시에서 여러 한족 중국인과 좋은 친구 관계를 맺고 있었다. 그리고 그는 졸업 후 고향으로 돌아가고 싶어 하지 않았다. 오히려 대도시에 남아 공무원이나 직장인이 되고 싶어 했다. 그렇게 된다면 마 자매는 앞으로 날마다 다른 민족과 교류하면서 주류 사회의 문화를 받아들여야 했다. 실상 그는 머리로는 자기 민족에 대해 자부심을 가졌지만 실제 삶은 일반 중국 문화를 더 선호했던 것이다.

이 사례는 비단 마 자매만의 이야기가 아니다. 도시로 이주해 오는 중국의 수많은 소수 민족의 이야기다. 즉 많은 이주자가 도시에 정착한 후에 자신도 모르게 조금씩 도시의 문화를 흡수하는 것이다. 나아가 이러한 동화 현상과 민족 정체성의 변화는 비단 중국뿐 아니라 세계의 여러 도시, 그리고 국제도시 안에서도 동일하게 일어난다. 세계화로 인해 현대는 그 어느 때보다 민족 간의 교류가 활발하다. 이주와 이민을 할 때 사람들은 짐 가방뿐 아니라 자신의 전통적인 민족 정체성까지 가지고 온다. 그리고 새로운 도시에서 여러 민족과 교류하는 동안 그 정체성이 유지되기도 하고 희석되기도 한다. 샌프란시스코로 이민한 아시아인들도, 뉴델리로 이주한 인도의 여러 소수민족도 각기 자신만의 소중한 문화유산을 지키기도 하지만 잃어버리기도 하는 것이다.

보통 자신의 원 사회(original society)보다 발달한 사회로 이동한 사람들은 그곳의 사회 체계와 문화를 쉽게 받아들인다. 이들은 도시의 새로운 언어와 사회 규범을 배우기 위해 많은 노력을 기울인다. 그 결과, 그들 사이에 문화적 동화가 쉽게 일어난다.

이번 장에서는 민족 간의 문화적 동화 현상을 살펴보려고 한다. 그리고 민족 경계선이 어떤 식으로 변화하는지, 또 어떤 요소가 변화나 정착을 유도하는지 알아볼 것이다. 이러한 연구는 도시의 민족들을 향한 선교 전략을 세우는 데 소중한 정보와 관점을 제공할 것이다. 이 분야는 이미 일반(secular) 연구진들에 의해 많이 연구되어 의미 있는 자료를 제공받을 수 있을 것이다. 뿐만 아니라 우리는 연구하는 과정에서 성경적 기준도 놓치지 않으려고 주의할 것이다. 성경적 기준은 이미 연구된 내용들을 재해석하고 취사선택하는 가이드라인을 제공할 것이다.

민족의 동화

한 민족이 다른 민족과 민족 경계선을 맞대고 살다 보면 자연스럽게 여러 가지 교류할 기회가 생긴다. 둘 사이에 힘의 불균형이 생기거나 교류가 충분히 빈번해지면 그들 사이에는 점점 문화적인 동화 현상이 발생한다.

동화 현상이란 그 민족이 다수 민족이든 소수 민족이든 간에 외부의 문화적 영향을 따라가는 현상을 말한다. 인구가 적은 영국이 인도에 많은 영향을 준 것처럼 소수가 다수를 동화시킬 수도 있지만, 현실은 대부분 소수 민족이 주류 민족의 문화와 정체성을 배우고 닮아 가는 현상으로 나타난다.[1]

동화의 학문적 개념은 미국에 들어온 이민자들이 주류 문화를 받아들이는 현상을 연구하면서 점점 정리되었다. 동화 과정을 연구했던 초기 학자 중 로버트 파크는 이민자들이 접촉, 경쟁, 수용, 동화라는 네 단계의 민족 관계 사이클(race relations cycle)을 겪으며 주류 사회 속으로 들어간다고 소개했다.[2] 이 중 동화와 수용은 보통 혼용되기도 하는데, 동화는 주류 문화를 수용한 후 그 결과 나타나는 현상으로 이해할 수 있다.[3]

지금까지는 사회학자들이 민족의 미래를 예측하기 위해 동화 현상에 많이 주목했다. 최근에는 주로 미국 등 선진국에 들어온 소수 민족의 변화를 연구하는 데 동화 현상을 주목하고 있다.[4] 그렇기 때문에 이러한 미국 중심의 동화 현상 연구 결과를 비서구권에 그대로 적용하는 것은 어느 정도 무리가 있다.[5] 그럼에도 선진국의 소수 민족 동화 현상은 비록 그 환경이 같지 않을지라도 선교지 도시 안의 동화 현상을 연구하기 위해 충분히 참고할 가치가 있다.

---

1 Milton Myron Gordon, *Assimilation in American Life: The Role of Race, Religion, and National Origins* (New York: Oxford University Press, 1964).
2 Robert Ezra Park, *Race and Culture* (Glencoe, IL: Free Press, 1950).
3 Nicholas Abercrombie, Stephen Hill, and S. Bryan Turner, "Dictionary of Sociology," in *Dictionary of Sociology* (London: Penguin Reference, 2006), 1; James P. Spradley and David W. McCurdy, *Anthropology, the Cultural Perspective* (New York: Wiley, 1980), 17-22, 179-84; Harvie M. Conn and Manuel Ortiz, *Urban Ministry: The Kingdom, the City, & the People of God* (Downers Grove, Ill.: InterVarsity Press, 2001), 321.
4 소수 민족의 문화적 동화 현상 연구에서 많은 양을 차지하는 미국의 경우, 절대 다수의 소수 민족이 이민자이기 때문에 이 두 가지가 혼용된다. 마찬가지로 이 단원에서도 소수 민족과 이민자의 상황을 혼용하기로 하겠다.
5 Richard D. Alba and Victor Nee, *Remaking the American Mainstream Assimilation and Contemporary Immigration* (Cambridge, Mass.: Harvard University Press, 2003).

동화 과정

이주민은 시간이 가면서 그 도시의 질서를 배우고, 나아가 그곳의 문화를 습득한다. 특히 선진국으로 간 이민자나 대도시로 간 이주민은 대부분 자발적으로 많은 대가를 치르며 그곳에 정착한다. 새로운 도시의 문화를 동경해서 자녀도 그곳 문화를 배워 출세하길 원한다. 그 결과, 선진국에서는 동화 속도가 비교적 빠르다.[6] 앤드류 그릴리(Andrew M. Greeley)는 이러한 동화 과정을 설명하기 위해 백인 사회 귀속 모델(Anglo Conformity Perspective Model)이라는 개념도를 소개했다. 그가 소개한 귀속 모델은 시간이 지나면 이민자가 백인 사회, 즉 주류 사회로 귀속된다는 가설을 보여 준다.[7]

그릴리의 귀속 모델은 주로 미국에 정착하는 이민자들의 동화 현상에 관한 것이다. '백인 사회로의 귀속 모델/동화 이론'이라는 제목이 말해 주듯이 이 개념도 안의 이주자 소수 민족은 시간이 가면서 주류 사회인 백인 문화에 흡수되고 백인적인 가치와 삶의 습성을 갖게 된다.[8] 이 모델에서 보여 주는 동화 과정이란 소수 민족이 자신의 정체성을 잃어버리고 점차 주류 사회의 문화를 수용한다고 보는 관점이다.[9]

그렇다면 동화 과정은 구체적으로 어떤 단계를 거쳐 이루어질까? 동화 과정은 말 그대로 하나의 '과정'이다. 과정이란 어떤 일에 방향이 있고, 그것이

---

6 홍콩에 사는 동아시아 및 동남아시아 출신 이민자가 홍콩의 삶과 문화를 받아들이는 데는 이민 지역의 수용성과 소통의 만족 여부가 큰 역할을 했다. L. Chen and G. C. Feng, "Host Environment, Host Communication, and Satisfaction With Life: A Study of Hong Kong Ethnic Minority Members," *Communication Research*, 2015, 1-25.

7 Andrew M. Greeley, *Ethnicity in the United States: A Preliminary Reconnaissance* (New York: Wiley, 1974), 304.

8 Park, *Race and Culture*; Gordon, *Assimilation in American Life*.

9 C. S. Crandall and A. Eshleman, "A Justification-Suppression Model of the Expression and Experience of Prejudice," *Psychological Bulletin* 129, no. 3 (2003): 414-46; Jim Sidanius and Felicia Pratto, *Social Dominance: An Intergroup Theory of Social Hierarchy and Oppression* (Cambridge, UK; New York: Cambridge University Press, 1999).

한 단계씩 점진적으로 진행되어 가는 것을 말한다.[10]

동화 현상을 과정으로 표현한 이론으로는 대니얼 글래이저(Daniel Glaser)가 소개한 동화 과정과 정체성 변화의 네 단계 모델이 있다.[11] 글래이저 역시 주로 소수 민족이 미국으로 들어오면서 겪는 과정을 바탕으로 이 모델을 만들었다.

민족 정체성 변화의 첫째 단계는 단절 단계다. 이민 온 첫 세대는 외부 문화와 단절된 채 이 단계에서 오랜 시간을 보낸다. 그들은 같은 원 문화에서 온 사람들을 의지하고 그들과 주로 교류한다. 그 결과, 이들은 비록 새로운 지역에서 살아가지만 원 문화에서 가져온 세계관과 자신들의 자민족 중심적인 관점을 통해 새로운 세상을 보고 평가한다. 이 단절 단계에 해당하는 사람들은 되도록 주류 사회 사람과 교류를 피하며, 고립되고 단절된 자신들만의 세계에서 안전감을 누리며 살아간다.

둘째 단계는 주변화 단계다. 이민자는 여러 불확실성 속에서도 조금씩 새로운 세계에 적응해 간다. 개인은 조금씩 동화 과정을 시작하고 자연스럽게 주류 사회 사람들과 유쾌하든 불쾌하든 접촉이 이루어진다. 이 과정에 있는 이민자들은 주변인(marginal people)으로서 자신의 사회적 정체성을 혼란스러워한다.

셋째는 분리 단계다. 이 단계에서 이민자는 이전의 민족 정체성에서 일부 벗어나 새로운 문화권에 동화되는 것을 어쩔 수 없이 또는 적극적으로 받아들인다. 특히 더 발전한 곳으로 이주한 경우, 사람들은 자신의 배경에 부정적

---

10   Daniel Glaser, "Dynamics of Ethnic Identification," *American Sociological Review* 23, no. 1 (1958): 31-40; Andrew M. Greeley, *Why Can't They Be like Us? America's White Ethnic Groups* (New York: E.P. Dutton, 1971); Thomas A. Parham and Janet E. Helms, "Relation of Racial Identity Attitudes to Self-Actualization and Affective States of Black Students," *Journal of Counseling Psychology* 32, no. 3 (1985): 431-40.
11   Glaser, "Dynamics of Ethnic Identification."

이 되고 새로운 문화권을 동경하며 주류 사회의 인정을 받기 위해 매우 노력한다.

넷째는 동화 단계다. 이것은 부분으로라도 주류 사회에서 활동하는 단계이며, 그들의 삶에서 원래 정체성이 많이 줄어든 상태를 말한다. 같은 나라 안에서 이주하는 경우에는 종종 도시 사회에 깊숙이 들어가기도 하지만, 타 문화에서 살아야 하는 이민자는 동화 단계까지 가는 경우가 그리 많지 않다.

대니얼 글래이저는 이 네 단계 안에 존재하는, 민족을 대하는 관점, 주 연결 대상, 정서 상태가 어떤 특징을 지니는지 소개했다.[12] 글래이저가 정리한 이 내용은 각 단계에 해당하는 이주자가 민족을 대하는 관점, 주로 연결하는 대상의 이해, 그리고 개인의 정서적 움직임을 한눈에 이해할 수 있도록 정리해 주었다는 점에서 큰 가치가 있다. 반면 글래이저의 정리는 복잡한 이민자의 삶을 네 단계라는 압축적인 틀 안에 넣어 지나치게 단순화한 단점이 있다. 보통 한 민족이 새로운 지역으로 이주한 경우에는 수세대를 지나야 기존 민족성을 버리고 새로운 민족으로 거듭날 수 있다. 많은 이민자가 동화 단계까지 도착하지 못할 뿐 아니라, 동화 과정은 단순히 물 흐르듯이 무조건 한 방향으로만 흐르는 것이 아니기 때문이다. 동화 과정은 개인 간에도 차이가 있고 민족 전체에서 발생하는 변수, 이민국과 본국 간에 발생하는 변수 등이 모두 작용하여 하나의 과정을 만들어 낸다.

동화 과정을 생각할 때는 방향뿐 아니라 속도에도 주목해야 한다. 동화 과정의 속도는 여러 요소에 좌우된다. 그중 하나가 이주자가 제3의 문화를 만들어 내는 현상이다. 보통 이주자들은 수가 많아지면 새로운 도시 안에 그들만의 조직과 리더를 세운다. 그러면서 전통적 문화와 새로운 도시의 문화

---

12   Ronald A. Reminick, *Theory of Ethnicity: An Anthropologist's Perspective* (Lanham, M.D.: University Press of America, 1983), 30.

사이에서 제3의 문화와 체계를 만드는 것이다. 이러한 제3의 문화와 체계는 동화 과정에 있는 민족이 새로운 도시의 문화를 일방적으로 흡수해야 하는 부담에서 벗어나게 해주는 안전지대 역할을 제공한다. 그리고 제3의 문화는 동화 속도에도 복잡한 영향을 끼친다. 제3문화권의 리더십이나 조직, 기관, 제도가 동화 속도와 방향에 영향을 준다.

둘째, 민족이 원래 갖고 있던 역사와 정서가 동화 과정의 속도와 방향에 영향을 끼친다. 이 민족이 다수 민족과 적대 관계였다거나 오랫동안 고립되어 자신만의 문화를 강하게 발전시켰다면 도시로 나와서도 동화되는 속도가 많이 느려진다.

셋째, 도시와 국가의 정책과 시설 역시 도시의 민족이 동화되는 속도에 영향을 준다. 이주자가 원 문화보다 새로운 곳을 훨씬 선호한다면, 자발적으로 동화 과정에 참여할 것이다. 더군다나 새로운 곳이 이주자를 환영하여 수입을 증대시키고 문화적 혜택을 주면서 정착을 장려한다면 동화 속도는 더 빨라질 것이다.

이렇듯 한 민족이 동화되는 과정을 이해하려면 오랜 시간 지켜봐야 한다는 점, 그 과정에 다차원적인 여러 요소가 영향을 끼치면서 속도를 결정한다는 점을 알아야 한다.

앤드류 그릴리는 글레이저보다 좀 더 다양하고 자세한 요소를 더하여 이주자의 동화 과정 모델을 여섯 단계로 소개했다.[13] 그리고 자넷 헬름(Janet E. Helms)과 그의 동료들이 개발한 나선 모양의 단계별 동화 과정 모델도 주목해 볼 만하다. 이들이 개발한 인종-민족 정체성 개발 모델(Racial-Ethnic Identity Development Model)은 한 민족이 동화되는 데는 전 접촉(pre-encounter), 접촉, 깊은 접촉,

---

13 Greeley, *Why Can't They Be like Us? America's White Ethnic Groups*, Chapter 5.

외부 문화권에 대한 기여 단계까지 발전한다고 소개했다.[14]

지금까지 소개한 여러 동화 모델은 모두 그 과정을 여러 단계로 나누어 놓았다는 것과 한쪽 방향으로 점진적으로 이동한다는 것, 그리고 마지막에는 모든 민족이 이른바 안정되고 진정한 주류 사회인으로 정착한다는 전제를 갖고 있다. 이러한 모델은 대체로 큰 흐름에서는 동화 과정이라는 전제를 어느 정도 적절하게 잘 정리했다고 볼 수 있다. 그러나 선교적인 상황과 선교적인 관점으로 볼 때는 두 가지 주의할 점이 있다. 하나는 이 이론들이 미국의 특정 상황에서 나왔다는 점이고, 다른 하나는 심지어 미국에서도 모든 민족의 동화 과정 속도가 다르며 어떤 경우는 도중에 다른 과정으로 가기도 한다는 점이다.

사실 이처럼 동화 과정이 한 방향으로만 흘러가는 것처럼 표현한 모델은 선교지는 물론 미국 사회에서조차 현실과 맞지 않은 면이 있다. 소수 민족은 그렇게 일방적으로 동화되지 않기 때문이다. 예를 들어 유럽처럼 미국 문화와 비슷한 곳에서 온 사람들은 미국 문화에 비교적 빨리 동화되지만, 히스패닉이나 아시아인은 그 속도가 느리거나 정체되기 쉽다. 또는 반대로 그들의 수가 늘면서 미국 문화를 흡수하기보다는 미국 문화를 발판으로 오히려 자신의 민족성을 더 부흥시키고 제3의 문화권을 만들어 내기도 한다.

14　William E. Cross, *The Negro to Black Conversion Experience* (Brooklyn: The East, 1971), 13-27; William E. Cross, *Shades of Black: Diversity in African-American Identity* (Philadelphia: Temple University Press, 1991); Janet E. Helms, *Black and White Racial Identity: Theory, Research, and Practice* (Westport, Conn.: Praeger, 1993); Parham and Helms, "Relation of Racial Identity Attitudes to Self-Actualization and Affective States of Black Students."

도전받는 멜팅 팟 이론

한동안 사회학에서 소수 민족의 동화 현상을 용광로에 비유하여 '멜팅 팟'(Melting Pot)이라고 불러왔다. 이에 기반하여 멜팅 팟, 즉 용광로 이론(Melting Pot Theory)이 만들어졌다. 이 이론은 국가가 모든 국민에게 정책을 확대하면서 소수 민족의 삶도 점점 국가가 선도하는 세계관과 생활 패턴을 따르게 되어 결국은 같은 종류의 사람으로 변할 것이라는 이론이다.

멜팅 팟[15] 이론은 본래 아메리칸 드림(American dream)을 상징하는 말이었다. 모든 소수 민족이 모여 한데 녹아져 공통의 문화를 창조한다는 것이 멜팅 팟 이론의 주요 골자다. 이 멜팅 팟 이론은 동화 과정 이론과 흡사하지만 다른 점도 있다. 동화 과정에서는 소수 민족이 주류 사회로 합해진다고 보는 반면, 멜팅 팟 이론은 주류 사회 문화가 이미 정해져 있는 것이 아니라 여러 이민자가 모두 녹아져 적당한 중립 문화를 만든다고 보는 것이다. 동화 과정은 주류 사회를 이미 정해 놓고 그곳으로 일방 통행하는 것으로 생각하지만, 그와 달리 멜팅 팟 이론은 주류 문화가 끊임없이 변화를 거듭한다고 보는 것이다.[16]

이러한 멜팅 팟 현상은 비서구권에서도 발생할까? 어떤 비서구 국가는 정책이 다양하지 않거나 강력한 획일적 정책이 있어서 민족 간 다양성이 많지 않다. 반대로 국가의 힘과 행정력이 약하거나 통제할 능력이 없는 곳은 여러 소수 민족의 문화적 다양성이 뚜렷하게 유지되기도 한다. 또 어떤 국가는 각 민족의 상황을 고려하고 인재를 고루 등용할 여력이 없어서 오히려 강제적인 멜팅 팟처럼 특정 정책과 질서에 여러 소수 민족이 억지로 맞춰야 하는

---

15 이 단어는 1908년 러시아 계통의 유대인과 코사크인 간의 사랑 이야기를 그린 이스라엘 쟁윌(Israel Zangwill)의 희곡 제목이다.
16 Greeley, *Ethnicity in the United States*, 305.

경우도 있다. 예를 들어 중국에는 소수 민족을 우대하기 위해 전통 마을마다 소수 민족 언어로 공부할 수 있는 민족 학교가 있다. 그러나 중학교부터는 환경이 열악하고, 졸업 후 다시 공식 언어인 표준 중국어로 시험을 보아야 하기 때문에 고등 교육으로 갈수록 다양성을 기대하기가 어려우며, 다시 한족 언어로 전문 교육을 받아야 한다. 결국 학교는 소수 민족의 다양성을 만들어 주는 곳이 아니라 보통의 중국인으로 만드는, 즉 최소한의 표준화 정책을 이해할 수 있는 국민으로 만드는 멜팅 팟 같은 역할을 하는 것이다.

한동안 멜팅 팟 이론은 현대 도시에서 나타나는 현상을 설명하는 상당히 설득력 있는 이론으로 각광 받았다.[17] 그러나 사회 연구가 더 발전하고 국가에서 여러 가지 현대적인 민족 정책이 진행되면서 사회학자들은 멜팅 팟 이론만으로는 복잡하게 변화하는 민족의 정체성 변화를 설명하기 어렵다는 것을 인식하게 되었다. 획일화될 것이라는 멜팅 팟의 예측과 달리 도시는 상당히 다른 모습들을 보이고 있다. 민족 간 계층화와 민족의 고유성 인정이 주목받고 민족 간 다양화도 도드라지면서 멜팅 팟 이론에 이의를 제기하는 사람들이 생겨났다. 나중에 나단 글래이저와 대니얼 모이니한은 이러한 도시의 현상들을 가리켜 '멜팅 팟을 넘어선'(beyond the melting pot) 현상이라고 소개하였다.[18] 실제로 소수 민족의 민족성 안에는 쉽게 녹아 주류 문화로 융화될 수 있는 것이 있는가 하면, 오랫동안 변치 않는 요소들도 있기 때문이다.

학자들은 이제 시간이 지나도 다른 민족과의 공통분모가 생각보다 잘 늘지 않으며, 국가가 주도하는 문화적 변화 역시 생각만큼 잘 작동하지 않는 부

---

17 T. Devos and M. R. Banaji, "American = White?," *Journal of Personality and Social Psychology* 88, no. 3 (2005): 447-66.

18 Nathan Glazer and Daniel P. Moynihan, *Beyond the Melting Pot; the Negroes, Puerto Ricans, Jews, Italians, and Irish of New York City* (Cambridge, Mass.: M.I.T. Press, 1963), v.

분이 있다는 것을 알게 되었다.[19] 그리고 민족마다 내부에 자신만의 고유문화와 전통을 유지하는 자생력과 자원을 품고 있다는 것도 발견했다.[20]

변할 것인가, 유지될 것인가

앞서 우리는 멜팅 팟 이론을 중심으로 하는 동화 이론을 살펴보았다. 또한 현대 도시의 민족 문제를 이해하는 데 그 이론을 일방적으로 적용하는 것은 여러 가지 무리가 있다는 것도 알게 되었다.

도시의 민족을 자세히 살펴보면, 어떤 때에는 문화적으로 동화되기도 하지만 또 어떤 때에는 원 문화에 대한 정체성이 더 강화되기도 한다. 예를 들어 모국이 경제적으로 낙후되거나 정치적으로 분란에 휩싸이는 등 어려운 일이 반복될 때 이주자는 자신의 원 문화를 수치스러워하며, 이는 그들이 빠른 속도로 새로운 문화에 동화하게 만든다. 반대로 모국이 매우 강성해서 모두 그 나라를 칭찬하고 미래가 밝을 경우, 사람들은 새 문화에 동화되기보다는 자기 민족성을 부활시키기 원한다. 새로 이주한 곳이 자신의 원 문화권보다 발전한 곳인지 낙후한 곳인지에 따라 동화 현상은 다른 양상을 보인다. 보통 이주자가 모국보다 우월한 곳으로 이동한 경우에는 자신의 문화를 지키려는 동기가 약해진다.

그렇다면 실제로 도시의 민족은 동화되는 것일까, 아니면 변하지 않는 것일까? 선교 전략적 관점에서 이 질문은 매우 중요하다. 사역하는 민족이 앞

19　Douglas Hartmann and Joseph Gerteis, "Dealing with Diversity: Mapping Multiculturalism in Sociological Terms," *Sociological Theory* 23, no. 2 (2005): 227.
20　Oscar Lewis, "Urbanization without Breakdown a Case Study," *The Scientific Monthly* vol 75(1), July (1952): 31-41.

으로 어떻게 변화될지에 따라 선교 전략이 많은 영향을 받을 수 있기 때문이다. 사회학자들 사이에서는 그동안 이러한 영향 앞에서 민족성이 와해되어 흡수된다는 관점과, 민족성이 계속 유지된다는 관점이 팽팽하게 맞서 왔다. 앞서 언급했듯이 두 민족이 접촉하면 문화적으로 서로 영향을 주고받게 되어 있다. 도시의 민족 간에 일어나는 이러한 문화적 영향을 이해하려면 먼저 외부 영향에 대한 내부 공동체의 반응을 이해해야 한다.[21] 도시 사회학에는 이 문제에 관하여 주목할 만한 두 가지 이론이 있다. 하나는 도시 민족성이 변하여 모두 주류 사회로 흡수된다고 주장하는 결정론이고, 다른 하나는 민족성이 변치 않고 유지된다는 구성론이다. 이 두 주장은 각각 나름대로 가설과 현장 연구를 바탕으로 한 설득력 있는 근거들을 갖고 있다. 그리고 서로 상반된 이 두 현상이 실제로 우리 주변의 도시 민족들 가운데 나타나고 있다.[22] 이제 이 두 이론과 주장을 더 자세히 살펴보자.

결정론_ 민족은 변화될 것

결정론이란 도시의 급진적인 성장이 개인과 사회에 소외를 가져다주며, 민족의 고유문화를 와해하고 도시의 공통 문화로 흡수한다는 관점이다. 결정론은 도시가 사람들에게 필요하지만 동시에 인간성과 인간관계를 무너뜨리는 구조를 가지고 있다고 말한다.[23]

21　Hechter Michael, "The Political Economy of Ethnic Change," *American Journal of Sociology* 79, no. 5 (1974): 27.
22　이 다음에 소개된 사회학적 관점은 주로 피셔의 아이디어를 참고한 것이다. Fischer, *The Urban Experience*, 28-41.
23　결정론을 발전시킨 것은 시카고학파다. 그들은 현대 도시가 사람들에게 지적이고 기술적인 부분의 개발을 강조하나 개인화와 자유 추구로 인하여 개인의 심리와 정서에서는 고독과 관계 단절 등이 늘어난다고 하였다. Richard Sennett, *Classic Essays on the Culture of Cities* (New York: Appleton-Century-Crofts, 1969).

결정론이라는 용어는 다양한 사회학 분야에서 사용된다. 대체로 이 용어는 어떤 사회 구조로 인하여 개인의 자유와 특성이 줄어들거나 제한받는 현상을 설명할 때 사용된다. 그렇기 때문에 도시 사회학에서는 도시 안의 여러 그룹, 특히 이주한 소수 민족이 도시라는 거대 구조 앞에 민족적 특성을 잃어버리는 현상을 설명할 때 이 용어를 사용해 왔다.[24] 클로드 피셔는 도시 사회학에서 사용하는 결정론을 다음과 같이 정의했다.

> 워스의 이론(Wirthian theory) 또는 무질서 이론(theory of urban anomie)이라고도 불리는 결정론은 도시성이 도시인의 사회생활과 개성을 주로 부정적인 방향으로 어떻게 변화시키는지를 알아내는 연구다.[25]

결정론의 개념은 로버트 파크의 〈도시〉(The City)라는 논문에서 처음 소개되었다.[26] 워스 역시 도시가 사회를 해체하고 개인의 고독과 쇠약함을 만들어 낸다는 등의 다양한 결정론적 증거를 찾아 학문적으로 정리하였다.[27]

현대 도시는 민족의 전통 문화를 쉽게 잊게 만든다. 바쁜 생활 속에서 전통보다는 미래를, 민족의 유산보다는 현대 기술을 선호한다. 그리고 도시의 공공질서와 대량 생산을 위해 만들어 놓은 체계 속에 개인은 줄을 맞추어 따라가야 한다. 그래서 도시에서는 개인의 삶이 작아지고 민족의 전통은 더 줄어든다.

우리는 공해, 복잡함, 비인격성, 경쟁 등 평소 도시에 대해 쉽게 부정적으로 말한다. 도시와 시골을 비교할 때면 도시의 부정적인 면이 더욱 강조되기

24　Abercrombie, Hill, and Turner, "Dictionary of Sociology," 105.
25　Fischer, *The Urban Experience*, 25.
26　Park, "The City," 19.
27　Wirth, "Urbanism as a Way of Life," 1.

도 한다. 특히 도시의 급격한 발전, 물건 다루듯 사람을 대량으로 처리하는 도시의 시설을 볼 때마다 우리는 도시로부터 소외감을 느낀다.

도시로 들어오면서 이주민들은 대체로 이전의 전통적인 관계나 친척들과 거리적으로 멀어지고, 익숙하지 않은 사람들과 함께 사회생활을 해나간다. 그 결과 도시인들은 태어날 때부터 정과 사랑으로 사람들과 함께 어우러지던 사회에서 떨어져 나와 기능적인 사회 속에서 각자 소외되고 외로운 삶을 살아간다. 결정론자의 표현을 빌리자면 바로 이러한 도시인의 특징이 '비인성적이고 소외된 삶'이다. 결정론자들은 도시화가 무질서와 비인격, 인간 소외를 가져왔다고 믿었다.[28] 나아가 이러한 도시의 무질서와 더불어 부족한 연대감과 고독감이 개인을 다양한 심리적 문제들 앞에 노출시킬 것이라고 생각했다.

한편 문화적으로 동화되면서 어떤 사람들은 자신의 전통 속에 매여 있던 문화적 멍에에서 벗어나기도 한다. 그들은 새로 시작한 도시 생활을 통해 오랜 관습과 과도한 공동체 중심의 삶에서 벗어나 자유를 누릴 수 있다. 또는 이전에 없던 자기 발전과 신분 상승 기회도 부여받는다.

결정론은 시간이 가면서 도시의 민족이 자신의 민족성을 잃어버릴 것으로 여긴다. 도시의 거대한 힘으로 인해 도시 안의 민족들과 여러 그룹이 점점 전통을 잃어버리고 중립 문화로 합해진다고 생각하기 때문이다. 지나친 개인화로 도시의 민족들은 전통적인 공동체 의식을 잃어버리고, 서로 보호해 줄 수 있는 사람도 줄어든다. 그 결과 도시인들은 개인적으로 어려움을 겪거나 약자나 노인이 되었을 때 정서적으로 도와줄 수 있는 전통적인 관계

---

28 브라이언 로버츠(Bryan R. Roberts)는 도시인이 경험하는 비인간화와 무명화에 대한 좋은 예들을 보고했다. Bryan R. Roberts, *Organizing Strangers: Poor Families in Guatemala City*, Texas Pan American Series (Austin: University of Texas Press, 1973), 11.

가 부족해진다. 예를 들어 대표적인 결정론 학자인 루이스 워스는 이러한 도시 생활의 복잡성과 전문성으로 인해 도시인의 개인 관계가 복잡하고 다양해지며 공동체의 유대감도 약화된다고 말했다. 워스는 이러한 주장을 뒷받침할 수 있는 〈생활방식으로서의 도시성〉(Urbanism as a Way of Life)이라는 기념비적인 논문을 남겼다.[29]

결정론자들은 도시의 민족 경계선이 약화되는 이유가 민족이 산업 사회에 오랫동안 노출되면 민족을 지탱해 오던 응집력이 점점 와해되어서라고 생각한다.[30] 그리고 혈연과 문화적 연대보다는 초민족적 유대감이나 보편성의 원리를 요구하는 현대 정치와 경제적 분위기로 인해 민족의 구조는 무너지게 되어 있다고 주장한다. 즉, 동족이라고 해서 무조건 옳고 무조건 같은 편이라고 여기던 원리가 이보다 보편적인 원리인 정의, 인도주의, 박애주의, 시장 경제, 국제 질서, 현대의 조류 등을 만나면서 오래 견디지 못할 것이라고 믿는 것이다.[31]

결정론자는 도시가 급격하게 성장하면서 또는 도시로 이주하면서 개인의 삶과 관계에 나타난 폐해를 강조했고, 나아가 도시의 거대한 힘에 의해 민족 경계선도 약화되어 결국 도시의 거대한 문화로 모든 그룹이 흡수될 것으로 보았다.[32]

---

29 Wirth, "Urbanism as a Way of Life," 1.
30 결정론과 비슷한 관점으로 기능주의적 관점(functionalist view)이 있는데 여기에는 다음과 같은 학자들이 있다. T. H. Marshall, *Class, Citizenship, and Social Development; Essays* (Garden City, N.Y.: Doubleday, 1964); Seymour Martin Lipset and Stein Rokkan, *Party Systems and Voter Alignments: Cross-National Perspectives. [Contributors: Robert R. Alford and Others]* (New York: Free Press, 1967); Clifford Geertz, "The Integrative Revolution: Primordial Sentiments and Civil Politics in the New States," *Old Societies and New States*, 1963, 105-57.
31 Tönnies and Loomis, *Community & Society (Gemeinschaft Und Gesellschaft)*; Max Weber, *Economy and Society; an Outline of Interpretive Sociology* (New York: Bedminster Press, 1968), 927-36.
32 피셔 역시 결정론이 어떤 면에서는 도시 현상을 정확히 보는 면이 있음을 인정한다. Fischer, *The Urban Experience*, 32.

결정론은 도시인이 겪는 부정적인 문제들을 사회학적 논리로 설명할 수 있도록 해주었고, 나아가 동화, 민족 간 역학 관계, 도시 안의 민족촌에서 나타나는 현상도 자세히 들여다 볼 수 있는 사회 인류학적 렌즈를 제공했다고 할 수 있다.

그럼에도 결정론은 다음과 같은 약점을 갖고 있다. 먼저 개인의 삶이 황폐해진다는 점을 지나치게 강조하였다. 도시가 그처럼 부정적이고 살기 어려운 곳이라면 사람들이 도시로 몰려드는 현상이나, 도시가 제공하는 기회와 희망을 설명하기가 어려워진다. 또한 도시에 정을 붙이고 살아가는 사람들이나, 도시에서 새로 사귄 친구들과 맺은 우정을 설명하기도 어려워진다. 도시인 역시 전통 사회 못지않은 동료, 새로운 꿈, 건강한 자아상을 갖고 있다. 이러한 현상은 기존의 결정론만으로는 설명하기가 어렵다. 뿐만 아니라 민족성의 문제 역시 일부밖에 설명하지 못한다.

결정론은 민족 경계선에 관한 설명에서도 한계를 보여 준다. 시간이 지나면 민족 경계선이 약해진다는 생각은 미국에서 몇 세대를 지나온 유럽 계통의 이주민이라면 쉽게 이해할 수 있다. 더군다나 개인주의가 강한 민족은 비교적 민족보다 개인 취향에 따라 선택하기 때문에 민족성도 더 쉽게 잃어버릴 수 있다. 그러나 혈연과 공동체 중심적이거나, 사회적으로 신분 상승이 불리한 사람들, 겉으로 볼 때 피부색이 뚜렷이 다른 민족은 시간이 가도 민족성이 쉽게 없어지지 않는다. 심지어 공용어를 잘 사용하고 중산층에 진출할지라도 사회가 그들을 완전한 일원으로 받아 주지 않기도 하고, 충분히 보호받지 못하는 소수 민족의 경우에는 생존을 위해 서로 더욱 단결해야 한다.

어떻게 보면 접촉이 잦아지면서 소수 민족은 시골보다 도시에서 직접적으로 차별을 느낄 수 있고, 심지어 직접적인 민족 간 갈등으로 더 위협받을 수도 있다. 그렇기 때문에 도시는 민족 정체성을 약화시킬 수 있지만 반대로 더 강화시키는 기능도 갖는다. 도시를 이해하는 데 여러 면에서 기여했지만, 결정론은 지나치게 단순한 접근과 편견이 섞인 분석으로 도시를 종합적으로 읽지 못한 약점도 지니고 있다.

구성론_ 민족은 변하지 않을 것

도시에 대한 결정론적 관점에 반대되는 시각으로 구성론적 관점이 있다. 구성론적 관점은 도시와 시골의 사회 체계가 체계로서 삶의 특성을 갖고 있지만 그 체계 자체가 내부 구성원의 삶의 방식과 인격에까지 영향을 끼치지는 못한다는 관점이다. 즉, 구성론적 관점으로 볼 때 도시성 자체로는 개인의 전통을 바꿀 수 없다.[33]

구성론적 관점은 도시성이 민족 경계선의 변화에 별 영향을 주지 못한다고 생각한다.[34] 사람들은 보통 자신이 종사하는 업무나 속한 그룹에 따라 관계망을 형성하는데, 사회학에서는 이런 현상을 문화적 분화(cultural differentiation)라고 부른다. 즉 사람들은 자신의 활동, 업무, 선호하는 그룹에 따라 문화적 관계망을 형성하고, 이를 토대로 개인의 삶이 분화되는 것이다. 그런데 도시에서는 이러한 기능적 관계망이 민족의 관계망에 제한받지 않는다. 비록 도시인들의 관계망이 여러 곳으로 나뉘기는 하지만 이것은 주로 기능적 관계이기 때문에 민족적 정체성 자체에는 큰 변화를 주지 못한다는 것이 구성론

---

33   구성론을 주장하는 주요 인물로는 허버트 갠스(Hebert Gans), 오스카 루이스(Oscar Lewis), A. J. 라이스(Reiss) 등이 있다. Herbert J. Gans, "Urbanism and Suburbanism as Ways of Life: A Re-Evaluation of Definitions," in *Human Behavior and Social Processes: An Interactionist Approach*, ed. Arnold Marshall Rose (Boston: Houghton Mifflin, 1962), 507-21; Gans, *The Urban Villagers*; Gans, *The Levittowners: Ways of Life and Politics in a New Suburban Community* (New York: Pantheon Books, 1967); Oscar Lewis, "Urbanization without Breakdown a Case Study"; Albert J. Reiss and University Columbia, *The Analysis of Urban Phenomena* (New York: Columbia University, 1954).

34   Michael, "The Political Economy of Ethnic Change."

에서 주목하는 점이다.[35]

이렇게 결정론과 구성론의 관점이 커다란 차이를 보이는 것은 도시를 보는 단위가 다르기 때문이다. 앞서 언급한 결정론은 도시를 볼 때 도시 전체를 한 덩어리, 즉 거시적으로 보았다. 즉 도시 내부가 균질하다고 보고, 전체를 하나의 현상으로 설명하려 했다. 그렇기 때문에 결정론에서는 특정 현상이 발생하면 도시 전체를 그러한 관점으로 평가한다. 그러나 도시 생태학이 발전하면서 도시 안에는 독특한 사회와 그룹이 많이 있다는 것을 알게 되었다. 도시 안에는 친족, 민족, 이웃은 물론 직종, 습관, 배경 등에 따라 수많은 종류의 그룹이 존재하며, 그 그룹만이 지닌 독특한 성격을 따라 구성원들이 살아간다. 그리고 이처럼 서로 다른 수많은 그룹이 함께 모여 조화를 이루며 하나의 도시가 된다. 그런 이유에서 구성론은 도시를 다양한 사회적 세계가 만든 모자이크(mosaic of social worlds)라고 하였다.[36]

이처럼 구성론에서는 도시 안의 여러 그룹이 지닌 독특한 사회적 특성에 주목한다. 그렇기 때문에 그들을 이해하는 데 한 가지 방식으로 접근하는 것은 무리가 있다고 본다. 또한 구성론자들은 이러한 작은 사회적 세계는 시간이 지나도 사멸되거나 주류 사회로 흡수되는 것이 아니라 원 문화에서 자신이 지니고 있던 독특성을 계속 유지한다는 것을 발견하였다. 이는 그들의 전통과 문화, 그리고 도시 생활에서 구축해 온 사회적 틀이 정체성을 유지할 힘

---

35   Fredrik Barth and Universitetet i Bergen, *Ethnic Groups and Boundaries: The Social Organization of Culture Difference*, Scandinavian University Books (Bergen, London: Universitetsforlaget; Allen & Unwin, 1969); Ernest Gellner, *Thought and Change* (London: Weidenfeld and Nicholson, 1969); Hechter Michael, "Towards a Theory of Ethnic Chang," *Politics & Society* 2, no. 1 (1971): 21-45; H. J. Hanham and Michael Hechter, "Internal Colonialism: The Celtic Fringe in British National Development, 1536-1966," *The American Historical Review* 82, no. 4 (1978): 876-79; Michael Hechter, "Industrialization and National Development in the British Isles," *The Journal of Development Studies* 8, no. 3 (2007): 155-82.
36   Duncan Timms, *The Urban Mosaic: Towards a Theory of Residential Differentiation* (Cambridge: Cambridge University Press, 1971), Chapter 1.

사진4.1. 시안 따칭전쓰(중국 시안, 2010년 4월)

을 끊임없이 만들어 내기 때문이다. 그 결과, 그들은 자신의 자체적인 문화를 유지할 능력을 만들어 낼 수 있는 것이다. 예를 들어 중국 시안에는 주후 741년에 창건되었다는 이슬람 사원이 있다. "시안 따칭전쓰"(西安大淸眞寺)라 불리는 이 사원은 무함마드가 사망한 지(632) 약 100년 후인 당나라 시대에 시안에 세워졌다. 그 사원 주변에는 역사가 깊은 대규모 이슬람 마을이 있다. 역사가 오래되었을 뿐 아니라 정치 경제의 중심이던 중국 시안 한복판에 이러한 이슬람 마을이 오랫동안 유지되고 있다는 것은 매우 경이로운 일이다. 시안의 이슬람 마을뿐 아니라 세계 여러 도시에서 많은 부류의 민족과 그들의 마을이 오랫동안 전통을 유지하며 살아오고 있다.

미국 로스앤젤레스에도 일본인 타운, 필리핀 타운, 차이나 타운, 코리아 타운 등 여러 아시아인이 각기 자기 민족과 함께 살아가는 지역이 있다. 이뿐 아니라 남미인, 아르메니아인, 인도인은 물론 아프리카, 남미 등에서 온 수많은 민족이 민족촌을 이루며 같은 공간에서 살아간다. 시간이 지나면 이 이주민들은 조금씩 중산층으로 진입한다. 그러면서 거주 지역도 민족촌에 머물지 않고 점점 타민족이 사는 지역으로 이동한다. 시간이 가면서 복잡한 도심과 상업권을 떠나 자신의 소득 수준에 맞고 자녀를 잘 교육할 수 있는 도시 근교를 찾는 이주민도 늘어간다. 그러면서도 이 이주민들은 여전히 정서적으로 편하고 문화적으로 안정된, 같은 민족들과 많은 시간을 보낸다. 간단한 업무나 전문적인 업무에서는 더 다양한 인종과 상대하더라도 신앙생활을 하는 곳, 어려울 때 찾아가는 변호사, 오랜 신뢰가 쌓인 동업자, 자녀 교육 정보를 나누는 만남 등에서는 같은 민족들 속에서 해답을 찾으려 한다.

앞서 소개한 결정론적 관점에서 볼 때 도시는 전통 사회에서 가져온 정서적 안정감과 풍성한 관계를 잃어버리고 민족적 정체성을 와해시킬 수 있는 곳이었다. 그런데 사실 도시는 그러한 멜팅 팟 현상만 일어나는 곳이 아니다. 오히려 민족들이 연합하여 자신의 문화를 보존하며 발전시키는 현상을 도시 곳곳에서 볼 수 있다. 또한 많은 민족이 명절이 되면 오랜 시간 동안 차를 타고 고향으로 가서 그들의 관계를 확인하고 전통 행사와 의식을 통해 정체성을 확인하면서 원 문화와 강한 유대를 유지한다. 이러한 활동은 도시의 민족이 자신의 언어와 문화로 함께 경제생활과 종교생활을 하며 같은 공간에서 생활하도록 촉진한다. 어떤 민족은 한 도시에서 수백 년 동안 민족촌과 정체성을 유지하고 있다.

도시의 민족 경계선이 유지되는 힘은 결정론에서 지적한 것과 달리 도시인의 삶에 일방적인 비인간화나 고립 현상만 있는 것이 아니기 때문이다. 도시에 처음 정착할 때에는 관계망이 약하고 외부 활동 능력이 극히 제한되지만, 대체로 시간이 가면서 새로운 관계와 경제 활동 능력이 생기게 마련이다. 특히나 도시에 새로 정착하는 사람들은 주로 같은 민족과 활동하면서 자신의 생활이나 정서적 유대 문제를 해결한다. 다시 말해 도시라고 해서 개인의 정서가 박약해지거나 고립된다고만 말할 수는 없다는 것이다. 반대로 도시는 민족의 유대가 더욱 절실해지는 곳이다. 구성론은 바로 도시의 이러한 특징들에 주목하여 도시의 민족은 변화하기보다 민족성을 유지한다고 생각한다.[37]

이 구성론을 초기에 소개하고 결정론에 이의를 제기한 학자가 바로 허버트 갠스다. 그는 미국으로 이민 온 사람들이 본래 습성을 그대로 유지하는 모습을 보면서 이와 같은 구성론적 관점을 정립하였다. 그는 워스가 관찰한 현상은 이민자가 힘든 삶과 제한된 선택으로 어쩔 수 없이 문화적으로 동화될 수밖에 없었기 때문에 일어난 것이라고 설명했다.[38] 갠스와 그의 동료들은 거주 지역만으로 문화적 변화가 일어난다고 볼 수는 없다고 생각했다. 이 구성론자들은 오히려 큰 도시와 전통 사회 사이에 존재하는 계층과 삶의 패턴을 사람들에게 변화를 일으키는 요인으로 보아야 한다고 주장했다.[39] 그리고 그들이 살고 있는 곳의 규모나 교류 대상과 관계없이 사람들이 속한 그룹과 개인은 큰 변화 없이 원 문화를 그대로 유지할 수 있다고 주장했다.[40]

이러한 구성론적 관점은 도시의 힘을 과대평가하여 마치 모든 민족이 당연히 동화 과정에 들어간다거나 모두 심리적으로 불행하여 인간관계를 제대로 누리지 못한다는 결정론적 관점에 제동을 걸었다는 데 의미가 있다. 그뿐 아니라 구성론적 관점은 도시도 민족 문화를 유지하는 터전이 될 수 있다는

---

37   멕시코 도시에 정착한 시골 이주자에 관한 오스카 루이스의 연구에서는 일부 이민자가 원 문화를 변화하지 않고 유지하고 있다고 보고하였다. Lewis, "Urbanization without Breakdown a Case Study," 40-41.
38   Gans, "Urbanism and Suburbanism as Ways of Life," 644-45.
39   허버트 코터(Herbert Kotter)와 리처드 듀이(Richard Dewey)는 도시와 농촌의 연결성 연구에서 발생하는 사회학적 문제들을 정리했다. Herbert Kotter, "Changes in Urban-Rural Relationship in Industrial Society," in *Urbanism and Urbanization*, ed. Nels Anderson (London: Brill, 1964), 22; Richard Dewey, "The Rural-Urban Continuum," in *Urban Man and Society: A Reader in Urban Sociology*, ed. Albert N. Cousins and Hans Nagpaul (New York: Alfred A. Knopf, 1970), 82.
40   Glazer and Moynihan, *Beyond the Melting Pot*, 203.

것을 확인시켰다. 도시 안의 이주민들은 자신의 원 문화, 즉 시골이나 모국과 끊임없이 연결하며 문화적 양분을 제공받는다. 또한 그들이 정치 경제적으로 힘을 소유하면 새로운 전통과 문화도 만들 수 있다. 이러한 과정을 통해 도시 민족의 생명력은 상당히 오래 지속될 수 있다.

반면 구성론 안에도 몇 가지 허점이 있다. 도시 이주민을 시골 거주자와 지나치게 동일화하고 전혀 변화가 없으리라고 생각하는 것은 현실과 다르다. 무엇보다 사람과 그룹은 변하기 때문이다. 아무리 느려 보여도 도시 안의 민족은 변화한다. 아무리 민족끼리 자신의 문화를 유지하며 살아간다 하더라도 이들은 도시라는 거대한 사회와 날마다 접촉하기 때문이다. 공공 교육을 통해 자녀는 공용어를 더 자연스러워하고, 미디어를 통해 세상의 정보를 접하며, 직장 생활을 통해 다양한 종교인을 만난다. 이 모든 것이 전통 사회를 변화시키는 요소로 작용한다. 이주민의 사회 적응 능력과 신분 상승 욕구 역시 민족에게 변화를 준다. 점점 중산층으로 스며들어 가고, 자녀는 안정된 직장을 다니며 타민족과 결혼하는 일이 생긴다. 이 모든 일은 도시에 진출한 민족이라면 어쩔 수 없이 동화하게 되는 힘들이다.

민족 경계선에 영향을 주는 요인들

사람들의 인식 속에는 '우리 민족'이라고 생각하는 범위의 가장 바깥에 마치 울타리처럼 민족을 담고 있는 개념적 테두리가 있다. 테두리 안쪽은 '우리 민족의 것'이라고 여겨지는 범위이고, 그 바깥은 다른 민족이 시작되는 경계선이라 할 수 있다. 사람들은 보통 지역적 경계 요소와 심리적 요소라는 두 가지로 이 민족 경계선을 설정한다. 지역적 경계 요소는 오래전부터 그 민족이 같은 곳에서 살면서 만들어진다. 사람들은 어느 민족이 어느 지역에 살아왔기 때문에 그곳에 사는 사람은 그 민족이고 또 그 민족은 그 지역에 살아야 한다고 생각한다. 심리적 요소란 사람들의 마음속에 형성된 개념으로, '어떤 전통을 지키며 누구와 어떻게 살아가는 사람은 우리 민족이다'라는 생각을 말한다.[41]

민족 경계선이란 본래 일방적으로 한쪽 방향으로만 이동하는 것이 아니다. 그때그때 강해지기도 하고 약해지기도 한다. 즉 경계선 주변에는 그것을 약하거나 강하게 만드는 다양한 요소가 존재한다는 것이다. 민족은 그러한 영향력을 선택적으로 받아들이고, 그 결과 경계선은 축소되거나 확장된다. 그렇기 때문에 민족의 미래를 예측하려면 어떤 요소가 민족 경계선을 유지시키고 어떤 요소가 변화시키는지를 알아야 한다.[42] 이제 이 두 가지 힘은 구체적으로 어떤 것에 의해 만들어지는지 알아보고자 한다.[43]

유지 요소

민족 경계선은 사회적 연계, 전통적 정체성, 민족의 풍습과 가치, 민족의 규모라는 네 가지 요소에 의해 유지된다.[44]

사회적 연계는 혈연, 친구와 친족, 결혼, 결사체와 같은 것이다. 이중 혈연은 그 어떤 것보다 민족에 가장 뿌리 깊은 유대감을 제공한다. 피부색과 가

---

[41] Lola Romanucci-Ross and George A. De Vos, *Ethnic Identity: Creation, Conflict, and Accommodation*, 3rd ed. (Walnut Creek, C.A.: AltaMira Press, 1995), 16.
[42] Barth and Bergen, *Ethnic Groups and Boundaries*, 8-39; Rogers Brubaker, *Ethnicity without Groups* (Cambridge, Mass.: Harvard University Press, 2004); Wimmer Andreas, "Herder's Heritage and the Boundary-Making Approach: Studying Ethnicity in Immigrant Societies," *Sociological Theory* 27, no. 3 (2009): 244-70.
[43] 이후에 다룬 유지와 변화의 요소 부분은 피셔가 정리한 내용을 참조하였다. Fischer, *The Urban Experience*, 146-55.
[44] 앞의 책, 146-52.

족은 개인이 선택할 수 없는 선천적 요소이며, 이는 강한 사회적 연결이 된다. 또한 결혼 상대에 대한 선호나 공동체가 지닌 상식과 인식은 같은 민족끼리 가정과 자손을 이어나가게 만든다. 민족들로 구성된 클럽이나 결사체도 같은 민족 간에 이익과 오락, 정서적 만족 등을 가능케 해주고, 그 결과 민족을 묶는 역할을 한다.[45]

민족 경계선을 유지하고 강화하는 두 번째 힘은 전통적 정체성이다. 여기에는 '우리'와 '그들'을 나누는 인식이 포함되어 있다. 구체적인 예로 타민족에 대한 해묵은 악감정이 대표적이다. 이러한 인식은 같은 민족으로 하여금 다른 민족에 비슷한 태도를 갖게 하기 때문이다. 도시 생활 중에 민족 간 갈등이 사회 문제가 되면 자연스럽게 같은 민족은 더 단결하게 마련이다. 이러한 역학은 공통의 이익과 공통의 적이 있을 때 더욱 활성화된다. 이주자들에게는 보통 본향에 있을 때부터 이미 오랫동안 적대시해 온 민족이 있다. 이들은 새로운 도시에 와서도 계속 적대 관계를 유지한다. 아니, 대립이 더 심해지기도 한다. 시골에서는 서로 갈등하기는 하지만 거리가 멀고 교류할 일이 적어 실제로 부딪히는 일이 많지 않은 반면, 도시에서는 같은 공간에서 자주 부딪혀야 하기 때문에 민족 간 이익과 감정의 싸움이 늘기 때문이다.[46]

셋째, 민족의 풍습과 가치가 민족 경계선을 유지한다. 사람들은 어려서부터 부모에게 의식적, 무의식적으로 가치와 문화적 습관들을 배운다.[47] 특히 언어와 음식 문화는 어려서 습득되는 것이므로 어른이 되어서도 쉽게 바뀌지 않는다. 그렇기 때문에 사람들은 같은 풍습과 가치를 지닌 같은 민족끼리

---

45 A. Leerkes, G. Engbersen, and M. Van San, "Shadow Places: Patterns of Spatial Concentration and Incorporation of Irregular Immigrants in the Netherlands," *URBAN STUDIES* 44, no. 8 (2007): 1491-1516.
46 Fischer, *The Urban Experience*, 151-52.
47 앞의 책, 147.

모여 있을 때 정서적으로 훨씬 안정감을 느낀다.[48]

마지막으로 민족의 규모가 그 민족의 힘과 영향력을 유지한다. 도시 안에서 어떤 민족의 규모나 영향력이 클 때, 그 민족은 자체 힘만으로도 충분히 자신의 문화를 유지시킬 수 있다. 소수 민족의 수는 점점 많아지다가 어느 순간이 되면 갑자기 그 힘이 커지는 임계점에 도달한다. 이때 임계점은 구체적인 수를 가리킨다기보다 일종의 사회학적 개념이다. 어떤 민족이 새로운 도시에 정착하는 초기에는 자체적인 자원과 정보가 부족하기 때문에 대체로 주류 사회의 기준을 따라야 생존할 수 있다. 그러나 점점 수가 많아지고 정서적, 정치적, 경제적으로 여유가 생기면서 사회적 열등감을 극복하고 자신만의 조직과 구조를 갖추기 시작한다. 수가 늘면서 그들은 여러 곳에서 자신의 원 문화를 즐길 수 있게 되고, 나아가서 도시의 여러 시설과 주류 문화에서 얻은 아이디어를 통해 원 문화를 한층 발전시키기도 한다. 이뿐 아니라 이 임계점을 넘은 민족은 정치적, 경제적으로 힘이 커져 도시 안에서도 사회적으로 유리한 위치를 확보할 수 있다. 이처럼 수가 충분해지면 자신들만으로도 충분히 생활할 수 있게 되면서 오히려 타문화권과 멀어진다.

변화 요소

민족 정체성을 유지하는 요소들과 반대로 도시에는 민족 정체성을 변화시키는 요소도 많다. 그 요소로는 사회 제어 체계의 변화, 민족 간 교류 기회의 증대, 민족 간 만남의 장소, 신분 상승에 대한 욕구, 변화하는 이웃 등이 있다.

먼저 도시 사회의 제어 체계는 전통 사회의 규율 속에서 살아오던 사람들에게 새로운 삶의 질서를 만들어 준다. 도시에 새로 온 사람들은 오랫동안

---

48   앞의 책, 146-52.

그들을 보호하기도 하고 감시하기도 하던 공동체를 벗어날 기회를 갖는다. 그렇게 해서 그동안 민족 안에 심겨진 타민족에 대한 여러 편견과 습성에서 벗어나게 되는 것이다. 도시라는 전체 사회에서 지켜야 할 새로운 규칙과 인간관계, 다양해진 정보를 통해 이러한 민족들은 새로운 세계를 접하고, 자신들의 기존 체계를 새롭게 평가할 수 있게 된다.

다양한 민족 간에 교류할 기회도 민족 경계선을 변화시키는 요소다. 이러한 문화 간 접촉으로 인해 사람들은 새로운 삶과 신조, 여러 유행과 정보를 접한다. 도시로 나온 사람들은 민족 전통과는 다른 방식과 가치관을 접한다. 이러한 경험은 종종 전통적인 민족이 지니고 있던 주관적 생각과 자민족 우월주의를 벗어버리고, 객관적으로 다른 민족을 대하는 기회가 되기도 한다. 타민족의 장점과 자기 민족의 고칠 점을 보면서 심지어 자기 민족에 비판적이 되기도 하고 새로운 발전을 모색할 계기도 갖게 된다. 그 결과, 타문화를 수용하고 누리기도 한다. 이러한 변화는 민족 내부의 결속력, 직종, 삶의 특징 등에 영향을 끼치고, 나아가 타민족과 결혼하는 사람들도 생겨난다.

도시는 서로 다른 민족이 자연스럽게 만날 수 있는 다양한 시공간을 제공한다. 도시에서는 이웃집, 버스 정류장, 공원, 회사, 학교, 가게 등에서 전통 사회보다 자연스럽고 수월하게 타민족을 접할 수 있다.[49] 선교지에서도 미전도 종족이 도시로 와서 사는 경우가 많다. 많은 경우, 이들은 시골에서 타민족과 접할 기회가 많지 않았다. 다른 민족이나 선교사가 시골의 토착 민족 안으로 들어가 사는 것은 여러모로 제한될 뿐 아니라, 토착 민족 내부에 외지인에 대한 적대감도 쉽게 생길 수 있다. 그러나 도시의 새로운 공간들은 이

49　제이콥 히벨(Jacob Hibel)의 연구는 공교육이 타민족 간의 편차를 많이 평준화시키는 것으로 나타났다. Jacob Hibel, "Roots of Assimilation: Generational Status Differentials in Ethnic Minority Children's School Readiness," *Journal of Early Childhood Research* 7, no. 2 (2009): 135.

러한 미전도 종족을 쉽고 자연스럽게 만날 수 있는 천혜의 환경을 제공한다.

다음으로 신분 상승에 대한 새로운 열망은 전통적인 민족들을 빠른 속도로 변화하게 만든다. 도시 환경은 이주민으로 하여금 이전에 시골이나 고향에서 갖지 못한 새로운 꿈과 욕구를 품을 수 있게 만든다. 그들은 다른 도시인과 마찬가지로 사회적 신분 상승을 위해 많은 노력을 쏟는다. 신분 상승이 가능하려면 민족 내부에서는 물론 타민족에게서도 필요한 정보와 자원을 찾아내야 한다. 예를 들어 기업체 임원이나 학교의 교사는 더 좋은 자원을 위해 자연스럽게 타민족과 교류해야 한다.

마지막으로, 이웃에 대한 개념 변화 역시 도시의 민족 경계선에 변화를 촉진하는 요소다. 이전에는 이웃이 모두 같은 민족이었으나 도시에서는 다른 민족이 옆집에 살고 있다. 도시인은 단순히 가까이 사는 사람보다는 멀리 살아도 매일 8시간씩 함께 활동하는 직장 동료 같은 이들을 이웃으로 여긴다. 이렇듯 새로운 도시의 생활환경과 전화, 통신, 자동차 같은 현대 기기가 도시의 민족들에게 이웃에 대해 새로운 개념을 갖도록 만든다.

지금까지 알아보았듯이 도시에는 민족 경계선을 변화시키는 다양한 힘이 있다. 다양하고 확대된 접촉, 새로 만들어진 이웃, 도시가 제공하는 시공간, 빈번해지는 민족 간 접촉, 새로운 사회적 제어 체계 등으로 인해 민족은 다양한 모습으로 나뉘게 된다.

> ○ **본 장을 통해 살펴본 것들** ○
>
> 이번 장에서 우리는 도시의 민족들이 문화적 변화의 압력 앞에서 취할 수 있는 다양한 자세를 알아보았다. 민족의 문화가 변할 것이라는 결정론과 변치 않을 것이라는 구성론을 정리한 것은 민족들이 지닌 민족 경계선이 지속될 것인지 아니면 축소되거나 확장될 것인지를 예측할 수 있도록 도와주기 때문이다. 또한 민족 경계

> 선에 영향을 주는 유지 요소와 변화 요소를 알아보았다. 선교적인 차원에서 주의할 것은 대상 민족의 문화를 존중하면서도 복음으로 인한 선한 변화를 유도할 수 있어야 한다는 것이다.

민족의 동화 현상과 선교적 자세

이 장 서두에 소개한 중국 무슬림 여대생 마 자매는 민족 문화의 동화와 유지 사이를 오가는 도시 소수 민족의 흔한 본보기다. 앞서 소개한 일이 있고 수년 후, 우리 부부는 방학이 되어 부모님 집에 가 있는 마 자매를 방문했다. 마 자매의 부모님은 우리를 환영하기 위해 친척들을 모두 부르셨다. 그의 부모님은 젊을 때부터 그 마을에서 살았고, 다른 자녀들은 모두 가까운 곳에서 가정을 이루고 교사, 점원, 수위 등에 종사하며 살아가고 있었다. 식사를 마칠 무렵 마 자매의 아버지가 내게 이렇게 말했다. "이 마을에 살면 더 부러울 게 없어요. 환경도 좋고 모든 것이 풍족하거든요. 다른 곳에 가서 살 생각은 전혀 없어요." 다음날 우리는 마 자매와 마을을 돌아다녔는데 어디를 가든지 마 자매의 친구와 친척이 있었다. 마 자매는 이전에 베이징에서 취직하려 한다고 말한 꿈은 잊어버리고 고향을 만끽하는 모습이었다.

마 자매처럼 문화적으로 동화하려는 힘과 자기 문화를 유지하려는 힘에 동시에 영향 받고 있는 선교지의 수많은 도시인을 보며 우리는 어떻게 생각해야 할까? 이와 관련한 선교적 고찰을 다음과 같이 정리해 보았다.

변화와 유지를 모두 읽을 수 있는 눈

선교 전략을 세우기 위해서는 도시 안의 민족 그룹이 어떤 식으로 도시의 영향을 받는지 이해하는 것이 매우 중요하다. 이제 그동안 배워 온 구성론과 결정론의 관점으로 도시의 영향을 살펴보자.

앞서 결정론은 도시 민족의 변화에 대해 일부밖에 설명하지 못한다고 언급했다. 결정론에서 말하는 이론대로라면 선교사는 민족별로 서로 다른 도시 선교 전략을 세우지 않아도 된다. 시간이 지나면 모든 민족이 자신의 정체성을 버리고 도시인이라는 하나의 정체성으로 살아가기 때문이다. 그렇다면 선교사들은 현지의 공용어나 국제어로 선교하면 된다. 뿐만 아니라 결정론에 따르면 세계의 국제도시들도 국제적인 영향과 연결망으로 인해 점점 비슷한 모양으로 바뀌어 가리라고 생각할 수 있다. 이러한 세계적인 유사성으로 향후에는 몇 가지 국제 언어만 해도 세계 모든 사람을 전도할 수 있다는 낙관적인 생각을 섣불리 할 수 있다. 그러나 선교 현장에서는 이러한 보편화와 획일화 현상만 일어나는 것이 아니다. 토착 문화는 없어지기보다 그것대로 발전한다. 영어의 영향력이 아무리 확산되어도 그 영향력은 한계가 있고, 영어에 대항하여 자신의 문화권을 발전시키는 노력이 더 가속화되기도 한다. 아무리 공용화나 국제화가 보편화된다 하더라도 민족성이나 민족 문화, 민족 언어가 없어지는 것과는 다른 문제다. 민족 문화는 민족의 정치 경제적 부흥, 문화의 현대화 등으로 언제라도 새로운 모습으로 발전하고 개량될 수 있기 때문이다. 이러한 문화적 변화는 선교사들로 하여금 기본으로 돌아가게 만든다. 예수님이 유대인의 문화권 속으로 들어가 성육신적인 삶을 사신 것처럼 선교지 문화가 선교사의 편의 위주로 변하길 기대할 것이 아니라 선교사가 그들의 문화권에 맞출 수 있어야 한다.

구성론적 관점 역시 그것만으로는 선교지 도시 민족의 민족 정체성과 그 변화를 충분히 설명하지 못한다. 물론 구성론을 뒷받침하는 현상은 도시 안 곳곳에서 나타난다. 도시와 시골의 연계가 점점 강화되고 도시 안에 동향 사람 수가 많아지면서 도시의 민족들은 점점 여유와 힘을 갖게 된다. 국가의 소수 민족 보호 정책이나 우대 정책, 발달된 교통으로 고향과의 연계가 강화되고, 연쇄 이주가 일어나고 도시 진출이 용이해지면서 선교지 도시에는 시골에서 이동하는 이주민이 급격하게 늘어난다. 어떤 나라에서는 기근, 가뭄, 전쟁, 질병 등 여러 부정적인 요인으로 사람들이 시골에서 도시로 탈출한다. 이들은 처음 도착한 장거리 버스 터미널이나 기차역 주변, 도시 외곽의 산등성이 등에 있는 민족촌에 자연스럽게 정착한다.[50] 그 결과, 도시의 민족들은 변화될 필요를 느끼지 않는다.

그렇다고 해서 이런 도시 민족 그룹의 전통이 반드시 변하지 않고 유지되는 것은 아니다. 대체로 도시로 가는 시골 사람들은 그중에서도 나름대로 용기 있고 똑똑하며 능력이 있는 사람들이다. 그들이 도시로 가는 가장 큰 이유는 도시가 주는 희망 때문이다. 신분 상승, 빈곤 탈출, 인간적인 대접, 위생과 풍요, 자녀 교육과 개인의 발전 등 도시로 가는 민족은 도시가 제공하는 기회와 희망을 누리기 위해 도시로의 모험을 시작한다. 도시에서 새롭게 출발하는 사람들은 어쩔 수 없이 전통적인 습관과 가치를 벗고 다른 가치관과 종교를 가지고 수많은 이질적인 제도, 사람, 기관, 직장, 학교 등에서 어울려야 한다. 특히 젊은이들은 새로운 미디어와 조류를 통하여 새로운 가치관과 삶의 패턴을 쉽게 받아들이는데, 이는 가족 안에 세대 간 갈등을 만들어 낸다. 선교사들은 이처럼 새로운 환경으로 인해 만들어지는 도시 민족 내부의 변화를 관찰할 수 있어야 한다.

구성론적 관점만 갖고 있는 선교사는 현지인의 고유문화를 지나치게 존중하거나 변화를 인정하기 어려워한다. 민족은 고유한 문화를 유지하려는

---

50   Yang, *Ethnic Studies: Issues and Approaches*, 86-87.

습성이 있기 때문에 선교사도 이에 맞춰 그들의 문화에 맞는 복음을 설명할 줄 알아야 한다. 반면 그들이 적극적으로 변화하는 것은 새로운 전도 기회가 생긴다는 것도 의미한다. 사도 바울이 유대인에게, 율법 없는 자들에게, 약한 자들에게 각각 그들이 이해할 수 있도록 문화적으로 적절한 방식으로 복음을 전한 것처럼(고전 9:19-21) 선교사는 상대방이 어떤 상황에 놓여 있는지, 그들이 이해할 수 있는 방식이 어떠한지를 생각하면서 복음을 전해야 한다.

완벽히 동화된 교회에 대한 환상과 민족 게토 교회를 주의하라
결정론과 구성론 중 한쪽만 일방적으로 따르지 않아야 한다는 교훈은 우리로 하여금 도시 선교와 도시 목회를 하는 데 두 가지 극단적 예측을 피하도록 도와준다. 첫째, 시간이 가면 다양한 민족이 하나의 공통된 문화 또는 완벽히 동화된 문화를 소유하게 되리라는 생각이다. 이러한 생각은 가만히 있으면 모든 사람이 영어나 공용어를 할 수 있게 되므로 교회는 그냥 주류 사회에 맞게 진행하기만 하면 모든 소수 민족에게도 통할 것이라는 생각과 같다. 이런 사람들은 선교를 위해 고생스럽게 타문화에 적응하지 않아도 되는 날이 오리라 예상할 것이다. 얼마 전 한 학생이 내게 찾아와 이런 생각을 나누었다. 예수님도 자신의 마을을 거의 떠나지 않았고 사도 바울도 주로 유대인 회당에 찾아오는 이방인을 대상으로 선교했으므로 우리도 굳이 어려운 지역으로 나가기보다는 자국에 찾아오는 외국인에게 자유롭게 전도하는 것이 더 성경적이라는 것이다. 이는 성경을 잘못 이해하는 처사다. 비록 이스라엘 밖으로 거의 나가지 않으셨지만 사실 예수님은 성육신하셔서 타문화권으로 오셨다. 사도 바울 역시 유대인 회당을 중심으로 사역했지만 그것은 주로 유대인 회당에서 사역하는 것이 이방인에게 더 전략적이기 때문이지 편해서 그렇게 한 것이 아니다. 복음을 들어야 하는 민족은 우리가 생각하는 것만큼 그렇게 빨리 주류 사회로 흡수되지 않는다. 그러므로 여러 민족이 한 교회에 있으면 여러 민족의 교회가 될 수밖에 없다.

사역자가 치우치지 말아야 할 둘째 사항은 교회가 지나치게 민족 게토화되는 것이다. 같은 민족이 같은 교회에 다니는 것은 자연스러운 현상이다. 그러나 그 교회가 외부 문화와 단절되거나 민족적 편견을 그대로 방치하여 다른 민족을 무시하고 적대시하는 것은 성경적이지 않다. 나아가 그러한 교회는 다문화 사회에 적응하지 못하며 선교적일 수도 없다. 뿐만 아니라 민족 게토화된 이러한 교회의 리더들은 변화하는 성도의 현실을 이해하지 못한다. 도시의 성도는 끊임없이 변화하는 곳에서 생활하며 타민족을 접하는데 사역자는 그러지 못하기 때문이다. 아무리 전통 복장을 하고 고향 음식을 먹는다 하더라도 성도는 끊임없이 도시의 주류 문화를 흡수하는 중이다. 이런 상황에서 교회는 자신의 성도가 다민족 상황에서도 성도의 정체성을 잃지 않고 다른 여러 사람과 더불어 살면서 빛과 소금의 역할을 감당하도록 도와야 한다.

그렇다면, 민족 경계선이 축소되거나 확장되는 것을 통해 적절한 선교 전략을 세우려면 무엇을 알아야 할까? 이를 위해서는 도시 민족이 문화 교류를 통해 자발적으로 선택하는 다양한 결과에는 어떤 것이 있으며, 민족 내부의 어떤 단위들이 그러한 선택에 기여하는지를 이해해야 한다. 다음 장에서는 바로 이러한 내용을 다루고자 한다.

MISSION STRATEGY IN THE CITY

5장

민족들이 새로운 정체성을 찾는 곳, 도시

우리는 쉽게 하나의 민족은 동질한 집단(homogeneous group)으로 이루어졌을 것이라고 생각한다. 특히 타민족을 볼 때는 더욱 그렇다. 재미있게도 사람들은 자기 민족이 얼마나 다양하게 나뉘어 있는지는 잘 알면서도 타민족 역시 그렇게 다양하게 구성되어 있으리라고는 좀체 상상하지 못한다. 사실 어떤 그룹이든 그 안을 들여다보면 소그룹들로 세밀하게 나뉘어 있다. 그리고 각 소그룹은 외부 영향에 조금씩 다르게 반응한다. 각자의 처지와 배경이 다르기 때문이다.

도시에 거주하는 소수 민족들 역시 외부의 변화 요구 앞에 동일하게 반응하지 않는다. 오히려 그 안의 다양한 소그룹들은 외부에 다른 반응들을 보인다. 동시에 그 그룹들은 민족 전체와 끊임없이 조화하려 노력한다.

지난 장에서 우리는 '도시 안의 민족은 동화될 것인가, 아니면 정체성을 유지할 것인가?'라는 질문에 대한 대답을 찾으려 노력하였다. 사실 자세히 보면 이 질문에도 다양한 그룹들의 존재를 인정하기보다는 그 민족이 균질하리라는 전제가 깔려 있다. 그 과정을 설명할 때, 어떤 민족이 한 덩어리로 함께 주류 사회 쪽으로 이동할 것이라고 보기 때문이다. 민족 전체가 어느 한 방향으로 동화한다고 말하는 것은 그 안에 어느 정도 이러한 균질성이 있다는 것을 전제한다고 볼 수 있다.

이번 장에서 우리는 도시의 다섯 번째 얼굴로, 도시란 민족들로 하여금 적극적으로 자신의 정체성을 찾게 하는 곳이라는 특징을 공부할 것이다. 도시에서는 하나의 민족이 문화적으로 동화만 되는 것도, 유지만 하는 것도 아니라 그 밖의 다양한 선택을 할 수 있음을 알게 될 것이다. 그리고 이처럼 다양하게 변화되는 데는 그 안의 다양한 소그룹들의 존재와 역할도 있음을 알게 될 것이다.

이번 장에서는 다음 내용을 살펴볼 것이다.

- 앞 장에서 살펴본 도시 민족의 동화 과정 이론이 지닌 한계는 무엇인가?
- 변화 앞에서 도시의 민족이 보이는 반응은 동화와 유지 외에 어떤 것이 있는가?
- 비서구 도시의 민족이 겪는 문화적 변화는 미국과 선진국의 상황과 어떻게 다른가?
- 도시 민족 변화를 설명하는 데 하부 문화 이론(Sub-culture Theory)이 왜 효과적인가?
- 하부 문화 단위로 구성된 도시 민족에게 선교할 때는 어떤 점을 고려해야 하는가?

이러한 질문들을 통해 우리는 도시의 민족이 문화적 변화 앞에서 선택할 수 있는 대안으로 어떤 것들이 있는지, 그리고 이러한 과정에서 갖게 되는 역학 관계와 요소들은 어떤 것이 있는지를 알아볼 것이다. 이번 장에서 우리는 도시의 민족이 자신의 미래를 주도적으로 선택하고 있음을 발견할 것이다.

그리고 하부 문화 이론이 이러한 현상을 접근하는 데 적절한 도구일 수 있다는 점과 하부 문화 이론을 사용한 선교적 고찰을 알아볼 것이다.

사례_ 문화적으로 동화하면서 동시에 정체성을 유지하는 사람들

20여 년 전 어느 날, 필자는 중국 전역에서 온 같은 선교 단체의 선교사들과 토론을 하였다. 그날 주제는 "중국의 소수 민족은 향후 그 정체성을 잃고 모두 주류 민족에 흡수될 것인가?"였다. 당시 이 주제는 선교사들에게 매우 절박했다. 소수 민족들이 나중에 모두 일반 중국인, 즉 주류 민족인 한족에 문화적으로 동화된다면 평생을 들여 그들의 언어로 번역한 성경책, 가족과 함께 깊은 마을까지 들어가 애쓴 수고, 중국어뿐 아니라 소수 민족 언어까지 배운 노력이 모두 헛된 것이 되기 때문이다. 그러나 다른 한편으로는 소수 민족이 빠른 속도로 문화적 정체성을 포기하고 표준 중국어와 한족의 문화를 받아들인다면 두 개 이상의 언어를 배워야 하는 선교사들의 노력이 훨씬 줄어들기도 할 것이다.

토론하는 동안 나는 당시 내가 살고 있던 중국의 도시 란저우(兰州)를 떠올렸다. 그곳에는 전통적으로 무슬림이 사는 마을이 있다. 그런데 정부의 현대화 정책으로 수백 년간 유지되어 온 마을에 큰 변화가 생겼다. 커다란 도로가 생기면서 큰 마을이 여러 조각으로 나뉘고, 현대식 건물과 상가가 들어선 것이다. 전통 마을이 사라져 가는 것을 보며 그곳 무슬림들은 분노했고 한편으로는 민족 정체성이 없어질까 봐 두려워했다. 그들에게 그 마을은 무슬림의 정서와 신앙이 짙게 배어 있는 그들만의 지역이기 때문이었다. 그런데 이제 무슬림이 언급조차 하기 싫어하는 돼지고기를 먹는 이방인이 들어와 살게 된 것이다. 이를 허락한다는 것은 무슬림에게 커다란 수치이자 분노였다.

한편 국가는 그들에게 상당한 보상과 함께 저렴한 가격으로 현대식 아파트에 입주할 수 있는 특혜를 제공했다. 사람들은 어쩔 수 없이 한족 아파트로 이사해야 했지만, 사실 많은 무슬림 주부는 그러한 현대식 주택에 들어가는 것을 내심 반가워했다. 그 결과, 수백 년간 유지해 온 커다란 민족촌은 여러 조각으로 나뉘었고 많은 사람이 한족의 아파트촌으로 흩어지게 되었다. 민족 식당, 민족 이슬람 사원, 민족 리더를 중심으로 민족촌에서 유지된 그들의 질서와 정체성, 문화와 언어가 흩어지면서 그들을 묶고 있던 끈은 느슨해지고 주류 사회의 문화를 좀 더 많이 받아들이게 되었다. 즉, 동화 현상이 일어난 것이다.

그렇다고 이들에게 동화 현상만 일어난 것은 아니었다. 주류 민족의 아파트촌에 흩어졌다고 해서 그들이 자신의 정체성을 포기한 것은 아니었다. 오히려 새로운 방식으로 그들끼리의 문화를 발전시켰다. 그들은 도시의 발달된 교통과 전화기 등으로 30분 정도 떨어진 친척들과 여전히 많이 교류하고 있었다. 또한 그들의 음식과 행사, 언어, 전통을 거의 손상시키지 않고 보존할 수 있었다. 뿐만 아니라 그들이 지켜야 한다고 생각하는 종교 절기, 식습관, 복장과 유행도 계속해서 잘 지켜 나갔다. 출생, 성인식, 결혼식, 장례식 등 문화적으로 중요한 의미를 지닌 인생의 절기(rite of passage) 등도 변함없이 지켜 나갔다.

이 회족은 현대적인 기계의 사용과 경제 활동, 사회 질서, 학교에서 배우는 지식을 통해 주류 사회 패턴들을 하나씩 흡수해 나갔다. 젊은 세대는 직장과 학교 등에서 다른 민족들과 훨씬 많이 교류하게 되었고, 외부와 접촉하면서 새로운 정보와 가치관이 민족 안으로 유입되었다. 그 결과, 그들은 어느 한쪽 문화로 이동하거나 자신의 문화를 보수적으로 지키기만 한 것이 아니라 각자 자신이 속한 그룹별로 옷차림에서, 언어에서, 사회적 선호도 등에서 다양한 선택을 하게 되었다.

앞서 언급한 선교사들 모임에서 소수 민족의 미래를 토론할 때, 나는 점점 이 문제에 대해 어느 한쪽으로 결론을 내리기는 어렵다고 생각하게 되었다. 같은 민족이라 할지라도 외부 문화와 접촉할 때 나타나는 반응이 전통 고수와 개방 이 두 선택 가운데 어느 한쪽으로만 가지는 않을 수 있다는 것이다. 즉 내가 관찰한 현상을 통해 같은 민족일지라도 그 안에 여러 그룹이 있고, 그룹마다 다른 상황과 의견으로 다양한 문화적 선택을 한다는 것을 알게 된 것이다.

이처럼 민족의 미래를 예측하는 것은 도시 선교 전략을 세우는 데 매우 중요하다. 선교 리더들은 도시 안에 있는 민족이 같은 민족이라고 해서 한 방향으로만 움직일 것이라고 쉽게 단정 지어서는 안 된다. 현실적인 연구 없이 선교 전략을 세우는 것은 매우 위험하며 엄청난 자원과 시간을 낭비할 수 있다. 많은 자원을 투자하여 세운 계획과 인력이 그들의 문화 사회적 실재와는 맞지 않을 수 있기 때문이다. 그 민족은 전체가 한 방향으로만 움직이겠는가, 아니면 제3의 방향도 있겠는가? 민족의 모든 구성원이 동일하게 움직이는가, 아니면 그 안에 여러 그룹이 다르게 움직이는가? 이러한 질문을 하면서 우리는 동화 또는 유지만이 소수 민족이 할 수 있는 문화적 선택이라는 전통적인 생각에서 벗어나 그밖에 다양한 선택을 하는 모습을 볼 수 있어야 한다. 이제 그들이 하는 다양한 선택으로 어떤 것들이 있는지를 살펴보고자 한다.

민족 경계선 변화의 네 가지 유형

변화의 도전 앞에 선 민족은 수동적으로 정해진 코스를 따라가는 것이 아니라 그 상황을 적극적으로 살피고 주도적으로 자신의 운명을 선택한다. 도시 민족은 무조건 변화를 선택하지도, 무조건 거부하지도 않는다. 동화되는 방향도 다양하고 동화 정도 역시 매우 다양해서 어떤 경우는 그 민족이 원하는 만큼 일부만 문화적으로 동화된다.

도날드 호로비츠(Donald L. Horowitz)는 이 변화 유형을 크게 동화와 분화로 나누었다. 그리고 이를 다시 혼합, 흡수, 분열, 분아 증식이라는 네 가지로 분류했다.[1]

표5.1은 이러한 민족 경계선 변화 유형 네 가지를 종합하여 개념화한 것이다. 이제 이 네 가지를 동화 과정과 분화 과정으로 나누어 살펴보자.

동화 과정		분화 과정	
혼합 유형	흡수 유형	분열 유형	분아 증식 유형
A+B → C	A+B → A	A → B+C	A → A+B (A+B → A+B+C)
둘 이상의 그룹이 합해져 새롭고 큰 그룹으로 성장함.	하나의 그룹이 다른 그룹을 흡수함.	하나의 그룹이 둘 이상의 부속 그룹으로 나뉨.	하나 이상의 그룹에서 새로운 그룹이 탄생함.

표5.1. 민족 경계선 변화 유형들[2]

---

1 여기서 정리한 네 가지의 구체적 내용은 호로비츠에게서 아이디어를 받았다. Donald L. Horowitz, "Ethnic Identity," in *Ethnicity*, ed. Nathan Glazer and Daniel Moynihan (Cambridge, M.A.: Harvard University Press, 1975), 115-21.
2 앞의 책, 116.

동화 과정의 유형들

한 민족에게 동화 현상이 시작되면 그 민족은 타민족에게 문화적으로 영향을 받으며 그들의 원 문화에서 제공받던 민족 경계선이 줄어든다. 이 동화 과정은 결과에 따라 다시 혼합 유형과 흡수 유형으로 나눌 수 있다. 혼합이란 둘 이상의 민족이 합해져서 더 크고 새로운 정체성을 지닌 민족이 만들어지는 것이다. 이전에 여러 부족과 씨족으로 구성된 민족이 서로 합해지면서 더 큰 하나의 민족이 되는 경우가 여기에 해당한다. 단일 민족이라 생각되는 민족도 그들의 DNA를 분석해 보면 오랜 역사를 통해 여러 민족이 합해져서 오늘날의 민족이 만들어졌음을 알 수 있다. 이런 경우를 혼합이라 말할 수 있다.

흡수 유형이란 한 그룹이 자신의 정체성을 버리고 다른 민족으로 흡수되는 것이다. 예를 들어 고대 사람들은 수많은 부족과 씨족으로 나뉘어 살았다. 고대의 씨족과 부족은 정복과 흡수를 반복하며 왕국과 제국으로 발전해 갔다. 그 과정에서 지금 이야기하는 혼합과 흡수 현상이 수없이 반복되었다.

보통 이 두 유형은 주로 급작스런 변화나 정치적 영향력 등 한 민족이 외부의 강한 힘을 어쩔 수 없이 따라야 할 때 나타난다. 전쟁, 노예 생활, 민족 이동, 현대화, 정치 변화 등으로 한 민족의 문화가 다른 민족에 흡수되거나 서로 혼합될 수 있다. 1999년, 북경에서 한 민족 예술제를 참관한 적이 있다. 예술제가 끝난 후 소수 민족 젊은이 몇 명이 내게 그러한 전통 의식과 상징은 박물관이나 먼 시골에서나 볼 수 있다고 말했다. 그리고 농담처럼 말하기를 그들의 전통 복장은 예술제에서 본 옷이 아니라 중산복[3]이라고 했다. 중산복은 1980-1990년대 당시 거의 모든 중국 남성이 즐겨 입던 옷으로 소수 민족

---

3 중산복(中山服)은 90년대 이전 중국 남성이 가장 많이 입던 대표적인 외투다.

역시 예외가 아니었다.

보통 흡수나 혼합 현상을 겪고 난 민족은 전혀 다른 정체성을 갖기보다 새로 흡수된 사회에서 그들만의 사회 계층을 형성한다. 겉으로 보기에 이들은 타문화의 모습을 받아들인 것 같지만 실상 내부에는 여전히 원 문화가 남아 있다. 특히 외모나 피부색이 다를 경우나 이전에 자신의 영토와 조상이 뚜렷할 경우에는 더더욱 새로운 문화로 흡수되지 못한다. 일반적으로 혼합 현상을 경험한 민족은 이전 것을 버리고 완전히 새로운 정체성을 갖게 되는 것이 아니라 기존의 정체성 위에 새로운 옷을 덧입게 되는 것이다. 이러한 민족이 정체성의 혼동을 정리하기까지는 오랜 시간이 필요하다. 어떤 경우는 몇 세대를 거치면서 자신만의 새로운 정체성을 만들어 내기도 한다.

분화 과정의 유형들

민족 경계선의 변화 중 분화 과정은 민족 내부가 일부 분리되어 다른 민족을 만들어 내는 경우를 말한다. 분화 과정은 분열 유형과 분아 증식 유형으로 나뉜다. 이때 민족의 분열은 한 민족이 나뉘어 분해되듯이 각자 다른 민족으로 발전하는 현상을 말한다. 아제르바이잔 민족 간의 분열 현상이 좋은 예다. 아제리 민족은 현재 그들의 국가인 아제르바이잔뿐 아니라 이란 북부에도 살고 있다. 이 두 그룹은 본래 같은 민족이었으나 서로 교류가 줄어들면서 이란 내 아제리인의 언어가 많이 바뀌었다. 이란 북서부 등을 중심으로 약 4천만 명의 아제르바이잔인이 살고 있는데 이들은 아제르바이잔 본토에서 라틴 문자를 사용하는 것과 달리 아랍 문자를 쓴다.[4] 이러한 언어 분열 현상은 이들뿐 아니라 일제의 한국 강점 이후 1910-1930년에 한반도 북쪽 만주

---

4   Wikipedia Azerbaijan (Iran), http://en.wikipedia.org/wiki/Azerbaijan_(Iran).

지역으로 이주한 중국 동포와, 1930년대에 같은 이유로 지금의 러시아 남쪽 연해주로 이주한 후 스탈린에 의해 중앙아시아로 강제 이주당한 고려인에게서도 쉽게 볼 수 있다. 많은 경우 이들의 후손은 이미 조상의 언어를 잊어버렸거나, 아직 사용하더라도 1930년대 당시 사용하던 언어에 머물러 있다. 반면 한국 본토의 언어는 그후 서구의 영향을 받아 또 다른 방향으로 발전했기 때문에 둘 사이는 자연스럽게 분열 현상이 나타나게 되었다.[5]

이에 반해 분아 증식 유형은 모 그룹 안에 있는 일부가 다른 그룹으로 바뀌어 가는 현상이다. 예를 들면 서구로 이민한 아시아인과 본토에 남아 있는 아시아인 간의 경우다. 이 이민자들은 아직도 모국 문화의 영향 아래 있지만 새롭게 만들어 낸 그들만의 정체성과 문화로 이민국도 아니고 아시아 본토도 아닌 새로운 제3의 문화를 발전시킨다.

이 네 가지 유형 중 흡수 유형과 분아 증식 유형은 외부의 정치사회적 압력보다는 주로 당사자가 경제적, 사회적 이익을 위해 자발적으로 선택하는 경우에 나타난다. 예를 들어 저개발 국가에서 선진국 사회로 이주하여 정착한 이주민이나 도시로 이주한 소수 민족이 여기에 해당한다. 재미있는 것은 어떤 민족이 흡수와 분아 증식 환경에 들어가면 이전에 가지고 있던 정체성을 쉽게 포기하고 다시 돌아갈 생각을 하지 않는다는 것이다. 자신이 좋게 여기는 환경을 자의적으로 선택하고 그로 인해 많은 혜택을 받기 때문에 과거로 돌아가기를 원치 않는 것이다. 예를 들면 자발적으로 선진국에 이민한 사람들은 자신과 후손이 되도록 그곳 시민으로 흡수되고 신속히 새로운 습관을 갖기 원한다. 이들은 먼저 새로 정착한 곳의 언어와 삶을 체득하는 데 많은 노력을 기울이고, 자녀에게도 같은 것을 요구한다. 많은 경우 자녀가 모국

---

5 Koreans in China, Wikipedia, http://en.wikipedia.org/wiki/Koreans_in_China; Koreans in Russia, http://en.wikipedia.org/wiki/Koryo-saram.

어를 잊어버리고 심지어 집 안에서 부모와 다른 언어를 사용하더라도 크게 문제 삼지 않는다. 이런 현상은 모두 부모가 자발적으로 이민한 결과이기 때문이다.

비서구의 도시에서도 민족 경계선이 급격히 변화하고 있다. 시골에서 도시로 이주한 다양한 소수 민족이 새로운 문화에 적응하며 살아간다. 민족 경계선이 변화하는 동안 개인과 공동체는 문화적 변화로 인해 많은 혼란을 겪는다. 어떤 경우는 주류 사회로 들어가려는 열망으로 사람들이 자신의 소중한 관계나 전통을 희생하기도 한다.

선교사는 이미 이러한 문화적 전환과 혼란을 경험한 사람이다. 그러므로 선교사는 이러한 민족적 정체성 변화와 그로 인해 혼란을 겪는 소수 민족에게 어떤 메시지를 전해야 할지 생각할 수 있어야 한다. 뿐만 아니라 지금의 세계화 조류는 어떤 민족도 예외 없이 민족 정체성의 변화를 경험하게 만든다. 바로 이러한 때에 교회와 선교 단체는 정체성의 혼란을 겪는 사람들에게 하나님의 변치 않는 메시지가 무엇이며 그것을 어떻게 전해야 할지를 선교적 전략으로 깊이 고찰해야 할 것이다.

문화 다원주의와 민족 집단적 관점

변화의 요구 앞에 놓인 도시의 민족은 적극적으로 자신의 앞길과 정체성을 선택한다. 변화도 적극적 선택이지만 제3의 문화로 발전하거나 반대로 변화를 거절하고 기존 문화를 선택하는 것 역시 하나의 적극적인 선택이라 할 수 있다. 변화의 요구 앞에 선 이 민족들은 변화한다 해도 어떤 부분을 변화할지, 얼마나 빨리 변화할지를 끊임없이 생각한다.

이번 단원에서 우리는 미국을 중심으로 개발된 문화 다원적 관점(Cultural Pluralism Perspective)과 민족 집단적 관점(Ethnogenesis Perspective)을 통해 소수 민족이 자신의 정체성을 찾아가거나 개발하거나 잃어 가는 현상을 알아볼 것이다. 물론 선진국의 소수 민족을 대상으로 개발된 이론을 비서구 상황에 직접 적용하는 것은 무리가 있다. 그럼에도 대도시에서 주류 사회와 관계해야 하고 자신의 앞길을 선택해 가는 소수 민족이라는 처지에서는 선진국이든 비서구의 도시든 분명 공통점이 존재한다는 점에서 선교사들에게도 유의미할 것이다. 이 두 관점은 이 다음 단원에 나올 교류 동화 모델을 소개하기 위한 이론적 발판을 제공할 것이다.

문화 다원적 관점

더 발전된 곳으로 이동한 이주민들은 새로운 지역에 호감을 느끼고 새로운 곳의 언어와 가치, 질서를 흡수하는 데 개방적이다. 그 결과, 그들은 적어도 일부라도 주류 사회의 질서와 삶에 익숙해진다. 그러나 이들의 세계관이나 친족 간의 관계까지 모두 바뀌었다고 볼 수는 없다. 단지 그들이 새로운 땅에서 살아가는 데 익숙해졌다고 보는 것이 타당하다. 이처럼 새로운 문화에 익숙해지기는 했지만 원 문화 체계가 크게 변하지 않은 상태를 그릴리는 문화 다원주의라고 명했다.[6]

전체 도시의 공공 문화는 변화하지 않고 그대로다. 대신 이민자는 이민 문화의 일부를 변화시켜 공공 문화에 좀 더 접근한다.[7] 그렇다고 해서 이 경우에 멜팅 팟 현상이나 백인 사회 귀속 모델에서 소개한 사람들처럼 자신의 문화를 없애 버리는 것도 아니다. 이주자는 어떤 것을 버리고 어떤 것을 유

6　Yang, *Ethnic Studies: Issues and Approaches*, 86-87.
7　Greeley, *Ethnicity in the United States*, 306.

지할지 스스로 선택하며, 속도 역시 결정하여 충격을 최소화하려 한다. 문화 다원주의는 이렇게 완전히 겹치지도, 기존 문화를 버리지도 않는 이중적인 상태를 말한다. 이러한 문화 다원주의적 관점에는 이민자의 문화가 주류 문화와 영원히 겹쳐지지 않을 것 같은 개념이 들어 있다. 비록 소수 민족이 표준어를 배워 사용한다 할지라도 그 표준어로 일상생활에서 생존하는 능력만 갖추고 실제 문화는 기존 문화 그대로 살아간다면 문화적으로 완전히 동화되었다고 볼 수 없다.

이는 이민자의 가정을 보면 쉽게 알 수 있다. 같은 가족이라 할지라도 이민자 가족 구성원들은 주류 문화를 흡수한 정도에 따라 선호하는 것이 많이 다르다. 한 조사에 따르면 미국에 사는 한국인 첫 세대 부모와 고등학생 자녀는 함께할 수 있는 여가 생활을 만드는 것을 힘들어 한다. 이는 보통 부모 세대에게 가정이란 고국 문화를 담아내는 공간이지만 미국 문화에서 자란 자녀들에게는 그렇지 않기 때문이다.[8] 이는 비록 1세대가 미국에서 오랫동안 사회생활을 하며 생활과 경제적인 면에서는 적응했을지 몰라도 주류 문화에서 살아온 2세들과 공유할 수 있는 문화적 요소는 매우 적다는 것을 말해 준다. 이처럼 문화 다원적 관점은 이주자가 새로운 문화를 완전하게 흡수하지 않는다는 점을 설명해 준다.

민족 집단적 관점

민족 집단적 관점 모델은 소수 민족의 정체성 안에는 변하는 것과 변하지 않는 것이 함께 있다는 점에 초점을 맞춘다.[9] 새로운 지역에 정착한 이주자들은

---

[8] 보통 아시아 1세들의 취미는 전통적인 미국인들이 즐기는 내용과는 많이 다르다. 그리고 미국에서 자란 자녀들과의 공통점은 10퍼센트밖에 되지 않는다. Enoch Jinsik Kim, "Unpublished Survey in ANC Onnuri Church Highschool Survey" (L.A.: ANC Onnuri Church, 2013).

[9] 그릴리는 소수 민족이 주류 문화를 선택적으로 수용하고 그 요소들을 어떤 식으로 배합할지 등의 문

보통 사회생활에 필요한 능력과 기술, 편리하고 효율적인 아이디어, 자신과 가족의 신분 상승을 위해 갖추어야 할 자격증과 인간관계 등을 되도록 신속하게 배워 나간다. 반면, 고유한 민족적 가치, 좋아하는 친구, 음식이나 음악처럼 어릴 때부터 접해 온 것들은 시간이 지나도 쉽게 변하지 않는다. 그렇기 때문에 이들은 주류 문화와 원 문화를 일부씩 유지하며 공존시키는 경향이 있다. 대체로 시간이 지나 접촉이 많아지면서 이주자가 주류 문화를 흡수하는 양은 늘어난다. 결국에는 이 두 문화가 모두 넓게 펼쳐져 서로 겹치는 영역도 커진다. 그리고 이 모든 것을 합한 것이 바로 이주자 한 사람 또는 그들의 그룹이 소유하는 문화가 된다. 이주자의 이 새로운 문화는 전통 문화와 분명히 다르며 그렇다고 주류 문화와 같은 것도 아닌, 새로운 문화 체계라 할 수 있다.

이런 식으로 여러 민족이 자신의 고유문화와 변화된 문화를 동시에 갖고 있게 된다면, 전체 주류 문화는 단순히 기존에 있던 하나의 유일한 문화라기보다 오히려 일부 변화된 여러 민족의 문화가 모아진 것이라고 보는 것이 타당할 것이다. 지금까지 설명한 모든 것을 담아 나온 결과가 바로 민족 집단 이론이다. 표5.2는 이 민족 집단 이론을 개념도로 나타낸 것이다. 이 이론은 소수 민족이 자신의 문화를 포기하는 모습, 주류 문화를 받아들이는 동화 과정, 자신의 고유문화 일부를 유지하는 현상, 주류 문화와 공존하는 현상 등을 모두 담고 있다. 나아가 여러 민족이 주류 문화와 교류하면서 각각 이전과 다른 새로운 민족 문화를 생성하는 모습까지 설명할 수 있는 모델이다.

제를 상황마다 다르게 결정한다는 것을 알게 되었다. Greeley, *Ethnicity in the United States*, 290-315.

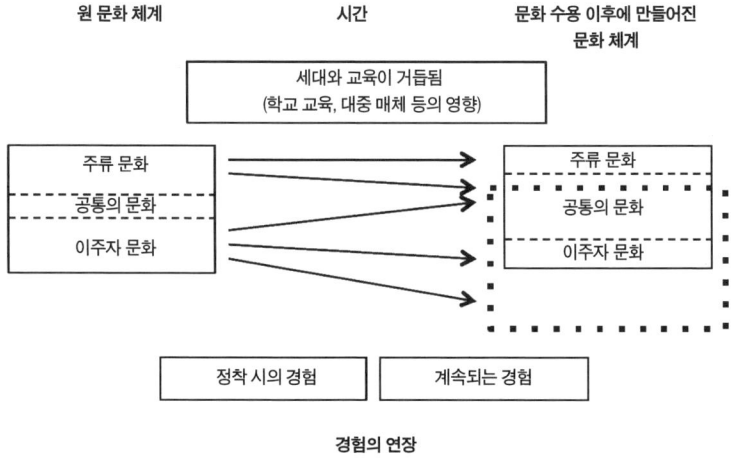

표 5.2. 민족 집단적 관점[10]

현대 도시 안에서는 여러 민족의 고유한 문화가 서로 융합하기도 하고 동시에 자신만의 새로운 정체성을 창조해 가기도 한다. 즉 도시는 여러 민족이 자신의 정체성을 적극적으로 새로이 개발해 가는 현장인 것이다. 그래서 필립 양(Philip Q. Yang)은 이 민족 집단 관점이 앞서 소개한 문화 다원적 관점보다 도시 안의 민족 변화를 훨씬 입체적으로 설명할 수 있다고 보았다.[11] 비슷한 예를 앞서 언급한 중국의 조선족, 러시아의 고려인에게서 볼 수 있다. 그들의 조상이 이주해 와 중국과 러시아에서 살게 된 것은 적어도 70년이 넘었고, 이제 그 후손 중 많은 사람이 한국어를 하지 못한다. 그렇다고 그들이 일방적으로 현지화된 것도 아니다. 그들의 식습관, 언어, 복장, 관계망 등에서는 여전히 모국 문화의 조각을 쉽게 찾아볼 수 있다. 그러던 중 1980년대부터 한국과 교역량이 늘면서 조선족과 고려인은 자연스럽게 한국과의 관계에서 최

---

10 앞의 책, 309.
11 Yang, *Ethnic Studies: Issues and Approaches*, 78.

선봉에 서게 되었다. 그 결과 그들의 생활 습관에도 변화가 생겼으며, 러시아나 중국의 기존 관습 위에 그들 스스로 만들어 낸 고려인식 또는 조선족식 한국의 언어와 유행, 음식, 관계망 등을 더하게 된 것이다.[12] 그렇다고 해서 그들이 어느 한쪽 문화를 일방적으로 따라가는 것은 아니다. 그들은 지금 한국도, 중국이나 러시아도 아닌 제3의 문화, 즉 우즈베키스탄의 고려인 문화를, 연변의 조선족 문화를 새로이 만들어 내는 중이다.

민족 집단 이론이 탁월한 점은 많지만 선진국으로 이주한 모든 소수 민족 이주자에게 동일하게 적용될 수는 없다. 예를 들어 미국으로 이주하는 유럽 계통 이민자는 문화 수용 면에서 아프리카나 아시아, 중동, 멜라네시안(Melanesian) 계통 같은 제3세계 이민자와 매우 다르기 때문이다. 유럽인은 상대적으로 미국 언어와 흡사한 배경을 지니고 있고 서로에 대한 역사와 문화적 배경도 많이 알기 때문에 미국의 다른 백인과 신속히 관계를 형성할 수 있다. 반면 비유럽계 민족은 문화를 수용하는 데 훨씬 느릴 뿐 아니라 언어 장벽도 높아 동화와 문화 습득 과정이 힘들고 더디다. 이런 면에서 민족 집단 이론은 각 민족에서 나타나는 동화 속도와 동화 방향을 그려내지 못한다는 단점이 있다.

2차원 모델

앞서 민족의 동화 현상을 설명하기 위해 사용한 모델은 모두 소수 민족과 이주자가 결국 주류 사회로 들어간다는 전제 아래 개념화한 과정 유형 모델이

12　김문욱, 「중앙아시아의 한국 문화」 (서울: 좋은땅, 2014).

다. 그러나 실제 소수 민족의 문화적 동화는 과정 유형 모델이 말하는 것처럼 한 방향으로만 움직이기보다는 여러 방향으로 움직인다. 소수 민족은 동화되기도 하지만 반대로 민족 정체성을 강화하기도 한다. 또 때로는 다른 민족과 주류 사회의 영향을 받아 제3의 문화를 만들어 내기도 한다. 문화의 변화 방향뿐 아니라, 변화의 속도 역시 상황마다 크게 다르다. 소수 민족이 문화적으로 주류 사회와 거리가 멀거나 역사적 관계가 나쁠 경우 동화의 속도와 방향은 훨씬 복잡해진다.

2차원 모델(Bidimensional Model)은 이러한 한계를 극복할 수 있는 대안적 모델 중 하나다.[13] 이 모델은 리차드 보리스(Richard Bourhis) 등이 개발한 것으로, 민족 정체성을 만들어 가는 과정이 단순히 한 방향으로 움직인다는 기존 모델들의 한계를 보완하고 동시에 매트릭스를 사용하여 그 정체성 선택이 다양한 여러 방향으로 발전할 수 있다는 점을 한눈에 볼 수 있도록 해준 모델이다. 동화 방향 2차원 모델은 개인이나 그룹이 원 문화 정체성과 새로운 곳의 문화적 정체성(보통은 주류 문화) 사이에서 어디에 더 많은 영향을 받는지를 2차원 매트릭스를 사용해 찾아낸다(표5.3). 동화 방향 2차원 모델은 민족의 문화적 정체성을 수평축으로, 주류 사회와의 사회적 정체성을 수직축으로 하여 형성된다. 그리고 그 안에서 각 축의 강약에 따라 네 가지 사례가 조합된다.

---

13 "Bidimensional model of host community acculturation orientations"라는 이름을 가진 이 모델은 원어상 의미로는 "동화 방향 2차원 모델"이라고 부르는 것이 더 정확하나 편의상 2차원 모델로 번역하였다. Richard Bourhis et al., "Towards an Interactive Acculturation Model: A Social Psychological Approach," *International Journal of Psychology* 32, no. 6 (1997): 380.

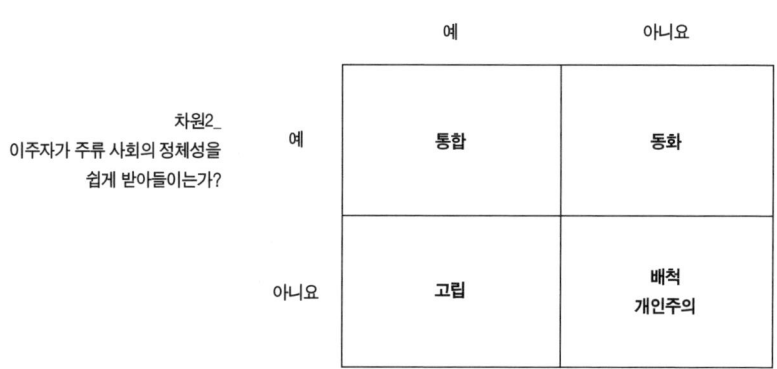

표5.3. 2차원 모델[14]

　표에 있는 통합 그룹은 민족적 정체성과 문화적 정체성이 모두 강한 사람들이다. 이 그룹에 해당하는 사람들은 양쪽 어느 문화권에도 잘 적응한다. 고립 그룹은 문화적 정체성이 약하고 민족성이 강한 사람들이다. 여기에 해당하는 사람들은 자신의 원 문화적 시각으로 자신과 주변을 해석한다. 이들은 자문화적 관점으로 주류 사회를 대하고 자신은 원 문화 안에 머물며 변화할 노력을 잘 하지 않는다. 동화 그룹은 원 민족 문화보다 주류 문화의 성향이 강한 사람들이다. 여기에 해당하는 사람들은 민족적 정체성을 버리고 주류 사회에서 원하거나 주류 사회에 어울리는 가치와 패턴, 스타일 등을 갖는다. 마지막으로 배척과 개인주의 그룹은 민족 문화와 주류 문화 모두 영향력이 약한 주변적 정체성을 가진 사람들로, 양쪽 어느 곳에도 어울리지 못한다.[15]

　2차원 모델은 앞서 소개한 과정 모델들에 비하여 도시 안의 소수 민족이

14　앞의 글.
15　앞의 글, 381.

문화적으로 어느 쪽의 영향을 더 많이 받고 있는지를 좀 더 입체적으로 보여 준다는 장점이 있다. 즉, 과정 모델들은 이주자가 이동해야 할 방향이 일방적으로 주류 사회 쪽으로만 정해진 것처럼 표현한 것에 비해, 2차원 모델은 그 방향이 한쪽만 향하는 것이 아니며 상황에 따라 출발점이 다르기도 하고 이동 방향이 역행할 수도 있으며 한곳에 머물 수도 있다는 여지를 잘 보여 준다. 많은 경우 타지에 온 이민자는 민족 중심적 정체성에서 출발한다. 그 다음에는 주로 하단에 있는 그룹으로 이동하고, 이민 첫 세대 가운데 극소수는 다시 이중 문화 정체성으로 이동한다. 많은 이주자가 이처럼 다양한 과정 가운데 어느 한 지점에 위치한다.

사람들이 얼마나 쉽게 외부 문화를 받아들이는지는 원 공동체의 성격에도 영향을 받는다. 어떤 민족은 전체가 비슷한 속도로 동화하지만, 어떤 민족은 사람마다 동화 속도가 다를 수 있다. 예를 들어 원 문화가 그룹 중심적 사회일 경우에는 모든 구성원이 비슷한 방향과 비슷한 속도로 변화한다. 반면 개인주의가 강한 사회에서는 사람마다 커다란 차이를 보인다. 이처럼 같은 민족일지라도 그룹마다 변화 방향과 속도가 서로 다르다는 점은 한 민족의 문화적 변화를 이해할 때 유념해야 할 사항이다.

하부 문화 이론

앞서 살펴본 과정 모델들은 하나의 민족을 모두 균질적인 한 덩어리로 보려는 시각이 강했다. 그 결과 동화 과정을 거칠 경우 모든 민족이 하나의 덩어리로 같은 과정을 같은 속도로 지날 것이라고 추측할 수 있게 만들었다. 반면 2차원 모델은 같은 민족일지라도 과정을 지나면서 여러 모양으로 나뉠 수 있을 것이라고 생각하게 만들었다. 사실 도시 안의 민족이 다양한 그룹으로 이루어져 있다는 사실은 그 사회를 조금만 살펴보면 쉽게 알 수 있다.[16] 사회 계층, 소득 수준, 교육 수준, 지방색, 종교, 세대, 기호 차이 등 그 안에는 매우 다른 그룹들이 형형색색으로 나뉘어 존재한다. 뿐만 아니라 이 그룹들은 훨씬 다양한 그룹들과 연결되어 있어서 서로 끊임없이 다량의 정보와 관계를 주고받는다. 이처럼 다양하고 작은 그룹들이 모여 하나의 민족을 이루고, 더 나아가 도시를 만드는 것이다. 그렇기 때문에 도시 안의 민족들을 정확히 이해하려면 도시 안의 여러 소그룹을 미시적 관점으로 관찰할 수 있어야 하며, 그들 각자가 서로 다른 역학을 지닌 독립된 그룹임을 인정해야 한다.

이처럼 도시를 작은 그룹들의 집합소로 보는 관점을 하부 문화 이론이라 한다. 하부 문화 이론이란 도시가 수많은 작은 그룹으로 이루어져 있고 이 그룹들은 도시의 일원이 되며 각 그룹은 독립적이면서도 다른 그룹들과 서로 의존하고 비교하며 교류한다는 관점이다. 이 하부 문화 이론을 소개한 사람이 클로드 피셔다. 그는 도시인의 삶이란 다원화된 공동체에 의해 만들어지고 문화 그룹들에 의해 다양화된다고 믿었다.[17] 여기서 말하는 문화 그룹이란 가치, 태도, 행동, 라이프스타일 등이 같은 사람들로 구성된 무리를 말한다.[18] 근래까지 사회학계에서는 하부 문화 그룹이라 하면 마약을 하는 사람들이나 스킨헤드(skinhead)족 등 기존 사회에 저항적인 그룹을 부르는 경향이 있었다.[19] 그러나 여기서는 본래 사용된 의미대로 도시 안의 여러 그룹이

---

16   Joan W. Moore, Robert Garcia, and Chicano Pinto Research Project., *Homeboys: Gangs, Drugs, and Prison in the Barrios of Los Angeles* (Philadelphia: Temple University Press, 1978), 157-60.
17   Claude S. Fischer, *To Dwell among Friends: Personal Networks in Town and City* (Chicago: University of Chicago Press, 1982), 194.
18   Abercrombie, Hill, and Turner, "Dictionary of Sociology," 384.
19   이러한 개념으로 젊은 층(youth culture)을 연구하고 하부 문화의 개념을 발전시킨 논문들로 다음과 같은 것들이 있다. Greg Martin, "Subculture, Style, Chavs and Consumer Capitalism: Towards a Critical Cul-

라는 개념으로 사용하고자 한다.[20]

하부 문화론은 다른 관점보다 도시를 읽는 방식이 좀 더 종합적이고 진일보한다. 하부 문화론은 도시를 역동적인 하부 문화 그룹의 모자이크로 보기 때문이다. 즉 도시는 여러 그룹이 적극적으로 자신의 문화적 색깔을 결정하며, 동시에 각 그룹은 도시와 조화를 이룬다는 것이다. 이 하부 문화론은 다음과 같은 네 가지 특징을 지닌다.

첫째, 도시라는 거대한 조직과 문화적 영향력은 하부 문화 그룹에 많은 영향을 끼친다. 그리고 성격이 다른 각 하부 문화 그룹은 이 변화에 동화 또는 무반응과 같이 극단적으로만 선택하기보다는 각각 자신에게 맞게 반응한다. 그 반응에는 기존 성격을 더 강화하는 것, 반응하지 않기로 결정하는 것, 일부만 바꾸는 것, 크게 변화하는 것, 심지어 소멸하는 것 등이 포함된다.

도시는 끊임없이 새로운 하부 문화 그룹을 탄생시킨다. 도시는 사람들의 사회이므로 사람들이 끊임없이 교류해야 그 사회가 유지된다. 그 결과 많은 정보가 복잡하게 오가면서 사람들은 계속 그룹에 새로이 가입하기도 하고 탈퇴하기도 한다. 결국 사람들의 필요에 따라 계속해서 새로운 하부 문화 그룹이 만들어진다. 그래서 이처럼 살아 있고 적극적으로 반응하는 수많은 하부 문화 그룹으로 이루어진 도시를 '작은 세계들의 모자이크'라 부르기도 한

---

tural Criminology of Youth," *Crime, Media, Culture* 5, no. 2 (2009): 123-45; Andy Bennett, "Subcultures or Neo-tribes?: Rethinking the Relationship Between Youth, Style and Musical Taste," *Sociology* 33, no. 3 (1999): 599-617; Shane Blackman, "Youth Subcultural Theory: A Critical Engagement with the Concept, Its Origins and Politics, from the Chicago School to Postmodernism," *Journal of Youth Studies* 8, no. 1 (2005): 1-20; G. J. Snyder, "The City and the Subculture Career: Professional Street Skateboarding in LA," *Ethnography* 13, no. 3 (2012): 306-29; Rupa Huq, *Beyond Subculture: Pop, Youth and Identity in a Postcolonial World* (London; New York: Routledge, 2006).

20   J. P. 윌리엄스(Williams)는 하부 문화의 개념이 주로 음악, 문화 등에서 자리 잡혀 정리되었다고 말했다. "70년대 후반부터 90년대 후반 사이에 '하부 문화'는 음악, 문화, 그리고 정체성 간의 관계를 특징 짓는 사회학적 주요 개념으로 자리 잡았다." J. P. Williams, "Authentic Identities: Straightedge Subculture, Music, and the Internet," *Journal of Contemporary Ethnography* 35, no. 2 (2006): 174.

다.[21] 뿐만 아니라 각 모자이크 조각은 멈추어 있는 것이 아니라 서로 영향을 준다. 그리고 서로 교류하거나 반응한다.[22]

둘째, 하부 문화론은 도시 안의 각 문화별 단위가 공통 코드를 기반으로 서로 연결되어 있다고 본다. 도시에서는 많은 작은 그룹이 기능, 언어, 체계, 거래 방식과 같이 도시에서 제공하는 여러 사회적 공통 코드와 인프라를 기반으로 수없이 연결되고 교류된다. 이는 시골에서는 보기 힘든 도시만의 특징이다. 시골에서는 이웃 마을에 다른 민족이 살아도 교류하는 경우가 매우 드물다. 반면 도시는 같은 민족끼리 함께 살고 함께 일한다 할지라도 다른 민족과 교류할 수밖에 없다. 이처럼 교류할 수 있게 된 것은 발달된 교통 시설뿐 아니라 도시가 제공하는 수많은 공통 코드가 있기 때문이다.[23] 예를 들어 공용어를 할 줄 아는 사람은 더 많은 이익을 내기 위해 굳이 같은 민족끼리 사업을 하지 않아도 된다. 공용어라는 공통 코드가 이들에게 훨씬 많은 기회를 제공하기 때문이다. 또한 도시에서는 공공시설, 공원, 병원, 자녀의 교육 시설, 교통, 대형 마켓 같은 시설을 다른 여러 민족과 함께 사용한다. 이처럼 민족을 초월한 많은 인프라를 통해 도시의 민족들은 다른 그룹을 이해하고, 그들과 경쟁하며 때로 충돌하기도 한다.

이처럼 도시는 그룹과 그룹 간에 영향력이 증대되는 환경을 제공한다. 그룹들은 서로 반응하고 영향을 주고받는다. 그렇기 때문에 민족 전체가 하나의 문화를 갖지도, 하나의 동화 과정을 겪지도 않으며, 모두 함께 정지해 있지도 않는다. 오히려 같은 민족일지라도 동일한 외부 자극에 어떤 그룹은 더 보수적으로 반응하고, 어떤 그룹은 더 빠르게 동화 과정을 겪어 주류 사회로

---

21 Timms, *The Urban Mosaic*, Chapter 1.
22 Fischer, *The Urban Experience*, 33, 39.
23 앞의 책, 202-5.

진입하며, 어떤 그룹은 제3의 문화를 만들어 낸다. 그러므로 도시의 민족은 작지만 각자 적극적으로 움직이는 여러 그룹으로 구성되어 있다고 보는 것이 더 타당하다. 이런 관점으로 볼 때 전통적인 민족 경계선은 민족의 바깥 테두리를 그리지만, 도시의 민족 경계선은 민족 바깥에도 있고 그 내부에도 그룹마다 작은 경계선이 있다고 볼 수 있다.

셋째, 하부 문화론은 도시인의 정서에 관해서도 더 현실적으로 설명할 수 있게 해준다. 도시인은 결정론에서 말하듯이 혼란과 비인성적 관계 때문에 심리적 고통과 소외을 느끼며 살아가기도 하지만, 동시에 구성론에서 말하듯이 인간관계와 정서 생활을 보충할 수 있는 대안도 가질 수 있다. 도시에는 경쟁과 기계적 삶에서 오는 고통이 있지만 도시인은 그들대로 자정 작용과 정신적 영양을 공급받을 통로를 개척해 간다.

아파트나 골목처럼 이웃이 밀집해서 가까이 살아갈 수밖에 없는 서민의 주거 구조로 인해 도시의 하부 문화권은 자신만의 독특한 문화를 발전시킬

사진5.1. 도시인은 느슨하고 다변화된 관계에서 정서적 충족을 얻는다(중국 시안, 2009년 6월)

수 있고, 새로운 문화를 형성하거나 옛것을 다시 부흥시키기도 한다. 풍성하게 자아실현을 하고 더 인간적인 삶을 찾으려는 도시인의 열망 때문에 초기 도시학자들이 우려하던 분열, 사회적 혼란, 그룹 간 갈등, 도덕적 타락이 도시를 지배하기보다는 나름 다양한 그룹이 서로 연계하며 시너지를 내고 상호 도움을 주며 발전적인 방향으로 경쟁하고 협조하는 모습도 적지 않게 볼 수 있다.[24]

넷째, 하부 문화론은 민족 경계선이 강화되거나 약화되는 한쪽 방향으로 진행된다고 말하기보다는 상황에 따라 유동적으로 변화할 수 있다고 설명한다. 앞서 언급한 민족 경계선의 유지 요소와 변화 요소가 끊임없이 진행형으로 그 경계선에 영향을 주기 때문이다. 하부 문화론적 관점으로 본다면 사실 이런 요소들은 민족의 바깥 테두리인 경계선에 영향을 준다기보다 그 안의 다양한 소그룹과 그 내부 사람들의 삶과 인간관계에 영향을 준다. 그러므로 하부 문화론은 소그룹에 영향을 주는 유지와 변화 요소를 모두 읽어 내어 전체 민족이 어느 한쪽으로만 이동하지 않는다고 말하는 것이다.

지금까지 살펴봤듯이 하부 문화 이론은 도시 안의 민족을 균질하게 보려는 관점의 한계를 극복하고 민족 안의 하부 문화 그룹들에 대한 중요성과 그들의 주도성에 관심을 갖게 하였다. 나아가 민족 경계선의 변화에 영향을 끼치는 요소들을 더 입체적으로 이해할 수 있게 해주었다. 즉 민족 경계선의 변화 원인을 알기 위해서는 먼저 민족 내부의 그룹들에 변화를 주는 요소들을 이해해야 한다. 나아가 하부 문화 이론은 도시인 개인과 그룹이 갖는 관계와 정서적인 면들도 다차원적으로 들여다볼 수 있는 안목을 갖게 한다. 도

---

24 앞의 책, 273.

시 안에서는 사람들이 무조건 혼란과 비인성화로 고통을 겪는다거나, 아니면 본래의 민족 정서와 인간관계가 모두 그대로 유지된다고만 보는 것 둘 다 비현실적이며, 도리어 자신이 속한 환경과 그룹 안에서 충족되고 갈등하며 고독하든지 풍성한 삶을 살게 된다는 점을 지적한 것이다.

이런 면에서 하부 문화 이론은 앞서 소개한 결정론과 구성론은 물론, 문화 다원 이론, 민족 집단 이론, 2차원 모델이 설명하려는 많은 부분을 담아낼 수 있는 이론이라 할 수 있다.[25] 하부 문화 이론의 이러한 포용성과 장점은 도시를 균질한 것으로 보는 고전 도시 이론의 편견을 극복하고 미시적 관점으로 도시를 읽어 낸 도시 인류학의 장점이라 하겠다.[26]

이러한 점들을 살펴볼 때 하부 문화 이론은 지금까지 나온 도시성을 상당 부분 잘 설명한다고 볼 수 있다. 이러한 근거를 바탕으로 지금부터는 도시인과 도시 사회를 이해할 때 주로 하부 문화적 관점으로 보고자 한다. 하부 문화 이론은 향후 사회 관계망 이론과 더하여 도시의 역학 관계와 사람들 간의 관계를 이해하는 데에도 중요한 토양이 된다. 나아가 선교 전략을 세우는 데에도 중요한 틀을 제공한다.

> ○ **본 장을 통해 살펴본 것들** ○
>
> 이번 장 서두에서 우리는 문화적 동화 현상과 유지 현상이 동시에 일어나는 한 무슬림 가정을 보았다. 본문에서는 문화적 변화 요구 앞에서 도시의 민족이 어떤 다양한 반응을 보여 줄 수 있는지도 알아보았다. 그리고 그들의 문화적 상황을 이해하기 위한 이론으로 동화 과정의 네 가지 유형, 문화 다원주의와 민족 집단 이론, 2차원 모델을 이해했다. 이를 통해 도시의 민족들은 일방적으로 문화적 동화를 거치

---

25 앞의 책, 39.
26 John Gulick, *The Humanity of Cities: An Introduction to Urban Societies* (Granby, Mass.: Bergin & Garvey, 1989); Eames and Goode, *Anthropology of the City*.

> 는 것이 아니라 오히려 자신의 문화적 정체성을 적극적으로 탐색하고 있으며 자신
> 에게 맞는 옷을 찾기 위해 끊임없이 선택하고 고민하는 중이라는 사실을 알게 되
> 었다. 마지막으로 하부 문화 이론이 민족의 소그룹에 관심을 갖는다는 점은 앞서
> 소개한 여러 이론의 한계를 극복하고 도시성을 상당 부분 설명할 수 있는 장점이
> 된다는 사실도 알게 되었다.

민족의 정체성과 선교적 자세

도시 안에 이처럼 복잡한 역학 관계들이 존재하다 보니 도시의 민족들이 주류 사회로 들어갈 것인가라는 질문에 우리는 이제 단순하게 "그렇다", "아니다"라고 대답할 수 없다는 것을 알게 되었다. 그러한 단순한 대답은 오히려 자칫 선교 사역에 많은 차질을 줄 수 있다. 이런 의미에서 도시 사역자는 하부 문화 이론을 좀 더 진지하게 주목해야 한다.

한편, 지금까지 다룬 많은 도시 사회학 이론들은 주로 서구 상황을 배경으로 발전한 것이다. 사실 선교사들이 많이 가는 제3세계의 도시에는 서구의 도시에 없는 현상들이 있기 때문에 선교 전략을 세우는 데 비서구 도시 민족이 갖는 독특한 특징을 고려하는 것은 매우 중요하다. 이번 장을 마치면서 제3세계의 도시에서 사역하는 사역자가 가져야 할 두 가지 고찰 사항을 제안한다.

비서구권의 현실 이해

비서구 도시 안의 민족들도 변화한다. 그러나 그들의 문화적 변화는 그 방향과 속도가 미국 등 선진국에서보다 더 복잡하다. 이들이 더 복잡한 변화에 노출될 수밖에 없는 이유는 다음과 같다.

첫째, 일반적으로 비서구 사회는 고 계층-그룹 중심(high grid and high group society)[27]인 경우가 많다. 이런 사회는 더 집단적이며 개인이 의사를 결정할 수 있는 경우가 적다. 그 결과 서구 사회처럼 더 개인주의적이고 개방된 사회보다 변화 속도가 느릴 수밖에 없다. 고 계층적 사회 구조는 사회의 위계질서가 분명하고 섬세하다. 이러한 사회 구조에서 민족의 종교나 전통은 서로를 하나로 묶어 주는 강력한 끈이 될 수 있으며, 그 결과 사람들은 자신의 문화에 강한 자부심과 단결력을 갖는다. 이런 민족이 동화 과정에 노출될 경우에는 오랫동안 민족 중심 정체성에 머물러 있을 것이다. 그러므로 도시 안에서 오랜 시간을 지낸 민족이라 할지라도 비서구의 도시는 전통적인 민족촌 안에 머물러 있는 사람들의 비율이 높다.

둘째, 보통 비서구의 도시 민족은 비교적 용이하게 고향과 긴밀한 교류를 유지한다. 선진국으로 이주한 사람들은 국가를 떠나 멀리 왔지만 비서구의 도시 이주민은 버스로 4-5시간만 가면 고향에 도착한다. 이렇게 자신의 문화권과 빈번하게 교류하기 때문에 비서구의 도시 이주민은 상대적으로 민족 정체성이 잘 유지되며 외부의 영향력에도 쉽게 변화되지 않는다.

셋째, 비서구의 도시로 이주해 온 사람들은 선진국 이민자보다 동기와 이유가 복잡하고 다양하다. 보통 선진국에는 개인의 신분 상승이나 경제적인 이유로 이민한 사람이 많다. 반면 비서구에는 그러한 기본적인 이유뿐 아니라 절박한 생존을 위해서, 민족 분쟁을 피해서, 심지어는 인신매매, 포로나 난민자로서 이동해 온 사람이 많다. 이처럼 절박한 이유로 어쩔 수 없이 타민족 가운데 살아야 하는 경우, 그들은 주류 사회에 좋은 감정을 가질 수 없으며 주류 사회 역시 그들을 받아 주기가 어렵다. 이러한 경우, 결과적으로

---

27 David R. Bell and Mary Douglas, "Natural Symbols: Explorations in Cosmology," *The Philosophical Quarterly* 22, no. 88 (1972): 35.

동화 과정은 잘 일어나지 않고 사람들 역시 민족 중심적 정체성에 오래 머물게 된다.

넷째, 비서구의 소수 민족은 정체성 소멸에 대한 두려움이 더 크다. 자신의 의지와 상관없이 이주되었다는 점, 민족들 간의 외모가 비교적 다르지 않기 때문에 언제라도 흡수될 수 있다는 점, 주류 민족이 자민족과 가까이 살아온 오랜 역사로 인해 서로를 매우 잘 알고 있다는 부담감 등으로 인해 그들은 주류 사회가 계속해서 그들의 정체성을 흡수해 갈 것이라는 두려움에 늘 휩싸여 있다. 그래서 혹시 그들이 동화 과정을 받아들이더라도 주로 경제와 교육 차원에서만 선택적으로 받아들이며, 그들이 생각하기에 문화의 핵심이라고 여겨지는 전통적 제례, 종교, 상권, 문화적 상징 등은 거절하려 든다. 이러한 여러 이유로 비서구의 도시 민족은 선진국의 이민자보다 동화 과정에서 훨씬 복잡한 양상을 띤다.

비서구권 도시와 하부 문화 이론

비서구에서 선교사가 현지 민족과 그들의 문화적 동화 현상을 이해하려면 다음과 같은 점을 주의하면서 적용해야 한다.

첫째, 비서구권에서는 서구권보다 민족 동화 과정에 기여하는 요소가 더 복잡하며, 그 과정도 더 다양한 형태로 일어난다. 소수 민족이 주류 사회에 느끼는 감정이 다양한데다, 동화 과정이 일방적으로 한 방향으로 흘러가기보다는 중간에 다른 단계로 가거나 역행할 가능성도 있기 때문이다. 어떤 경우는 다수 민족에 대한 반감정으로 점점 민족 문화가 강화되기도 한다.[28] 또

---

28 예를 들어 2009년 중국 무슬림에 대한 조사에서 도시에 사는 젊은 지식인들 사이에 반 정도는 종교적으로 보수화 경향을 띤다는 것을 알게 되었다. Enoch J. Kim, "Receptor-Oriented Communication for Hui Muslims in China: With Special Reference to Church Planting" (Fuller Theological Seminary, 2009), 99-100.

어떤 경우는 비교적 외부 문물에 개방적이되 자신의 주관을 유지하면서 선택적으로 흡수하여 민족 문화를 안정적으로 발전시키기도 한다.[29] 또는 쇠퇴하던 소수 민족의 문화가 다시 부흥하기도 한다. 1950년대에 중국의 공산화와 부흥으로 중국인들의 자존감과 자부심이 회복되면서 싱가포르 안에 중국인들의 세력과 문화가 다시 부흥한 것이 좋은 예다. 또는 외부 문물이 한 소수 민족을 서로 다른 여러 그룹으로 나누는 분열 현상도 일어날 수 있다.

둘째, 비서구권에서는 세계화와 현대화가 민족 문제에 독특한 영향을 끼칠 수 있다. 어떤 경우는 정부가 이러한 현대화 운동을 앞장서서 추진하기도 한다. 또 어떤 경우에는 정부는 무관심하지만 민족들이 앞장서서 세계적 조류를 흡수하기도 한다. 전자의 경우 소수 민족은 주류 문화와 현대화를 혼동하기 쉽다. 정부가 추진하는 일은 모두 주류 사회의 일로 해석하기 때문이다. 그 결과, 정부가 주도하는 공공시설, 산업화, 미디어에서 나오는 서구 방송 등을 현대화 운동이라기보다 주류 사회 문화로 해석하고, 현대화 앞에서 자신들의 고유한 문화가 점령당하지 않도록 서구가 아닌 주류 사회와 정부를 비난한다. 예를 들어 중국의 무슬림이 중국 정부에서 유도하는 현대화를 서구 문화라 생각하기보다는 중국의 주류 민족인 한족의 문화로 해석하여 무슬림 민족 문화 쪽으로 더 회귀하는 시도를 들 수 있다.

셋째, 자신의 문화를 강하게 유지하는 소수 민족은 서구의 소수 민족에 비해 주류 문화를 흡수하려는 의지가 약하다. 비서구권에서는 다양한 민족이 오랫동안 가깝게 살아오다가 강한 민족에 정복당하여 소수 민족이 되는 경우가 있다. 이런 민족의 고유한 역사와 문화, 언어는 여전히 살아 있기 때문

---

29 이슬람 문화를 현대에 맞게 적용하여 발전시키려 하는 중국 회족의 아랍화(Arabization)가 좋은 예다. Gillette, *Between Mecca and Beijing*, 233.

에 국가의 정책으로 동화되기가 쉽지 않다.[30]

넷째, 비서구권에서는 반드시 수가 적은 소수 민족이 다수 민족에게 동화되지는 않는다. 영국이 인도나 세계 여러 나라에 식민지를 개척할 때의 사례가 좋은 예다. 20세기 초, 영국은 여러 식민지 국가를 지배하고 있었다. 식민지 안에서는 당연히 영국인보다 식민지 인구가 훨씬 많았다.[31] 영국의 대표적 식민지인 인도가 그 좋은 예다. 그러한 인구적인 열세에도 인도 여러 곳을 보면 영국화된 것이 많지, 영국이 인도화된 것은 그리 많지 않다. 이처럼 비서구권에서는 일방적으로 다수 민족 쪽으로만 동화 현상이 진행되는 것이 아니다. 즉 비서구권에서는 수보다 사람들의 문화적 선호와 정치 경제의 영향력에 따라 동화 방향이 정해진다.

지금까지 살펴본 것처럼 비서구권의 도시는 서구권에 비해 민족의 문화적 양상이 더 복잡하다. 선교사들이 대부분 이러한 비서구권으로 가서 사역하는 경우가 많다는 점과 비서구권 안의 교회도 자신이 처한 문화적 상황을 이해해야 한다는 점에서 비서구권 도시의 상황을 이해하는 것은 선교 전략상 의미가 있다. 이러한 차원에서라도 비서구권의 도시 민족을 이해하려면 하부 문화 이론에 더욱 주목해야 한다. 도시의 민족을 작은 그룹 차원에서 이해하려는 시도야말로 그들을 현실적으로 이해하는 첫 걸음이기 때문이다.

---

30 비슷한 예로 중국의 티베트족과 위구르족은 서북쪽의 광대한 영토를 영유했었다. 그 민족들은 자신의 언어와 왕조를 유지해 왔다. 이 민족들은 중국 서남부나 동남부의 여러 소수 민족에 비해 중국의 국가 정책에 매우 느리게 동화되는 편이다. Mackerras, *China's Minority Cultures*, 218-19.
31 1921년 영국은 전 세계 인구의 4분의 1이 넘는 4억 5천8백만 명의 인구가 살고 있는 영토를 차지했었다.

MISSION STRATEGY IN THE CITY

2부

도시의 민족들을 위한 선교 전략

6장

새로 열리는 복음의 통로 I _ 도시의 이웃들

1부에서 제공한 이론들을 기초로 2부에서는 세 장에 걸쳐 새로이 열리는 복음의 통로에 주목할 것이다. 그 첫 장인 6장에서는 도시 안의 이웃에 대해 알아볼 것이다. 도시란 자신의 전통과 문화를 가진 다양한 민족이 이주해 정착하는 곳이다. 도시에서 민족들은 한편으로 자신의 문화를 지키기도 하지만 반대로 다양한 다른 민족들과 교류하면서 서로 간의 경계선이 무너지기도 한다. 도시 내의 민족촌에 사는 사람들이라 하더라도 다양한 사회생활 주변의 문물, 미디어의 영향 등으로 민족의 문화를 그대로 유지할 수는 없다. 이런 변화는 주로 도시인들이 이웃이라 생각하는 주변 사람들과 접촉하면서 이루어진다. 이 점은 선교 전략상 매우 중요하다. 복음은 주로 인간관계를 통해 흘러가기 때문이다. 그러므로 도시의 민족들이 주로 만나는 이웃을 파악하는 것은 바로 그들에게 누가 복음을 전할 주체가 될지를 알아내는 것과 같다.

이번 장에서는 사회 관계망 이론을 통하여 오랜 이웃과 새 이웃의 개념을 비교할 것이다. 먼저 우리는 전통 민족촌 안에서 오랜 이웃이라 할 수 있는 전통적 관계망이 왜 외부와 단절될 수밖에 없는지 살펴볼 것이다. 새로운 이웃이란 도시로 이동한 이주자들이 시간이 지나면서 맺게 되는 새로운 관계, 즉 전통적 관계와는 질적으로 다른 사람들을 말한다. 마지막으로 본 장은 여러 타민족과 자연스럽게 만날 수 있는 도시 공간, 즉 새로운 이웃이 만들어지는 장소에 대해 알아볼 것이다.

사례_ 같은 반응, 다른 결과

이제 소개할 내용은 필자의 친구이자, 청소년기에 시골에서 도시로 이주한 실제 인물들에 관한 이야기다. 이 세 명은 모두 중국의 시골 무슬림 마을에서 태어났고 모두 이슬람 신앙을 갖고 있었다. 도시로 간 후, 그들은 모두 복음에 관심을 갖게 되었으나 결과는 각각 달랐다. 이번 장을 읽어 나갈 때, 필자는 독자가 '무엇이 비슷한 배경을 가진 세 사람에게 이처럼 다른 결과를 가져왔는가?'라는 질문을 품고 읽기를 바란다. 여기에 나온 왕 씨는 작은 국수 가게 주인이고, 아후는 대학 강사다. 그리고 청년 후는 아후의 약혼남이다.

첫 번째 이야기_ 삼촌을 존경하는 왕 씨

왕 씨는 23세의 젊은 청년으로, 한 아이의 아버지이기도 하다. 그는 청소년 시절에 가난한 농촌을 떠나 경제적으로 좀 더 나은 삶을 살기 위해 도시로 올라왔다. 왕 씨는 자신의 유일한 안내자이자 조력자인 삼촌을 통해 국수 가게에서 일하게 되었다. 그의 소원은 나중에 삼촌처럼 국수 가게를 운영하는 것이었다. 그의 삼촌은 오래전에 도시로 이주하여 자리를 잡았다. 삼촌은 왕 씨를 돕듯 동향 사람들이 도시로 올 때마다 거주할 곳을 소개해 주고 직업도 찾아 주는, 인심 좋고 능력 있는 사람이었다. 왕 씨가 속한 민족은 소수 민족으로, 도시의 공용어와는 전혀 다른 언어를 사용하기 때문에 이 민족 사람들은 도시 곳곳을 자유롭게 다니기도 힘들어 하고 그저 자기 민족이 모여 있는 민족촌에서 살아간다. 오랜 도시 경험으로 많은 사람에게 존경받는 왕 씨의 삼촌은 그 민족촌에서 매우 영향력이 있는 인물이었다.[1]

왕 씨와 교제한 지 오랜 시간이 지나고 나서 나는 그에게 예수님을 소개했고 그도 순수한 마음으로 주님께 한 걸음씩 다가왔다. 그런데 어느 날 갑자기 왕 씨가 더는 복음에 마음의 문을 열지 않았다. 표면적인 이유는 그의 민족이 이슬람 신앙을 갖고 있기 때문에 믿을 수 없다는 것이었다. 그러나 그가 신앙을 받아들이지 않는 가장 큰 이유는 삼촌이 두려웠기 때문이다. 마을 사람들이 모두 그러하듯이 왕 씨도 삼촌을 무척 존경했지만 동시에 매우 두려워했다. 삼촌은 왕 씨의 생계와 미래, 마을 사람들의 여론, 삶의 자원과 기회 등에 매우 커다란 영향을 행사하기 때문이었다. 삼촌과 다른 신앙을 받아들이는 것은 단지 둘만의 신앙 문제로 끝날 일이 아니었다. 마을 사람 전체가 삼촌을 지지했으므로 잘못하면 마을 사람과의 관계, 왕 씨의 생계, 그리고 미래까지도 불이익을 당할 수 있었다. 그래서 왕 씨는 복음, 즉 삼촌이 싫어하는 복음을 받아들일 수가 없었던 것이다.

두 번째 이야기_ 새로운 친구에게 기쁜 소식을 들은 아후

아후[2]는 중국 변방에서 자란 무슬림 소수 민족 여성이다. 아후는 대학에 다니기 위해 대도시로 이주했고, 졸업 후에는 그 대학에 남아 강사가 되었다. 친척도 친구도 없는 그곳에서 생활해 오던 아후는 부업으로 외국인 부부에게 중국어를 가르치는 일을 시작하게 되었다. 처음에는 외국인 부부를 경계했

---

1 왕 씨는 필자가 중국의 도시에서 사역하며 본 수많은 도시 이주 무슬림의 한 예다.
2 아후와 후의 이름은 가명이다.

으나 시간이 가면서 그 부부의 삶을 진심으로 존경하고 신뢰하게 되었다. 3년쯤 지난 뒤, 아후는 그 외국인의 집에서 주님을 영접했다. 모두가 그를 축복하고 축하해 주었으나 아후에게는 한 가지 걱정이 있었다. 아후는 후라는 남성과 약혼했는데, 그는 이슬람 신앙이 투철한 사람이었던 것이다. 자신의 약혼녀가 새로운 신앙을 가진 것을 알면 공격적으로 나오고 심지어는 경찰에 신고하여 그 외국인들을 추방시킬 수도 있었다.

세 번째 이야기_ 약혼남 후

아후의 약혼남 후는 중국을 떠나 동남아에서 중국어 교사를 하고 있었다. 그런데 공교롭게 아후가 주님을 영접한 며칠 후, 후가 동남아에서 중국으로 돌아왔다. 선교사들은 쉽지 않은 문제가 눈앞에 닥칠 것을 생각해서 그 문제를 놓고 기도하였다. 그런데 놀라운 일이 생겼다. 약혼녀에 대한 배신감으로 공격적으로 나올 줄 알았던 후가 이렇게 말했다. "제가 동남아에서 예수님을 영접했습니다."

모든 사람을 놀라게 한 후의 자초지종은 이랬다. 그가 중국어를 가르치는 동남아의 학교에는 좋은 그리스도인이 많았다. 그들은 후를 진심으로 위해 주었고 그리스도의 사랑을 보여 주었다. 친척도 친구도 없는 새로운 도시에서 후는 새로운 이웃들을 만났고, 그 이웃들이 후에게 생명의 소식을 전해 준 것이다. 예수님을 영접한 후, 그는 온갖 신앙적 의문으로 혼란스러웠다. 그에게 복음을 전해 준 친구들도 그 질문들에는 대답해 주지 못했다. 그런데 놀라운 일이 생겼다. 어느 날 그는 꿈속에서 예수님을 만났고, 자신이 묻고 싶던 것을 모두 질문했다. 다음날 아침, 그는 이제 예수님을 의심할 필요가 없어졌다. 중국으로 돌아온 후, 후는 이 소식을 중국에 있는 약혼녀 아후에게 전했다. 그리고 약혼녀 아후 역시 하나님의 자녀가 된 것을 알게 되었다. 이 둘 모두 도시의 새로운 이웃에게서 새로운 소식, 기쁜 소식을 들은 것이다.

복음과 이웃

앞선 세 가지 이야기를 종합해 보면, 국수 장사 왕 씨, 대학 강사 아후와 약혼남 후에게는 공통점이 있다. 모두 중국의 소수 민족으로 어릴 때부터 이슬람 신앙을 배웠고 소수 민족으로 이루어진 마을에서 자란 것이다. 성년이 되면서 그들은 대도시나 국제도시로 이주했다. 그리고 모두 복음을 진지하게 대했다. 세 사람 모두 이웃, 즉 친근하고 자주 만나며 신뢰가 쌓인 사람들에게 복음을 듣게 되었다. 그런데 이들에게 복음을 나눠 준 이웃은 모두 민족 테두리 밖에서 알게 된 새로운 이웃이다. 이처럼 새로운 이웃을 갖는다는 것은 새로운 정보의 소유자가 생겼다는 의미이기도 하다.

이웃은 복음이 전파되는 데 대단히 중요한 역할을 한다. 도시의 여러 미전도 종족이 이런 이웃을 통해 예수님을 알게 된다. 왕 씨, 아후, 그리고 후 역시 이웃, 즉 자주 만나고 신뢰하는 가까운 사람들에게 복음을 들었다. 이웃은 대표적인 관계망 중 하나인 것이다.

현대의 도시인, 특히 소수 민족은 보통 두 종류의 이웃을 갖는다. 하나는 민족 고유 관계망에서 만나는 이웃, 즉 오랜 이웃이고, 또 하나는 민족권 밖에서 사회 활동을 하면서 알게 된 이웃, 즉 새로운 이웃이다. 소수 민족은 보통 자신의 민족이 많이 사는 도시의 민족촌 안에 살면서 오랜 이웃들 사이에 새로운 삶의 터전을 마련한다. 시간이 지나 사회 활동이 많아지면서 이들은 자연스럽게 민족 밖의 새로운 이웃들을 알게 된다.

도시 민족들에게 복음을 전하는 전략을 세우기 위해 이번 장에서는 먼저 사회 관계망의 기본적인 이론들을 살펴볼 것이다. 그것을 토대로 전통적인 민족촌 안의 오랜 이웃과 민족촌 밖에서 새로 사귄 이웃 간에 형성된 사회 관계망이 어떻게 다른지도 살펴볼 것이다. 끝으로 새롭게 사귄 사회적 이웃은 우리 그리스도인들에게 어떤 선교적 기회를 주는지도 살펴볼 것이다.

오랜 이웃의 관계망

도시로 이주한 민족은 민족촌에서 주로 전통적으로 만나오던 사람과 배경이 비슷한 이웃들을 만난다. 이 오랜 이웃은 이주자의 특성과 고향에서 가져온 전통적인 관계의 특성을 모두 갖고 있다.

도시 민족들이 어떤 경로로 어떤 정보를 주로 주고받는지 알려면 먼저 이 오랜 이웃을 이해해야 한다. 도시에 새로 정착한 민족들은 우선 익숙한 이 오랜 이웃을 통해 중요한 정보를 얻고 삶의 터전을 만들기 때문이다. 이 오랜 이웃을 이해하는 것은 도시의 민족들을 향한 선교 전략에도 상당히 중요한 요소다. 오랜 이웃들은 주로 익숙한 사람을 통해서만 정보를 나누기 때문이다. 따라서 외부에서 처음 복음이 들어와야 하는 경우 그 복음을 전할 사람이 오랜 이웃들의 정보 체계를 이해하는 것은 전략상 매우 중요하다. 이제 이 오랜 이웃 관계가 지닌 특성을 사회 관계망의 렌즈를 통해 들여다보자.

세 가지 관계망

도시에 도착한 지 얼마 되지 않은 이주민이나 민족촌 안의 사람들 주변은 주로 오랜 이웃들로 구성된다. 이 오랜 이웃들은 세 종류의 관계망(거주 지역 관계망, 민족 관계망, 직업 관계망)으로 연결되어 있다. 거주 지역 관계망(residential territory network)이란 말 그대로 가까운 곳에 사는 사람들을 말한다. 민족 관계망(ethnic network)은 같은 문화와 고향을 공유하는 사람들이며, 직업 관계망(occupational

사진6.1. 시골에서 온 이주자들은 주로 도시 안의 민족촌에서 산다(중국 린샤, 2011년)

network)은 경제생활을 하면서 연결된 사람들을 말한다. 이들이 갖고 있는 관계망과 그 역동성을 이해하는 것은 나중에 도시의 소수 민족과 이주민에 대한 선교 전략을 세우는 데 중요한 기초 개념을 제공한다.[3]

거주 지역 관계망

도시에 처음 도착한 이주민은 자신이 고향에서 맺은 것과 비슷한 형태로 관계망을 만들어 간다. 그 결과 이들은 마치 새로운 도시에서 오랜 형태의 이웃들과 살아가는 것 같은 관계망을 갖게 된다. 이들이 갖는 첫 번째 관계망은 이른바 동네 이웃 관계, 즉 거리적으로 가까운 곳에 사는 사람들이다. 새로운 지역에 적응해야 하는 사람들은 보통 다른 언어와 문화, 상이한 사회 체계 때문에 정보와 능력이 매우 제한적이다. 보통 이주자들은 어느 정도 알고 있는 사람 가까운 곳에 정착하고, 그 결과 도시에서 자신을 맞이해 준 사람과 자연

---

3   Eames and Goode, *Anthropology of the City*. 이 단원에서 설명하는 세 종류의 관계망에 대한 개념은 에드윈 임스와 주디스 구드의 아이디어를 참조했다.

사진6.2. 같은 민족은 자연스럽게 가까이서 함께 살아간다. 중국의 동향족 마을(중국 린샤, 2005년)

스럽게 이웃이 된다. 이들은 주로 도시의 빈민가나 달동네, 아니면 동향이나 동족 사람들로 구성된 민족촌 등에 정착한다. 이러한 환경에서는 이주자들이 이전에 시골에서 누리던 이웃 간의 교류나 접촉 기회를 쉽게 가질 수 있다.

도시 내부를 자세히 들여다보면 복잡한 역학 관계들을 발견할 수 있다. 동네 이웃 내부를 보면 민족별, 동네별, 나이별, 직업별로 작은 그룹과 신분들이 형성되어서 서로의 이익과 정서적 필요 등으로 갈등과 조화를 반복한다. 즉 작은 동네나 이웃이라 할지라도 그 안에는 다양한 하부 연계망(subnetworks)이 존재하는 것이다.

민족 관계망

도시의 이주자들이 형성하는 두 번째 관계망은 민족으로서 만들어지는 것이다. 이주자는 끊임없이 다른 사람들을 도시로 끌어당기고 정착시키는 이른바 연쇄 이주 현상에 기여한다. 이들의 연쇄 이주 대상은 보통 동향의 친족들이기 때문에 그들은 도시에 자기 민족의 관계망을 만들 수 있게 된다. 그렇게 해서 이들은 같은 민족과 이전의 전통과 문화, 정서적 교류를 이어 갈 수가 있다. 이런 민족 관계망은 도시 이주자로 하여금 민족 내부의 정보는 물론 일부 앞선 사람들의 도움을 받아 외부의 정보와 혜택도 어느 정도 받을 수 있게 해준다.

도시에 민족들로 구성된 그룹이 만들어지려면 문화적 역동성과 구조적 형성이라는 두 가지 조건이 있어야 한다. 문화적 역동성이란 원 문화에서 맛본 감각과 상식 같은 것이다. 여기에는 선호하는 결혼 대상자, 문화적 가치관, 민족적 도덕성과 종교 등을 예로 들 수 있는데, 이들은 매우 강력한 사회적 제어 기능을 한다.

사회적 요인들 도시 안에서 같은 민족이 하나로 뭉치고 관계망을 형성하기 위해서는 몇 가지 사회적 요인이 있어야 한다. 그 사회적 요인으로는 주로 다음 다섯 가지를 들 수 있다.

첫째, 그들이 지닌 종교나 사회적 신분이 뚜렷하면 도시 안에서도 더 쉽게 민족 그룹이 형성된다. 이전부터 사회적 신분이나 지위가 같은 사람들은 교육 수준과 경제 수준이 비슷하기 때문에 스타일이나 기호, 사고방식이 같아서 정서적으로 쉽게 동질감을 느낀다.

둘째, 민족의 규모도 유대감에 영향을 끼친다. 민족의 수가 너무 적으면 응집되기가 어렵다. 그러나 수가 어느 정도 커지면 같은 민족으로서 정체성을 유지하고 활동하는 것이 가능해진다. 일단 이런 규모를 넘게 되면 그 민족은 자기 힘으로 새로운 문화를 창출할 수 있는 여유를 갖게 되고, 나름의 자부심과 전통 등을 재창조할 수 있다.

셋째, 그 도시가 다양성을 인정해 줄 수 있는 여지가 있어야 민족적 전통이 쉽게 자리 잡는다. 그렇지 않고 도시가 획일적인 문화를 요구하거나 정치나 종교적 이유로 소수 민족의 전통을 핍박하면 전통 문화는 무너지거나 지하로 숨게 된다.

넷째, 민족 간 경제 관계망도 민족 관계망을 형성하는 데 매우 중요하다. 도시 안에서는 자기 민족들로 구성된 경제권을 쉽게 찾아볼 수 있다. 심지어 특정 직업군에 유독 특정 민족만 종사하는 경우도 많다. 일반적으로 사람들은 동족 사람들에게 직업을 소개하거나 동업을 하기 때문에 같은 민족끼리 사업을 하는 것은 자연스러운 현상이기도 하다.

다섯째, 사람들은 정치적 활동을 하면서 민족 관계망을 만들어 간다. 정치적 이익을 위해 같은 민족은 자연스럽게 뭉친다. 역으로 이미 민족 안에 형성되어 있는 관계나 신뢰가 정치적 규합에 동원되기도 한다. 사람들은 자신의 그룹이 도시에서 좀 더 우위와 이익을 선점하도록 정치적인 노력을 펼친다.

문화적 표현 사람들이 상대방을 자기 민족으로 인정하고 관계를 맺으려면 같은 전통, 감정적 동질감과 유대감처럼 서로 동질성을 확인할 수 있는 문화적 요소가 있어야 한다. 이때 피부색, 언어적 방언, 장식, 머리 모양, 음식 문화, 좋아하는 음악처럼 동질감을 보여 주는 표현은 서로를 같은 민족 또는 같은 뿌리로 인식하게 해주는 중요한 문화 요인이 된다. 같은 민족들은 낯선 도시에서도 자연스럽게 비슷한 문화적 표현을 드러내게 되어 있다. 이때 문화적 표현이란 동일한 언어, 동일한 음식과 전통, 비슷한 조직 구조 등이다.[4]

첫째, 같은 문화권 사람들은 동일한 언어와 상징으로 문화적 표현을 드러

---

4 앞의 책, 186-96.

낸다. 무엇보다 언어는 어릴 때부터 집안에서 배워 가족과 친족 간에 민족적 정체성을 유지해 주는 가장 중요한 방식의 소통 경로다. 또한 문화적 상징으로는 한 민족이 주로 나타내는 몸짓, 춤, 음악, 종교, 민속, 신화 같은 것이 있다. 여기서 종교적 신념과 행위는 민족 동질감을 소유하게 만드는 강력한 요소가 된다. 같은 세계관과 종교는 그 민족 공동체와 더불어 절기와 인생의 통과의례와 같은 중요한 시기를 보내게 해주어서 민족적 공동체 의식을 형성한다. 더불어 자신을 꾸미는 옷이나 분장 등은 가장 쉽게 민족 정체성을 구별할 수 있는 표현이기도 하다.

음식의 전통 역시 문화적 표현을 하는 중요한 요소다. 음식 문화는 가족과 민족의 유대를 유지하는 강력한 끈이다. 사람들의 식습관은 어린 시절에 부모님에 의해 형성되며 성인이 되어서도 잘 바뀌지 않는다. 심지어는 타민족의 언어와 사회 활동은 잘 습득해도 음식만큼은 어머니가 차려 준 것을 찾기도 한다. 여기서 음식 문화란 식사 예절, 섭식 습관, 식재료, 금기나 비선호 음식 등을 의미한다. 음식 문화를 쉽게 볼 수 있는 곳이 바로 민족 식당이다. 한 도시 안에 특정 민족의 수가 많아지면 민족 식당과 식료품 상점도 많아진다. 사람들은 이 민족 상가를 중심으로 사회, 종교, 경제 활동을 하며 정보와 자원을 공유한다. 때때로 새로운 지역의 토착 재료와 전통 조리법을 합하여 새로운 음식을 탄생시키는 경우도 있다. 이렇게 해서 그 도시 안에 제3의 문화 또는 새로운 하부 문화를 만들어 내기도 한다.

문화는 조직 구조 안에서도 쉽게 찾아볼 수 있다. 각종 모임, 미디어, 종교 활동, 상점, 민족 간 결혼 등은 사람들을 점점 민족 내부로 결속시키는 조직 활동이다. 또한 민족 스포츠, 민족 축제 역시 민족의 결속을 강화시키는 좋은 행사들이다. 이렇게 도시 안에 동일한 민족 구성원의 수가 늘고 사회 환경이 더 안락해지면 도시의 대중문화로 동화되는 속도 말고도 반대로 자신의 문

화를 지키거나 발전시키는 힘 역시 커지게 된다.[5]

직업 관계망

도시의 이주자들이 형성하는 세 번째 관계망은 생계 또는 직업 활동을 통해 만들어지는 것이다. 사람을 도시로 이주하도록 만드는 주요 원인 역시 경제적인 이유가 매우 크다. 그렇기 때문에 도시 이주민들은 필연적으로 경제적인 관계망에 속하게 된다. 경제 관계망은 작게는 한두 명이 운영하는 가게나 가내 수공업에서 크게는 수천 명이 다니는 공장이나 큰 유통 과정이 될 수 있다.

어떤 경우는 서로 소개해 주다 보니 한 마을 사람들 전체가 같은 직종에 종사하기도 한다. 그 결과 주변에서 특종 업종은 주로 특정 민족이 하는 일이라는 인상을 갖게 되기도 한다. 예를 들어 육체노동, 손수레업자, 넝마주이나 청소업종은 주로 어느 민족이 한다더라 하는 이미지가 만들어지는 것이다. 나아가 특정 민족이 특정 업종을 독과점하기도 한다.[6] 이렇게 상권이 민족별로 나뉜 경우, 때때로 서로의 경쟁이 민족 간 경쟁과 갈등으로 비화되기도 한다.

전통 사회와 달리 도시에서는 개인이 경제적으로 발전할 기회가 좀 더 많다. 전통 사회에서는 신분에 따라 역할과 지위가 정해져 있지만, 도시에서는 개인의 능력과 노력에 따라 신분 상승 기회를 쉽게 얻기도 한다. 이런 신분 상승의 동력은 주로 돈과 경쟁력이다. 대표적인 경쟁력으로는 좋은 직장이 있는데, 이를 위해서는 기술과 교육이 뒷받침되어야 한다. 개인의 기술이 사회에 필요한 기술일 경우, 그는 안정된 직업을 갖고 경제 활동을 할 수 있다.

---

5 Paul G. Hiebert and Eloise Hiebert Meneses, *Incarnational Ministry*, 320. 「성육신적 선교 사역: 교회 사역을 위한 선교 현장 이해」.
6 Kim, "Receptor-Oriented Communication for Hui Muslims in China," 2009, 64.

사진 6.3. 같은 민족이 운영하는 소규모 점포(중국 시안, 2010년)

또한 교육은 개인에게 더 높은 수익과 사회적 지위를 제공한다. 도시 적응 첫 세대는 누구보다 이러한 신분 상승의 열망이 강하며, 이에 필요한 능력을 자녀에게 부여해 주기 위해 높은 교육열을 보인다. 그들은 교육이 장차 자녀를 주류 사회로 진입시키는 데 얼마나 큰 역할을 하는지 잘 알고 있다.

한 곳으로 집중되는 관계망과 리더십

공동체가 어떤 식으로 구성되며 그 체계를 이끄는 리더십이 어떠한지에 따라 그 공동체를 향한 복음 전도는 많은 영향을 받는다. 예를 들어 공동체와 리더십이 복음에 적대적이라면 그 공동체에 속한 개인은 전도에 노출되기가 어렵다. 개인이 복음을 받아들이더라도 공동체와 리더십은 그 개인의 변화에 적대감을 표현하기가 쉽다.

이제 지금까지 살펴본 오랜 이웃은 어떤 공동체 구조를 지니는지, 그리고 그 안의 리더십은 어떤 특징이 있는지 알아보고자 한다. 또한 앞서 살펴본 세 가지 관계망(이웃, 민족, 직업)은 오랜 이웃들 안에서 어떠한 리더십을 만들도록 작용하는지도 알아볼 것이다. 나아가 그 안의 개인은 이런 오랜 이웃의 관계망 구조 안에서 서로 어떤 영향을 주고받는지도 찾아보고자 한다.

겹쳐지는 세 가지 관계망   도시의 소수 민족이나 이주민이 속한 세 가지 관계망 간의 관계는 전통 사회 사람들의 그것과 흡사하다. 도시의 이주민들은 사회적 자원의 부족으로 민족촌 안에 살고, 익숙하던 사람들과 다시 이웃이 된다. 즉 도시의 오랜 이웃이란 고향의 이웃과 비슷한 사람들과 다시 형성된 이웃인 것이다.

표6.1은 오랜 이웃의 세 가지 관계망을 한 도면에 보여 준다. 예를 들어 나의 친구이며, 배드민턴을 즐겨 치는 중국 무슬림 한 씨가 여기에 해당한다. 그는 중국 시안에 사는 중국 무슬림으로 택시 운전을 한다. 그의 부인은 민족촌 앞에서 매일 작은 좌판을 벌여 장사를 한다. 그들은 같은 마을에서 다른 친척들과 함께 살아왔다. 표6.1은 한 씨를 예로 하여 오랜 이웃 안의 세 가지 관계망이 어떻게 겹쳐지는지를 보여 준다.

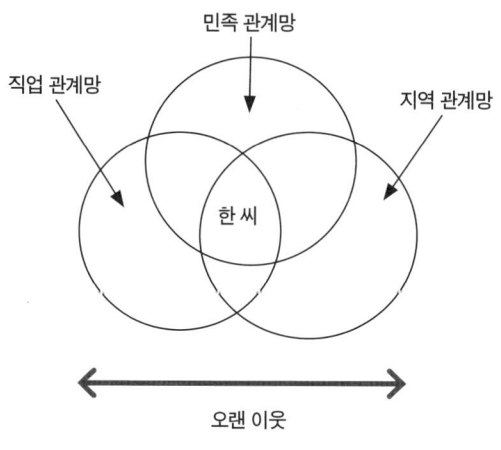

표6.1. 겹쳐지는 한 씨의 관계망[7]

---

7 김에녹의 차트를 변형하였다. Kim, 67.

이주민들은 도시 정착 초기부터 앞서 말한 이웃, 민족, 직업의 세 가지 도시 관계망에 조금씩 발을 들여 놓는다. 많은 경우 도시 이주민은 초기에 자기 민족 생활권에서 관계망을 시작하는데, 이러다 보니 이 세 가지 관계망은 쉽게 겹쳐진다. 즉 언어와 생활 습관이 비슷한 같은 민족이 서로 이웃이 되고, 함께 또는 서로를 대상으로 경제 활동을 한다.[8] 그래서 오랜 이웃은 이 세 가지 관계망이 상당히 겹쳐진 형태가 된다. 각 관계망 구성원들도 자연스럽게 서로 겹쳐지면서 이웃이 된다.[9]

이렇게 한 사람이 속한 서로 다른 세 개의 관계망이 실제로는 거의 하나처럼 겹쳐질 때, 그 사람은 사실상 겹쳐진 하나의 관계망 안에서 활동하는 셈이다. 즉 그 사람은 사회적, 경제적, 심지어 종교적 활동까지 모두 같은 공동체 안에서 하게 된다. 따라서 표6.1이 보여 주는 이웃의 범위는 새로운 이웃(표6.3)에 비해 그 폭이 상당히 좁다. 이렇게 중복되는 관계망 안의 개인은 겹쳐지는 여러 관계망 구성원들에게 다중적인 보호를 받으며 살아갈 수 있다. 가까운 친척들이 도시의 같은 동네에 살면서 모두 택시업과 같은 업종에 종사하기도 한다. 예를 들어 표6.1의 운전기사인 한 씨의 택시가 사고가 나서 정상적인 영업을 못할 경우 이웃에서 생계를 도와줄 수도 있고, 마을의 큰 형님이자 실제적인 민족 리더는 그에게 다른 택시를 싸게 살 수 있는 사람을 소개해 줄 수도 있다.

반면 이러한 중복 관계망은 그 안의 개인을 강하게 통제하기도 한다. 구성원들은 서로를 깊이 아는 데다 이런 균질한 공동체의 특성상 개인의 소문

---

8   Wang Qingfang, "Race/Ethnicity, Gender and Job Earnings across Metropolitan Areas in the United States: A Multilevel Analysis," *Urban Studies* 45, no. 4 (2008): 825-43.
9   Eric Fong et al., "The Logic of Ethnic Business Distribution in Multiethnic Cities," *Urban Affairs Review* 43, no. 4 (2008): 497-519; Hermann. Achidi. Ndofor and Richard. L. Priem, "Immigrant Entrepreneurs, the Ethnic Enclave Strategy, and Venture Performance," *Journal of Management* 37, no. 3 (2011): 790.

도 빨리 퍼진다. 예를 들어 한 씨가 마을의 큰 형님 말씀을 듣지 않는다고 하자. 그러면 한 씨 가족은 경제적으로 불이익을 당할 뿐 아니라 이웃들 사이에 나쁜 소문이 퍼져 온 가족이 고통당하고 결국 일상생활에도 지장을 받게 된다.

그렇기 때문에 오랜 이웃들로 구성된 공동체는 변화가 쉽지 않다. 개인이 새로운 행동이나 사상을 받아들이는 데도 매우 부담을 느낀다. 이런 공동체는 시골 공동체와 비슷한 특성을 띤다. 시골에서는 교류가 잦으며 한 사람에 대한 정보를 다각도로 주고받는다. 도시의 민족촌 공동체의 관계망도 이와 비슷해서 공동체 구성원들이 한 개인에 대한 다차원적이고 총체적인 정보를 주고받는다. 뿐만 아니라 같은 문화에서 자랐기 때문에 그들의 삶 속에는 예전부터 내려오는 전통적인 사회적 상식과 규범이 많다. 한 개인이 상식에 부합되지 않는 행동과 생각을 하면, 사회 전체에 빠른 속도로 그 사람에 대한 나쁜 평판이 퍼지고 그 사람은 어떤 형태로든 제재를 당한다. 모든 사회에서 그렇듯이 시골에서도 험담, 수치, 죄책감, 되갚음, 중재, 규칙, 벌칙 등이 한 사람을 통제하는 강력한 힘으로 작용한다. 전통 사회나 오랜 이웃으로 만들어진 사회 역시 이러한 통제 수단이 작동하면서 개인의 일탈을 막아 낸다.[10]

흔히 도시로 이주한 민족에게 복음이 전달될 때에는 민족촌 안에 있던 이러한 통제 수단이 작동하게 되어 있다. 한 사람이 새로운 복음을 받아들일 의지가 있더라도 민족촌 안의 사회적 압력과 그로 인해 개인이 맞닥뜨려야 하는 현실적인 문제는 한 개인이 신앙을 갖고 실행에 옮기는 데에 엄청난 장애 요소로 작용한다.

---

10   R. Daniel Shaw, *Transculturation: The Cultural Factor in Translation and Other Communication Tasks* (Pasadena, Calif.: William Carey Library, 1988), Chapter 7.

집중되는 리더십   오랜 이웃들로 이루어진 집단에서 리더십은 매우 강력한 힘과 책임을 갖는다. 앞서 말한 세 가지 관계망은 저마다 리더십이 있게 마련인데, 오랜 이웃들의 경우는 그 관계망들이 겹쳐지면서 자연스럽게 리더십도 겹쳐지거나 소수에게 집중된다.

표6.2는 오랜 이웃들 안에서 소수 또는 한 사람이 겹쳐진 세 가지 관계망의 리더십을 모두 행사하는 모습을 개념도로 나타낸 것이다. 이 경우 리더는 소속원들에게 커다란 영향력을 행사한다.

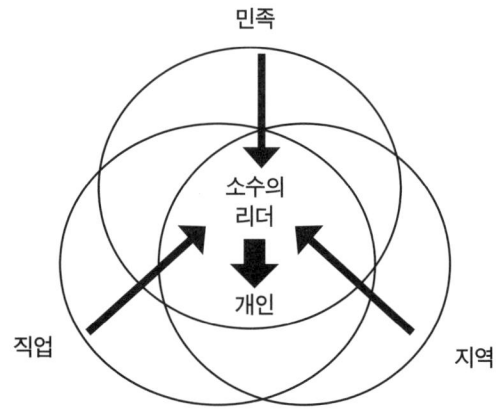

표6.2. 오랜 이웃 관계망이 소속원에게 행사하는 영향력

이번 장 서두에 소개한 왕 씨 사례는 세 가지 관계망이 겹치는 전형적인 예다. 그의 삼촌은 왕 씨와 같은 민족으로(민족 관계망), 그가 사는 마을(지역 관계망)에서 영향력 있는 리더이자 왕 씨가 일하는(직업 관계망) 국수집 사장이다. 이 경우 그의 삼촌은 모든 개인에게 막대한 영향력을 발휘하게 되어 있다. 비록 왕 씨는 삼촌 덕에 사회적, 문화적, 경제적, 정서적으로 안정을 누리지만 동시에 삼촌은 왕 씨의 생존권과 사회관계를 모두 좌우할 수 있다. 왕 씨를 포함하여 마을 사람 누구라도 이 삼촌의 권고를 거절하거나 사회적 가치

에 어긋나는 행위를 할 경우, 그는 즉시 사회적인 손해를 감수해야 한다.[11]

이처럼 도시 안의 민족촌에 사는 사람들은 소수의 강력한 리더, 즉 오피니언 리더(opinion leader)의 영향을 많이 받는다. 그 사회가 복음을 받아들이지 않거나 종교가 다른 관계망이라면 처음에 복음을 받아들이는 개인은 사회적으로 많은 압력을 받고 경제적인 생존에도 위협을 받는다. 한 개인이 새로운 종교를 받아들인다는 것은 개인의 세계관이 변화하는 것은 물론 그동안 그의 생존과 삶의 가치를 떠받치고 있던 수많은 지지 기반과 관계가 위협받는다는 의미이기도 하다.

새로운 이웃의 관계망

새로운 도시로 이주한 사람들은 자연스럽게 관계망에 큰 변화를 맞게 된다. 새롭게 개척해야 하는 많은 인간관계는 그들의 경제, 가정, 정서, 영성 등 삶의 전반을 크게 좌우한다. 뿐만 아니라 도시의 관계망과 그 기능은 전통적인 관계망과 많이 다르다. 소수 민족이나 주류 사회를 막론하고 현대인들은 그 관계망에 대단히 많은 변화를 겪고 있다. 도시의 전통적인 세 가지 관계망(민족, 지역, 직업)의 구성원과 기능 역시 전통 사회와는 다르게 변화한다. 시간이 가면서 도시 이주민 역시 도시의 다양한 관계망 앞에 노출된다. 그 결과, 그들은 민족촌 안에서는 오랜 이웃과 함께하지만 민족촌 밖에서는 새로운 이웃과도 접촉하게 된다.

---

11 임스와 구드는 이처럼 세 가지 관계망이 하나로 겹쳐질 때 그 관계망은 개인에게 대단히 중요하고 압력적인 환경이 된다고 하였다. Eames and Goode, *Anthropology of the City*, 214.

도시인들의 이웃

우리는 태어날 때부터 이웃들 사이에서 살아간다. 그렇다면 이웃이란 무엇인가? 이웃이라는 존재는 몹시 자연스러운 것이어서 우리는 이웃이 무엇인지, 어떻게 형성되는지를 깊이 생각해 보지 않는다. 이웃은 언제나 그 자리에 있었기 때문이다. 그런데 문제는 사회가 현대화되면서, 그리고 사람들이 전통 사회를 떠나 도시로 이주하면서 주변 이웃이 갑자기 바뀌게 되었다는 것이다. 이제 옆집에 사는 사람에게 옛날과 같은 이웃 관계를 기대하기는 어렵다. 때로는 오히려 온라인에서 알게 된 사람이 옆집 사람보다 훨씬 이웃처럼 느껴지기도 한다.

그렇다면 '도시인'에게 이웃이란 무엇인가? 이웃에 대한 개념은 복음 전도에도 커다란 영향을 끼친다. 관계 전도를 생각하면, 그리고 사람들이 보통 잘 아는 사람을 통해 복음을 접한다는 사실을 생각하면, 이웃은 하나님 나라 차원에서도 매우 중요한 존재가 된다.

이웃의 개념은 사회학자들에 의해서도 연구되었다. 사회학적으로 서로 이웃이 되려면 정체성, 교류, 연결이라는 세 가지 조건이 있어야 한다.[12] 전통 사회에서 이웃은 바로 이 세 가지 조건을 만족하는 사람들이었고, 그들은 서로 자연스럽게 사귀며 관계를 유지해 왔다. 그곳에서는 친척과 친구들(정체성)이 함께 농사짓고 협동(교류)하고 희로애락을 함께한다(연결).

반면 도시에서 옆집 사람이란 그렇게 자연 발생적이지 않고 교류도 적다. 예를 들어 도시인들은 직장 생활, 자녀 교육, 개인의 취미 생활 등을 옆집 사람과 함께할 필요가 없기 때문이다.[13] 이들은 1년이 지나도록 아파트의 옆집

---

12 Rachelle B. Warren and Donald I. Warren, *The Neighborhood Organizer's Handbook* (Notre Dame, Ind.: University of Notre Dame Press, 1977), 94-112.
13 L. Ely Todd and Teske Paul, "Implications of Public School Choice for Residential Location Decisions," *Urban Affairs Review* 51, no. 2 (2015): 307.

과 서로 노크 한 번 하지 않기 십상이다.[14] 그렇다면 도시인에게는 이웃이 없다는 것인가?

도시화가 되면서 전통적인 이웃 개념이 수정되어야 했다.[15] 도시에서 이웃의 개념은 전통 사회의 그것과 매우 달라서 단순히 옆집에서 사는 사람을 의미하지 않는다. 특히 도시의 이웃은 날마다 왕래하던 담장 너머의 이웃과는 전혀 다르다. 도시인의 삶에는 옆집 이웃보다 훨씬 자주 만나는 사람이 많다. 그들은 매일 차를 같이 타는 사람일 수도 있고, 매일 오전 9시부터 하루 종일 옆 책상에서 일하는 직장 동료일 수도 있고, 주말에 함께 운동장에서 만나는 야구 동호회 회원일 수도 있다. 재미있게도 도시인들은 옆집에 사는 기존 이웃과 교류가 적은 반면 도시의 만남의 장소와 새로운 관계망에서는 여전히 왕성하게 사람들을 만난다.[16] 그러므로 도시 속에서 이웃이란 다분히 지역적으로 한곳에 머물러 있는 관계보다는 직장과 사회생활 속에서 만들어진 의미 있는 사람들 또는 관심이나 취미로 인해 생활 속에서 알게 된 사람들의 모임에 흩어져 있다고 할 수 있다. 그렇기 때문에 도시인에게는 거리적으로 가까운 사람이 관계적으로는 멀 수 있고, 오히려 사회생활과 경제 활동 영역에서는 새로운 이웃이 만들어지고 있다고 볼 수 있다.[17] 그래서 도시인들은 더 다양한 이웃을 선택적으로 가질 수 있게 되었다.[18]

전통 사회에서는 거리가 멀면 이웃과 관계를 맺는 데 제한이 되었으나 현대인들은 발달한 교통수단은 물론 전화와 컴퓨터 등을 통해 멀리 있는 사람

---

14   William M. Michaelson, *Man and His Urban Enviornment: A Sociological Approach*, Revisions (Reading, M.A.: Addison-Wesley, 1976), 190.
15   S. Musterd et al., "Adaptive Behaviour in Urban Space: Residential Mobility in Response to Social Distance," *Urban Studies* 53, no. 2 (2014): 227-46.
16   David Claerbaut, *Urban Ministry* (Grand Rapids, Mich.: Zondervan Pub. House, 1983), 75-76.
17   Fischer, *The Urban Experience*, 140-41.
18   앞의 책, 135.

과도 어렵지 않게 관계를 발전시킬 수 있다.[19] 특히 도시가 크고 다양화된 사회일수록 이러한 관계망들은 더 잘 발달한다.[20] 도시가 클수록 관심사가 같은 사람이 많고, 또 그런 사람은 거리와 관계없이 쉽게 만날 수 있기 때문이다.[21] 그래서 도시인은 옆집과의 관계가 약해지는 대신 초지역적(trans-local) 이웃과의 관계는 강화된다.

분산되는 세 가지 관계망

앞서 우리는 오랜 이웃들이 속한 세 가지 관계망이 서로 겹쳐지는 현상을 살펴보았다. 반면 도시화와 현대화의 영향으로 도시인들이 속한 세 가지 관계망은 점점 서로 분산한다. 특히 도시에 정착한 이주민은 차차 자립할 능력을 갖추면서 직업을 선택할 때에도 왕 씨의 삼촌과 같은 사람들에게 의지하지 않고 다양하게 선택할 수 있다는 것을 알게 된다. 여기에 더하여 신분 상승에 대한 갈망, 교육을 통해 얻은 능력, 미디어에서 알게 된 풍부한 정보 등은 이주민들에게 자기 민족의 경계를 넘어 새로운 관계망에 들어가 타인과 적극적으로 관계 맺을 수 있는 동기를 부여한다. 그 결과 그들의 관계망은 확대되고 다변화되어 전통적 이웃과 달리 개인의 관계망들도 서로 겹치지 않게 된다.[22]

도시인의 관계망에서 가장 두드러진 변화는 거주 관계망과 직업 관계망에서 나타난다. 도시인들의 거주 관계망은 전통 사회의 그것에 비해 매우 다

---

19   Chad R. Farrell, "Immigrant Suburbanisation and the Shifting Geographic Structure of Metropolitan Segregation in the United States," *Urban Studies* 45, no. 4 (2014): 825.
20   Paul G. Hiebert and Eloise Hiebert Meneses, *Incarnational Ministry*, 278. 「성육신적 선교 사역: 교회 사역을 위한 선교 현장 이해」.
21   Fischer, *The Urban Experience*, 141.
22   Eames and Goode, *Anthropology of the City*, 214.

른 양상을 보인다. 앞서 설명한 것처럼 도시인은 지역보다는 관심사와 이익을 추구하는 과정에서 이웃이 형성되기 때문에 개인의 배경이나 민족성을 넘어 취미와 직장 생활, 학부모 활동, 인터넷 커뮤니티, 종교 생활을 하는 곳에서 다양한 이웃을 만나게 된다.[23] 관심과 필요가 비슷한 사람을 만나 서로 정보와 이익을 교환하는 것이다. 그렇기 때문에 이들은 어떤 부분에서 비슷한 점을 공유하는 근접성 모임(proximity group)이라 할 수 있다. 이러한 근접성 모임이 발전하면서 도시인들은 여러 사회 활동을 함께하고 감정도 교류하는 일종의 이웃이 되어 간다. 이러한 이유로 도시에서 이웃은 좀 더 근접성을 가진 사람들이라는 개념으로 발전된다. 즉 도시라는 상황에서는 멀리 살더라도 관심사가 같고 마음이 맞아 공감대를 나눌 수 있는 사람이 자주 교류하는 이웃이 되는 것이다. 이러한 새로운 이웃의 개념이 형성될 수 있는 것은 도시인들이 더 효율적인 교통수단과 기동성을 갖고 현대 미디어를 사용하면서 공통된 관심과 욕구를 갖고 있기 때문이다.

도시인의 직업 관계망 역시 전통 사회의 그것에 비해 기능과 역동성이 크게 다르다. 교통과 통신의 발전과 개인의 능력 향상은 도시인의 직업 관계망에 엄청난 가능성과 다양성을 심어 주었다. 이전에는 아는 사람을 통해 직업을 찾았지만, 이제는 자신이 받은 교육과 사회 활동에서 얻은 정보로 더 다양한 직업을 취할 수 있다. 이들의 경제 활동은 이제 민족 경계선을 넘어 더 멀리 뻗어나가게 된다. 그러면서 한 사람이 갖는 수입원도 다양해진다.

이런 도시인의 경제 관계망이 갖는 특징은 도시 이주민에게도 예외가 아니다. 표6.3은 한 도시를 예로 들어 흩어진 세 가지 관계망의 모습을 개념도

---

23 Enoch Jinsik Kim, "'Us' or 'Me'? Modernization and Social Networks among China's Urban Hui," in *Longing for Community: Church, Ummah, or Somewhere In Between?*, ed. David Greenlee (Pasadena, C.A.: William Carey Library, 2013), 89-96.

로 그린 것이다. 그림에 나타난 직업 관계망과 근접성 관계망(proximity network)은 중심에서 매우 멀리 퍼져 나가 있다.

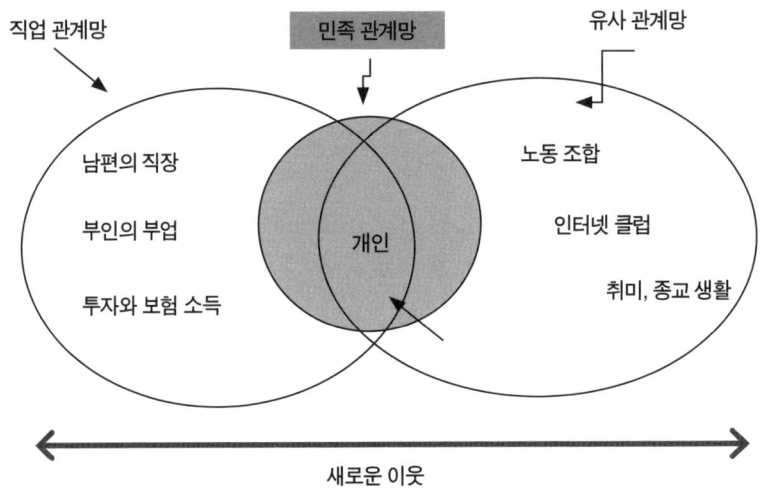

표6.3. 분산된 관계망 형태를 띠는 새 이웃[24]

표6.3에서 예로 제시된 사람은 다른 도시인들과 마찬가지로 직업 관계망에 한 가지 수입원만 표시되어 있지 않다. 그와 그의 배우자는 서로 다른 일터에서 일하고 투자와 보험 수익을 통해 경제적으로 안정되어 있다. 그가 이렇게 다양한 곳에서 경제 활동을 하려면 다양한 사람들과 관계망을 가져야 한다. 그리고 각 관계망 구성원들은 보통 서로 다른 종류의 그룹을 이룬다. 예를 들어 남편이 직장에서 만나는 동료와, 남편이 투자하는 업종에서 만나는 사람은 전혀 다르기 때문이다. 그러므로 도시인은 여러 종류의 관계망 안에서 다양한 경제 활동을 하는 셈이다.

24　김애녹의 개념도에서 발전시켰다. Kim, "Receptor-Oriented Communication for Hui Muslims in China," 2009, 68.

사회 활동에서도 표6.3에 제시된 사람은 다양하게 활동한다. 그는 노동조합에서 일하고, 인터넷 클럽의 회원이며, 종교 기관을 통해 신앙생활을 하고 틈틈이 스포츠 클럽에 나가 취미 생활을 즐긴다. 이런 사회 활동에서 연결된 사람들은 그와 신앙, 취미, 필요가 비슷한 유사성 그룹이다. 즉 도시인은 유사성 그룹을 통해서도 다양한 관계망에 소속된다.

중간에 있는 작은 원은 민족 그룹이다. 이 민족 관계망은 태생적인 것이어서 변화를 주지는 못한다. 민족 관계망이 보여 주는 두 가지 특이점이 있다. 하나는 다른 두 관계망에 비해 크기가 작다는 점이다. 도시인들은 전통 사회에 있을 때보다 민족이나 친족과 관계하거나 의지하는 부분이 훨씬 줄어든다. 사회와 경제 활동에 대한 도시의 요구는 물론이고 실제로 이전에 친족들이 감당하던 사회 보장을 이제는 개인의 경제 활동과 국가 제도가 도와주기 때문이다. 도시인의 민족 관계망이 보여 주는 또 다른 특징은 다른 두 관계망의 상당한 부분이 이 민족 관계망 바깥에 형성되어 있다는 점이다. 도시인은 굳이 경제 활동과 사회 활동을 같은 민족끼리만 하지 않아도 되기 때문이다.

표6.1과 비교했을 때 표6.3에서는 이웃의 개념이 달라져 있다. 먼저 오랜 이웃은 그 폭이 좁다. 그들은 여러 관계망의 구성원들이 반복하며 겹쳐지기 때문에 비슷한 사람들이 서로 다른 관계망에 다시 한 번 등장한다. 반면 표6.3은 이웃의 폭이 넓다. 새 이웃은 세 가지 관계망에서 모두 만들어지지만 구성원이 잘 겹치지 않는다. 도시에 온 이주민이나 소수 민족 역시 시간이 지나면서, 세대가 거듭되면서 이 같은 패턴으로 점점 변하게 된다. 즉 그들 역시 점점 민족 밖에도 이웃을 하나씩 하나씩 만들어 가는 것이다. 그럼에도 이주민 1세들은 거의 대부분의 삶을 민족촌 안에서 살아가는 것이 현실이다. 앞서 설명한 도시인의 이웃이 보여 주는 현상을 소수 민족과 이주자에게

사진6.4. 도시의 소수 민족이 부업으로 운영하는 택시(중국 린샤, 2011년)

적용하자면, 그들은 시간이 가면서 민족 바깥의 사람들과 새로운 이웃 관계를 만들어 간다. 그러면서 개인이 받는 민족적 주변 압력(ethnic social pressure)은 약해지는 반면 개인의 자유와 책임은 커진다. 이러한 새로운 이웃과의 관계로 인해 도시의 민족은 오랜 이웃만 있을 때와는 매우 다른 사회 활동과 정보를 교류하게 된다. 이들이 외부와 나누는 새로운 정보 속에는 복음도 얼마든지 포함될 수가 있다.

분산되는 관계망 리더십

새 이웃들 속에 사는 도시인은 다양하면서 거의 겹치지 않는 관계망들 속에서 일하고 생활한다. 그 결과 그들은 특정 관계망보다는 여러 관계망에서 서로 다른 지배를 받는다.

새 이웃에게는 자신의 일부만 노출할 수 있기 때문에 사실 그 관계에서는 서로를 깊이 알기가 어렵다. 그렇기 때문에 마음만 먹으면 다른 그룹에 가서 전혀 다른 모습으로 활동하거나 전혀 다른 이미지를 보여 줄 수 있다. 그러면서도 그는 여러 관계망에서 매우 다르고 다양한 정보를 주고받을 수 있다. 이처럼 분산된 주변 압력과 강화된 개인의 정보력으로 인해 도시인은 더 자유롭게 의사를 결정할 수가 있다.

표6.4는 이러한 분산된 관계망이 한 개인에게 어떤 리더십을 행사하는지를 보여 주는 개념도다. 이 경우는 여러 리더에게 힘이 분산되다 보니 중심에 있는 개인에게 한꺼번에 영향력을 행사하지 못한다. 이 경우 개인은 비교적 자유롭게 의사를 결정할 수 있다. 개인은 삶의 특정 분야에 대해 해당 리더와만 의논해도 되고 리더들 역시 영향력이 유한하기 때문이다. 그리고 개인은 여러 영향력을 종합해 본 후 자신의 의사를 결정할 수 있다. 이는 권력이 몇몇 소수에게 몰려 구성원들에게 막강한 영향을 끼치던 오랜 이웃과는 사뭇 다른 모습이다.

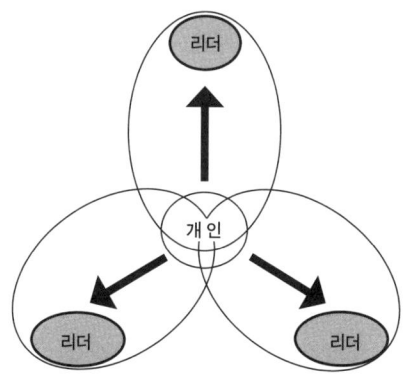

리더십이 각각 분산된 세 가지 관계망

표6.4. 관계망별로 분산되는 도시의 리더십

한편 공동체가 개인을 보호해 주거나 풍성한 인간관계를 주고받는 환경은 새 이웃들 가운데서 기대하기 어렵다. 현대 도시인들에게는 자신을 보호해 주던 큰 형님(big brother)과 정겨운 이웃들이 많지 않기 때문에 모든 문제를 스스로 해결해야 한다. 이들은 어려울 때 형님보다는 보험 회사를 찾아가야 한다. 저녁을 먹고 동네 사람들과 어울려 이야기를 나누기보다는 직업 학교에 가서 자기 계발을 하든가 혼자 텔레비전을 보며 시간을 보낸다.

새로운 만남의 장소_ 도시 안의 교차로

각 민족은 오랫동안 자신의 문화와 관습을 유지하고 발전시켜 왔다. 그들은 음식뿐 아니라 시간 사용, 공간, 직종, 오락, 인간관계 등 삶에 연관되는 모든 개념과 감각을 자기 방식대로 발전시켜 왔다. 문제는 이렇게 문화권마다 체계가 다르기 때문에 사람들이 여간해서는 다른 문화권 안에 들어가 교류하는 것이 쉽지 않다는 것이다. 그 결과 사람들은 자연스럽게 민족별로 나뉘어 활동한다. 이런 문화 차이 속에 종교나 신념, 금기까지 포함되어 있다면, 다른 민족과의 교류는 더더욱 어려워진다. 문제는 이러한 민족 간 단절이 선교에 큰 장애가 된다는 점이다. 특히 복음을 가진 민족과 복음을 받아들여야 하는 민족이 평소 전혀 다른 공간에서 활동한다면, 전도할 때 그만큼 부자연스럽게 만나게 되고 만날 기회도 적다.

그러나 도시 분위기는 이처럼 활동 공간이 잘 겹치지 않고 서로 만나기 힘든 민족들이 자연스럽게 만날 수 있는 장소를 제공한다. 이런 공간을 도시 교차점(urban juncture)이라 한다.[25] 이 교차점이 선교적으로 중요한 것은 도시의 민족들이 자신의 민족촌에서 나와 타민족과 자연스럽게 교류하려면 바로 이런 공통 장소가 있어야 하기 때문이다. 보통 민족촌 안에서는 타민족을 부자

---

25 Eames and Goode, *Anthropology of the City*, Chapter 6.

연스러워하거나 심지어 적대적으로 대한다. 그러나 민족촌 바깥의 중립적인 공간에서는 어색한 타민족도 업무적이거나 사회적 이유로 어쩔 수 없이, 아니면 자연스럽게 상대해야 한다. 경우에 따라 어떤 장소에서는 타민족과 함께 일하고 거주하는 것을 당연시해야 한다. 이러한 현상은 도시 선교와 특정 민족을 향한 선교에 커다란 전략적 가치를 제공한다.

도시 단위 통합 교차점은 다시 상황적 도시 교차점, 한시적 장소, 조직 형성, 사이버와 현대 공간 등 네 가지로 나눌 수 있다.[26]

첫째, 상황적 도시 교차점이란 도시의 중립적 기능과 서비스로, 어느 민족이나 이용할 수 있는 시설을 말한다. 여기에는 공공장소, 대중음식점이나 패스트푸드점, 공원과 같은 여가 활동 장소, 시장, 학교, 병원, 관공서 같은 서비스 기관, 교통 시설 등이 해당된다.[27] 사람들은 민족의 전통과 무관하게 이러한 도시 시설과 서비스를 활용한다. 서로 다른 민족이 자연스럽게 버스에 오르고 공원을 찾는다. 누구나 아프면 병원을 찾고 자녀를 학교에 보낸다. 그러면서 타민족과 자연스럽게 접촉하고 함께 살아가는 법을 배워 나간다. 이러한 도시 교차점은 대부분 현대화되면서 새로 등장한 시설들이다.

두 번째 도시 교차점으로는 한시적 장소가 있다. 이는 한정된 시간 동안 여러 민족이 함께 모여 같은 행사를 치르는 공간을 말한다. 예를 들어 다른 나라와 운동 경기를 할 때면 여러 민족이 하나 되어 응원한다. 뿐만 아니라 서양의 핼러윈, 크리스마스, 감사절 같은 축제, 중국의 설날(춘절)이나 추석(송추절) 등은 여러 민족이 서로 교류하는 기회가 된다. 또한 국가 공휴일, 어린이날, 여성 축제 등 민족을 초월하여 국가나 제3의 기관이 주도하는 행사에

---

26 앞의 책, Chapter 6.
27 윌리엄 샌더(William Sander)는 거주 지역과 16세의 교육 성취도에 대하여 연구하였다. William Sander, "Educational Attainment and Residential Location," *Education and Urban Society* 38, no. 3 (2006): 307-26.

서도 자연스럽게 초문화적인 참여가 이루어진다.

세 번째 도시 교차점으로 조직 형성이 있다. 이는 사회를 유지하기 위한 구조를 말하는데, 예를 들어 선거, 정치 선전, 스포츠 클럽, 레크리에이션이나 여가 활동, 노조 활동과 같은 이익 집단 활동, 동호회 같은 관심 그룹, 연구 모임이나 취미 활동 등이다. 서로 다른 사람들이 같은 목적과 이익을 위해 다른 그룹과 정치 활동을 하며 함께 뭉친다. 그리고 스포츠나 여러 취미 활동도 민족을 초월해서 다양한 사람들이 모이는 공감대를 형성한다.

도시 단위 통합 교차점의 마지막 종류로는 사이버와 현대 공간이 있다. 사람들은 민족과 관계없이 이전에 없던 현대 기기를 사용하는 공간에 모인다. 예를 들어 비디오 가게, 인터넷 카페, 쇼핑몰, 기업체 현장과 사무실, 전문직 또는 비전문직 직장 등은 서로 다른 사람들이 자연스럽게 몰리는 곳이다. 때로는 민족의 전통적 분류법으로 볼 때 출입 허용 여부가 잘 정리되지 않는 곳도 있다. 예를 들어 무슬림이 KFC와 같은 서양 음식점에 가도 되는지, 이교도 음식점이므로 가지 말아야 할지 의견이 분분하다. 외국의 미디어 프로그램들도 민족을 초월해서 사람들이 즐긴다. 예를 들어 할리우드, 한류, 홍콩 영화 등은 특정 민족에게만 호소하는 것이 아니라 많은 민족이 즐기는 문화적 코드다. 이러한 현대적이고 기술적인 공간에서는 서로 다른 민족들이 부담 없이 만나고 공통점을 만들어 갈 수 있다.

사이버 공간도 민족과 관계없이 만날 수 있는 곳이다. 사람들은 사이버 공간에서 이전에 만나지 못하던 사람들을 만난다. 사이버 공간은 현실 공간과 비슷한 기능도 일부 있지만 현실 공간이 제공하지 못하는 많은 기능을 제공한다. 예를 들어 멀리 있는 사람과 시공간을 초월해서 교제할 수 있다든지, 삶의 극히 일부만 노출할 수 있기 때문에 현실 세계보다 많은 사람과 공통 관심사를 나눌 수 있다. 또한 익명성을 보장받거나 본인을 보호하면서 원하는

그림6.5. KFC 음식을 배달하는 오토바이(중국 시안, 2011년)

정보를 받을 수 있으므로 주변 시선을 의식하는 사회에서는 더 자유롭게 타민족을 접할 수가 있다.

    자신의 선교 대상이 보수적이고 타민족과 접촉이 많지 않은 민족이라면 이러한 도시 교차점들이 선교적으로 대단히 중요해진다. 이곳들이야말로 오랜 편견으로 막혀 있던 두 민족이 자연스럽게 교류를 시작할 수 있는 곳이기 때문이다. 어떤 만남은 공원에서 잠시 스쳐 가기도 하고 어떤 만남은 의사와 환자처럼 짧지만 중요할 수 있다. 어떤 곳은 학교처럼 수년간 많은 활동과 정보를 공유할 수 있다. 이처럼 다양한 교차점 속에서 오랫동안 폐쇄적이고 편견에 사로잡힌 민족이 다른 민족들과 더불어 살아가는 곳이 바로 도시다.

새로운 이웃의 등장이 도시 선교에 주는 의미

이번 장 서두에서 우리는 삼촌의 도움으로 국수 가게에서 일하게 된 왕 씨, 대학에서 학생들을 가르치는 아후 양, 그리고 그의 약혼남 후의 사례를 보았다. 그들은 모두 청소년 시절에 시골에서 도시로 이주한 무슬림이고, 외부에서 전한 복음에 관심이 있었다. 이번 장에서는 왕 씨가 다른 두 사람과 달리 마지막에 복음을 받아들이기를 왜 힘들어 했는지를 사회학적으로 분석했다. 본문에서 우리는 도시인이 얼마나 다양한 정보를 얻을 수 있는지, 얼마나 자유롭게 의사를 결정할 수 있는지가 그들이 속한 사회 관계망의 성격에 많이 좌우된다는 것을 찾아냈다. 또한 도시화는 도시의 민족들에게 오랜 이웃만이 아닌 새로운 이웃들도 제공한다는 것을 알게 되었다.

왕 씨가 주변 압력에 크게 좌우된 것은 그가 주로 오랜 이웃들과만 생활해 왔기 때문이다. 겹쳐진 관계망과 그 안의 리더십은 왕 씨가 자유롭게 의사를 결정하지 못하게 했다. 반대로 아후와 후는 새로운 이웃이 많은 곳에서 활동했고, 비교적 좀 더 자유롭게 신앙을 결단할 수 있었다.

도시화가 많은 부작용을 안고 있는 것은 사실이지만, 이런 사실에 비추어 보아 우리는 적어도 도시가 복음 전도에 제공하는 긍정적인 면에 주목해 보아야 한다. 도시란 복음을 가진 민족과 복음에 소외된 민족이 자연스럽게 만날 수 있는 통합 교차점을 끊임없이 제공하기 때문이다.

지금까지 분석한 내용들은 어떤 함의가 있는가? 그리고 선교적으로 어떻게 적용해야 하는가? 이렇게 새로운 환경에 노출되는 도시의 민족들, 타민족과 교류를 시작하는 도시의 민족들을 보면서 그들에게 복음을 전해야 하는 우리는 어떤 생각을 해야 할까?

두 가지 선교적 접근

도시의 민족들을 전도할 때는 그들 주변에 있는 두 종류의 이웃 가운데 어느 이웃에게 접근하느냐에 따라 선교적 전략이 달라질 수밖에 없다. 각 이웃이 소유한 관계망과 문화적 배경이 서로 다르기 때문이다.

먼저 민족촌 안에서의 선교, 즉 오랜 이웃에 대한 선교에서는 전통적인 시골의 선교 또는 동질 집단 사회에서 개발한 선교 이론들에 주목해야 한다. 즉 선교사가 농촌이나 부족 가운데 들어가듯이 그 도시 민족촌 안에 들어가 오랫동안 그들의 언어와 문화를 익히고 그들의 신뢰를 얻어 내면서 선교해야 하는 것이다. 또한 가난하거나 교육이 필요한 그들에게 생활과 정신을 개선하도록 돕는 빈민 선교 또는 지역 개발 사역도 좋은 전략이 될 수 있다. 보통 이런 민족촌에는 왕 씨의 삼촌 같은 마을의 큰 형님이 있다. 마을에서 막강한 힘을 발휘하는 이런 큰 형님이야말로 그 지역에 선교의 문을 열지 결정하는 주요 인물이다. 그런 인물이 긍정적으로 협조한다면 장차 그 마을 전체의 선교 결과에 커다란 영향을 줄 수 있다.

도시인은 직장과 이웃을 선택할 때 민족적 경계선에 머무르기보다는 개인의 필요와 기준을 중요시 여긴다. 그래서 그들은 다양한 곳, 다양한 민족들 사이에 흩어져 다양한 사람들과 함께 일한다. 그 결과 종종 도시의 교회에 다른 민족들이 찾아와 활동에 참여하기도 한다. 교회 리더들은 이것이 하나님의 어떠한 인도하심인지 물을 수 있어야 한다. 마치 예루살렘 성전 주변에 이방인의 뜰을 두어 이방인들이 와서 하나님을 만날 수 있도록 배려했듯이 우리 교회도 그들이 찾아올 수 있게 해야 한다. 이처럼 새 이웃 전도는 자연스럽게 타민족을 만날 수 있는 도시 공간에서 행해지는 선교다.

많은 민족이 세계의 도시들로 이주하면서 이제 교회는 자신의 도시에 어떤 민족들이 살고 있는지를 알아야 할 필요가 생겼다. 한 교회가 다양한 민족을 감당하기 어렵다면 이러한 사역을 담당하는 선교 단체와 동역하는 것도 좋은 일이다. 그러지 않는다면 교회가 특정 관심 분야나 직업군을 대상으로 은사별로 사역하면서 타민족을 선교할 수도 있다.

도시 교차점의 활용

도시 교차점은 새 이웃을 통한 선교에서 대단히 중요한 가치가 있다. 그동안 은 타민족을 선교하기 위해 선교사가 다른 나라의 타민족을 찾아가 그곳에 거주하면서 사역했다. 또한 현지인을 만나기 위해서는 자연스러운 것이 아니라 인공적으로 만남의 기회를 만들어야 했다. 그런데 현대 도시는 선교사들에게 이러한 거리감을 어느 정도 좁혀 주었고, 같은 공간에서 다양한 민족을 자연스럽게 만날 수 있는 기회를 제공한다. 이처럼 도시에 타민족과 어울릴 수 있는 교차로와 같은 공간이 생겼다는 것은 도시 교회와 선교사들에게 어느 곳에 어떤 식으로 선교적 기점을 세워야 할지를 시사한다. 이를 위해 선교 단체는 이러한 교차로를 전략적으로 인식하고 사역하도록 인도할 수 있어야 한다. 그래서 가장 전략적인 교차점에서 그에 합당한 능력을 갖춘 사역자들이 효과적으로 일하도록 도와야 할 것이다.

이런 계획이 가능하려면 도시 교회와 선교 단체에서 적어도 다음 두 가지를 준비할 수 있어야 한다. 첫째, 사역 현장의 전문가들과 함께 도시에 어떠한 교차점들이 있는지를 찾아내야 한다. 즉 어떤 부류를 대상으로 사역할지 정하고 그들과 자연스럽게 만날 수 있는 곳을 찾아 그 교차점에서 가장 최적화된 사역을 구상해야 한다.

둘째, 이러한 도시 교차점에서 일하는 사역자를 올바르게 후원하기 위해서는 사역 현장 전문가들의 의견을 존중해야 한다. 예를 들어 현장과 동떨어진 파송 교회나 선교 단체가 현장의 정책을 독단적으로 결정하기보다는 선교학자, 도시 전문가, 현장 사역자의 분석과 필요를 중심으로 자원과 인력을 공급할 수 있어야 한다. 아직까지도 많은 선교가 현장에 필요한 인력을 공급하기보다는 그 현장에 가겠다는 사람을 파송하는 것이 현실이다.

오늘날 세계의 도시에서는 새로운 이웃을 만나기 위해 민족촌 밖으로 나온 여러 민족이 도시 교차점에서 어색하지만 계속 마주치고 있다. 이는 하나님이 도시라는 환경을 통해 우리에게 주신 새로운 선교 기회다. 이 기회를 더 효과적인 방법으로 맞이하기 위해서는 현장 중심 연구와, 이를 후원하는 선교적 체계가 매우 중요하다.

7장

새로 열리는 복음의 통로 II _ 도시의 친구들

앞 장에서 다룬 새로운 이웃에 이어 이번 장에서는 도시가 제공하는 복음의 두 번째 통로를 살펴볼 것이다. 이 두 번째 통로는 새로운 사회 관계망이라 할 수 있는 도시의 친구들이다. 이를 위해 이 장에서는 2차 관계망에 해당하는 도시의 친구들이 지닌 관계망적 특징을 분석한 후 도시가 끝없이 제공하는 친구 사귐의 기회를 알아볼 것이다. 선교 전략적 관점에서 도시를 왜 금맥을 살피듯이 보아야 할지, 이를 위해 그리스도인들은 어떤 준비를 해야 할지도 생각해 볼 것이다.

사례_ 새로운 친구, 새로운 생각

동 씨는 중국 간쑤성에서 회족이 많이 살기로 유명한 핑량(平凉)에서 자랐다.[1] 그의 고향에 있는 무슬림들은 대부분 척박한 땅에서 힘겹게 농사를 짓는다.

---

[1] 동은 필자가 중국에서 인도하던 모임에 나온 무슬림 배경을 지닌 주 안의 형제다. 여기 등장하는 딩 교수는 가명이며 나머지 내용은 모두 사실을 근거로 작성한 것이다.

그의 아버지와 형은 트럭을 운전한다. 마을에서 자랄 때 그는 회족이 아닌 사람들과 교류한 적이 거의 없다. 그 대신 학교에 가면 반 친구들 가운데 좋은 타민족 친구가 한둘 있었다.

집안 사정이 어려웠지만 그는 대학에 가기로 했고 이를 위해 버스로 하루 정도 떨어진 큰 도시 란저우로 유학을 갔다. 그가 다니는 대학은 여러 소수 민족과 한족이 함께 공부하는 곳이었다.

동은 비록 한족이지만 딩 교수를 매우 존경했다. 동은 딩 교수의 사무실과 집에 자주 찾아가 여러 차례 교제하고 상담을 받았다. 어느 날 딩 교수는 동에게 복음을 설명했고, 며칠 동안 고민하던 동은 주님을 영접했다. 나중에 동은 내게 자신이 예수님을 믿은 것은 딩 교수의 인격 때문이라고 간증했다. 그후 동은 딩 교수가 인도하는 그리스도인 모임에 매일 참석했다. 놀라운 것은 그 모임에서 이미 잘 알고 있던 여러 학교 친구들을 만날 수 있었던 것이다. 친구들과 교제하면서 동의 신앙은 무럭무럭 자랐다.

긴 여름 방학 동안 부모님 댁에 다녀온 동은 다시 몇 달 동안 학생 기도 모임에 나오지 않았다. 부모님을 속이고 신앙을 갖는다는 것이 몹시 괴로웠기 때문이다. 신앙의 내용은 둘째 치고 아무래도 아버지와 형님이 믿는 이슬람 신앙으로 돌아가야 자식 된 도리를 다하는 것 같다고 고백했다. 나와 딩 교수, 그리고 그 모임 리더인 위구르족 자매, 회족과 한족의 형제들은 이 어려운 문제를 놓고 오랫동안 동을 도왔다. 감사하게도 동이 졸업할 무렵에는 신앙이 잘 자라 있었다. 졸업 후 수년이 지나서 들은 소식에 따르면 고향으로 돌아간 동은 중고등학교 교사가 되었다.

동처럼 중국의 소수 민족 청년들은 학교, 직장, 사회 활동에서 많은 타민족 친구들을 만난다. 그러면서 그들은 어릴 때 부모님이 타민족에 대해 말해주던 것과 다른 모습이 있다는 것을 알아 간다. 동은 도시로 나온 지 2년 만에 벌써 여러 종교와 생각을 가진 타민족 친구들을 사귀었다. 이러한 소수민족 청년들이 사회와 친구들을 통해 나누는 생각과 집안에서 나누는 생각에는 점차 큰 간격이 생긴다. 그리고 그 사이를 오가야 하는 당사자는 이 두 그룹 사이에서 많은 괴리감을 느낀다.

이번 장에서 우리는 친족과 가족으로 이루어진 1차 관계망과, 사회생활로 생성되는 2차 관계망에 속한 도시인들의 소통 경로를 공부할 것이다. 그리고 2차 관계망 중에서도 도시인의 친구는 누구이고 어디에 있는지를 알아볼 것이다. 그리고 친구들이 전해 주는 정보와 친족이 전해 주는 정보는 어떤 차이가 있는지를 분류하여 도시의 민족들이 복음을 듣는 데 친구가 어떠한 역할을 할 수 있는지를 이해할 것이다. 마지막으로 도시의 사역자들은 계획성 있는 우정 전도 전략을 세워야 할 필요를 도전받게 될 것이다.

도시인의 두 가지 관계망

인류학자들은 사람들의 인간관계를 연구하면서 그 관계를 태생적으로 정해진 관계와 그렇지 않은 관계로 나누었다.[2] 사회 관계망에서는 자신을 중심 (egocentric)[3]으로 얼마나 가까운 관계인지에 따라 인간관계를 실질적 관계(the effective segment)와 확장된 관계(the extended segment)로 분류한다.[4] 이러한 분류는 도

---

2   루이스 모건(Lewis Henry Morgan)을 필두로 이러한 분류가 시작되었다. Lewis Henry Morgan, *Systems of consanguinity and affinity of the human family* (Netherlands: Anthropological P, 1970).
3   Barry Wellman, "Physical Place and Cyberplace: The Rise of Personalized Networking," *International Journal of Urban and Regional Research* 25, no. 2 (2001): 227-52.
4   Christopher McCarty, "Structure in Personal Networks," *Journal of Social Structure* 3 (2002), http://www.cmu.joss/; Stanley Wasserman and Katherine Faust, *Social Network Analysis: Methods and Applications*, Reprint., Structural Analysis in the Social Sciences ; 8 (New York, N.Y.: Cambridge University Press, 2016).

시인들 사이의 역학 관계를 이해하는 데 유용하다. 도시인의 관계망은 사람들의 친밀도와 사회적 거리를 기준으로 태생적인 관계 또는 1차 관계망, 그리고 획득한 관계 또는 2차 관계망으로 나눌 수 있다.

1차 관계망

1차 관계망은 개인이 노력하거나 개척해서 생성된 관계가 아니라 선천적이거나 그의 배경에 의해 자연스럽게 만들어진 관계다. 대표적인 1차 관계망으로는 가족과 친속 관계가 있다.[5] 즉 1차 관계망은 주로 혈연관계로 이루어진다.[6] 피셔는 1차 그룹을 민족 그룹, 친구, 친족처럼 충분히 잘 알고 "친밀감이 있는 사회 관계망"이라고 말한다.[7] 1차 관계망은 주로 선천적으로 정해진 관계이자 조건적이지 않은 관계라 할 수 있다.

1차 관계망에는 생물학적 가족 말고도 상황에 의해 형성된 가까운 관계도 포함될 수 있다. 입양되는 경우, 대부 관계로 인해 친족으로 여겨지는 경우, 부모와 친밀한 관계인 사람을 이모나 삼촌으로 부르는 경우들이 있다.[8] 더 나아가 이웃사촌처럼 친척은 아니지만 동향인 사람들이 도시에서 친척 관계처럼 서로 돕는 경우도 있다. 이는 친족과 친구의 중간 단계에 해당한다. 이처럼 도시인들에게 친족이란 사회생활에서 만들어진 상황적 관계망과 선천적 관계망이 서로 섞여서 형성된 것이라 할 수 있다.[9]

---

5 Paul Bohannan, *Social Anthropology* (New York: Holt Rinehart and Winston, 1963), 55.
6 Eames and Goode, *Anthropology of the City*, Chapter 4.
7 Fischer, *The Urban Experience*, 143.
8 사회적으로 만들어진 이러한 혈연관계를 보하난(Bohannan)은 준친족(quasi-kinship)이라 표현했다. Bohannan, *Social Anthropology*, 55.
9 도시의 친족 관계망에 관해 참고할 만한 최근 연구로는 다음과 같은 것들이 있다. Marian S. Harris and Ada Skyles, "Kinship Care for African American Children: Disproportionate and Disadvantageous," *Journal of Family Issues* 29, no. 8 (2008): 1013-30; E. Gallo and F. Scrinzi, "Outsourcing Elderly Care to Migrant Workers: The Impact of Gender and Class on the Experience of Male Employers," *Sociology* 50, no. 2 (2015):

모택동의 통치와 그후의 현대화를 겪으면서 중국 소수 민족들의 가정은 커다란 변화를 겪었다.[10] 이러한 변화가 인간관계에도 큰 영향을 주었지만 전통적 소수 민족이 갖고 있던 가족 간의 관계는 여전히 강하게 유지되는 것 같다. 예를 들어, 가족 관계나 전통적인 효(孝)의 중요성은 회족 무슬림의 가정 안에 그대로 잘 보존되어 있는 것을 볼 수 있다. 중국의 무슬림을 대상으로 한 설문에서[11] 주변에 중요한 문제를 의논할 정도로 존중하는 사람이 누구인지 물었을 때 응답자의 과반수가 부모님과 의논한다고 답했다.[12] 또한 수치스럽거나 충격적인 일을 당했을 때 가장 알리기 싫은 사람 역시 부모님이라고 답했다.[13] 물론 응답자 가운데 미혼자가 많아서 이런 현상이 강한 것을 고려해야 할지라도 회족은 확실히 가족과 부모처럼 1차 관계망 관계에서 유대감이 매우 강하다.

2차 관계망

2차 관계망은 태생적인 관계를 넘어 친구나 직장 동료, 또는 거리에서 알게 된 사람 등 사회생활을 통해 형성된 관계를 말한다. 1차 관계망에 비해 2차 관계망은 경우에 따라 범위가 매우 다양하게 뻗어 갈 수 있는 특성이 있다. 전통 사회에서는 모두 비슷하게 친속 관계 안에 있어서 주변인과 맺는 관계의 종류가 그리 다양하지 않지만, 현대의 도시인들은 개인마다 매우 다양하

366-82; Chen Chaonan, "A Household-Based Convoy and the Reciprocity of Support Exchange Between Adult Children and Noncoresiding Parents," *Journal of Family Issues* 27, no. 8 (2006): 1100-1136; Kay Tess and Spaaij Ramón, "The Mediating Effects of Family on Sport in International Development Contexts," *International Review for the Sociology of Sport* 47, no. 1 (2012): 77-94.
10 Jun Wen, "20世紀 90年代 中国各民族人口的变动 简评," *民族研究*, no. 3 (2006): 105-6.
11 Kim, "Receptor-Oriented Communication for Hui Muslims in China," 2009, 61.
12 현장 조사에서는 57퍼센트가 '부모', 29퍼센트는 '아무에게도 가지 않는다', 20퍼센트는 '친구에게 가서 고민을 털어 놓겠다'고 답했다. Kim, 61.
13 77퍼센트가 '부모'라고 답하였다. Kim, 61.

고 복잡한 관계망를 형성한다.[14] 도시 규모가 커지면서 기존 공동체에서 맺던 전통적인 인간관계는 약해진다. 이러한 관계적 공백을 채우기 위해 도시인들은 여러 활동과 그룹에 들어가게 된다. 도시인들은 이런 식으로 자연스럽게 다양한 2차 관계망을 만들어 간다.[15]

도시에 처음 정착할 때 이주민들의 2차 관계망은 고향에서 속한 2차 관계망과 크게 다르지 않다. 처음에는 주로 같은 민족끼리 관계망을 형성한다. 그들은 대부분의 시간을 같은 민족과만 보내고 소수만이 외부 민족과 교류한다.

표7.1. 민족 경계선 안에 형성된 전통적 2차 관계망[16]

---

14   임스에 따르면 도시의 사회 관계망은 선택의 폭이 훨씬 다양하다. Eames and Goode, *Anthropology of the City*, 157.
15   국가 주도의 도시화에서는 강제적으로 2차 관계망이 만들어지기도 한다. Martin King Whyte and William L. Parish, *Urban Life in Contemporary China* (Chicago: University of Chicago Press, 1984), 353-56.
16   김예녹의 개념도를 참조하여 발전시켰다. Enoch Jinsik Kim, *Receptor-Oriented Communication for Hui Muslims in China: With Special Reference to Church Planting*, vol. 34, American Society of Missiology Monograph Series (Eugene, O.R.: Pickwick Publication, 2018), 65.

표7.1은 이러한 도시인의 2차 관계망을 보여 주는 개념도다. 새로운 도시로 이주한 지 얼마 되지 않은 정착민이나 소수 민족 역시 이 개념도에 해당된다. 이 개념도 중심에 위치한 개인과 연결되어 있는 가게 주인, 종교 지도자, 학부모 모임의 친구들 같은 2차 관계망은 거의 민족 경계선 안에서 만들어진다. 이러한 모습은 전통 사회의 마을에서 만들어지는 관계망과도 크게 다르지 않다. 예를 들어 민족촌 근처에 구두 수선공이 있을지라도 특별한 일이 있지 않는 한, 사람들은 거의 자기 민족촌에서, 즉 익숙한 사람에게 구두를 수선한다.

이주자들이 도시로 이주하고 난 후, 시간이 지나면 2차 관계망 구성에 변화가 생긴다. 표7.2는 민족 경계선을 넘어 확장된 2차 관계망을 보여 주는 개념도. 주목해 볼 것은, 역동적인 도시의 삶이 이 표에서 보이는 이주민들의 능력, 기동성, 사회관계를 확장시키고 그들의 활동 범위가 전통적인 공동체를 뛰어 넘게 만든다는 것이다. 그 결과 사람들은 다양한 민족과 다양한 문화권과 접촉하게 된다.[17] 새로운 조류를 즐기고, 타종교권에 속한 친구를 알게 되고, 다른 커뮤니티에 가서 학교를 다니고 직장을 구하게 되는 것이다.[18] 이들의 관계망은 마치 당사자(ego) 또는 자신(self)이 확대된 것과 같은 모양으로 이해할 수 있다. 이렇게 확대된 자신(self)은 도시에 진출한 소수 민족이 경우에 따라 타민족 사이에서 사회활동을 하고 자민족 사이에서도 필요한 활동을 하는 등 자유롭게 선택할 수 있는 사람이 된다는 의미이기도 하다.

---

17 C. Edling and J. Rydgren, "Neighborhood and Friendship Composition in Adolescence," *SAGE Open* 2, no. 4 (2012): 10.
18 Kim, "'Us' or 'Me'? Modernization and Social Networks among China's Urban Hui," 93.

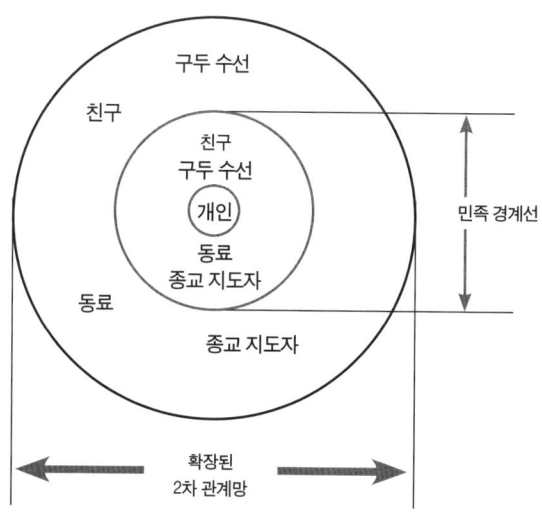

표7.2. 민족 경계선을 넘어 확장된 2차 관계망[19]

문화권별 친구의 의미

친구는 2차 관계망에서 빠질 수 없을 정도로 매우 중요한 항목이다. 1차 관계망과 달리 친구는 본인이 선택할 수 있다. 비록 많은 친구는 어린 시절에 살고 있던 지역에 국한되어 선택할 수밖에 없지만 말이다. 그러나 도시 사회에 와서는 이러한 지역성마저도 친구를 만드는 데 제한이 되지 않는다. 현대의 교통과 사회 활동들은 도시인들이 전통 사회에 비하여 먼 곳에서도 훨씬 다양한 친구들을 사귈 수 있게 해주었다.

친구의 개념은 문화권마다 조금씩 다르다. 또한 같은 민족일지라도 친구

---

19 김예녹의 개념도를 응용하였다. Kim, *Receptor-Oriented Communication for Hui Muslims in China*, 2018, 34:66.

를 사귀고 유지하며 친구로 인식하는 것에서 도시와 시골의 문화는 서로 다른 역동성을 갖고 있다.[20] 메리 더글라스(Mary Douglas)의 계층-그룹 이론(Grid-Group Theory)을 사용하면 친구와 문화권 간의 상관관계를 쉽게 이해할 수 있다.[21] 계층-그룹 이론은 세계의 문화권을 고 계층과 저 계층 사회, 그룹 중심 사회와 개인 중심 사회로 나누어 그 특징들을 이해하려 하였다. 표7.3은 계층과 그룹 중심의 경향을 2차원적으로 표시하고 문화권을 네 가지로 나누어 나타낸 개념도다.[22]

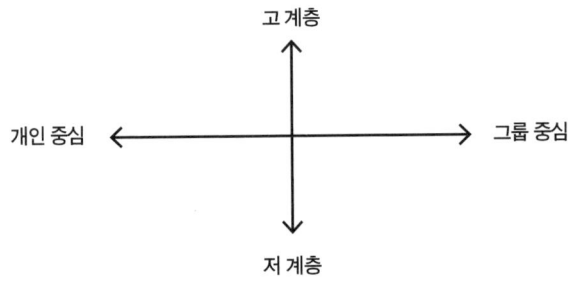

표7.3. 계층-그룹으로 나눈 네 가지 문화권

상단에 위치한 고 계층 사회는 그 구조가 매우 촘촘하고 상하 구분이 분명하다. 이런 사회에서 친구가 되려면 매우 까다로운 조건을 갖추어야 한다. 이런 사회 안에 있는 소그룹들은 경계가 선명하며, 특히 상하 간에 형성된 층이 매우 단단하고 복잡하기 때문이다. 이중에서도 우측에 있는 고 계층 고 그룹 사회에서는 상하의 위계질서도 분명하고 우리와 남을 구별하는 차별도

---

20 Fischer, *The Urban Experience*, 155-58; Fischer, *To Dwell among Friends*.
21 Mary Douglas, "Cultural Bias: Royal Anthropological Institute Occasional Paper" (Royal Anthropological Institute, 1978).
22 Sherwood Lingenfelter, *Transforming Culture: A Challenge for Christian Mission*, 2. (Grand Rapids, Mich.: Baker Books, 1998).

심하기 때문에 동급이 되어야 하는 친구가 되는 것은 그 조건이 매우 까다롭고 오래 지속되기도 쉽지 않다. 이런 문화권에서는 나이, 성별, 사회적 신분은 물론 오랜 사귐과 신뢰 형성의 노력, 기호와 능력을 모두 따져 본 뒤에 점차 친구가 되어 간다. 다수의 비서구 사회가 그룹 중심 사회이고 그중 어떤 문화권은 고 계층 특성도 띠고 있다. 이런 곳에서는 친구를 사귀는 것이 쉽지 않은 반면 일단 친구가 되면 매우 끈끈하고 오래가는 관계가 된다.

반면 서구 사회나 개인주의적인 사회에서는 친구를 만들기가 그리 어렵지 않다. 가끔 서양 사람들이 만난 지 얼마 되지 않은 아시아인에게 친구라고 표현할 때 아시아인들은 내심 당황한다. 다시 말해 서양 사람들에게 친구는 그저 얼굴이나 알고 지내는 관계에서 죽마고우 관계까지 다양한 수준을 의미하는 것이다. 대신 그들 사이에 하는 행동을 구체적으로 살펴보면 어떤 수준의 친구인지 알 수가 있다. 예를 들어 영어권에서는 이름도 잘 모르는 사람에게 좀 친근하게 대하려 할 때 "친구"라고 부른다. 반면 고 계층 고 그룹 사회에서는 그에 맞는 행동과 관계가 세세하게 충족되어야 친구라고 부른다.

수치 문화권에서 친구 관계란 유대감이 강한 관계다.[23] 이런 곳에서는 친구 관계가 워낙 깊기 때문에 역설적이게도 친구에게 많은 압력을 받으며 강한 수치와 명예감 역시 친구들 사이에서 만들어진다. 다음과 같은 말은 오랫동안 아시아 남성들 속에 의협심을 자극해 왔다. "나보다는 가족이, 가족보다는 우리가, 우리보다는 국가가 우선이다." 그렇기 때문에 이런 사회에서는 의리를 위해 우리, 즉 친구나 개인이나 가족을 희생하는 일들을 어렵지 않게 볼 수 있다.

집단 중심 사회에서 친구는 단순히 정서적 만족을 주는 데서 끝나지 않고

---

23 Roland Muller, *Honor and Shame: Unlocking the Door* (Philadelphia, Pa.: Xlibris Corp., 2000), 6, 9, 10.

더 실제적인 이익을 나누는 관계로 발전한다.[24] 많은 경우 이들은 친구들 덕분에 도시로 이주하여 정착한다. 쉽고 유익한 정보도 친구에게만 가르쳐 주어 그들끼리 신분 상승과 성공을 이루도록 도와준다.[25]

중국의 경우, 친구는 십 대 초반부터 중요해져서 십 대 후반부터는 친척이나 가족보다 친구나 동료에게 새로운 정보를 더 많이 얻는다. 필자가 중국인들에게 가장 좋고 오래가는 친구는 언제 만들어지는지 물었을 때 대부분 고등학생 때라고 말했다. 이때부터 사람들은 사회에서 사용되나 가정에서는 제공할 수 없는 정보들을 공유한다.[26] 이들은 부모에게서 벗어나 친구나 선배, 교사로부터 2차적인 가치관들을 받아들이게 된다. 특히 전통적이지 않은 가치들은 주로 학교나 회사에서 형성된다. 전통적인 민족의 가정에서 자라나 도시에서 학교와 직장에 다닌다면, 분명 문화와 가치관이 서로 다른 사회를 매일 오가게 될 것이다.

금맥과 같은 도시인의 세 가지 관계망

도시 안에서 소수 민족, 특히 미전도 종족을 선교한다는 것은 마치 금맥을 찾는 것과 흡사하다.[27] 광부들은 금을 찾을 때 무작정 땅을 파는 것이 아니라 먼

---

24 카를로스 가르시아는 미국으로 이주한 남미 이민자의 2차 관계망이 어떻게 경제적 관계망과 연결되어 가는지를 현상학적으로 조사하였다. Saracostti, "Social Capital as a Strategy to Overcome Poverty in Latin America."
25 Sako Musterd and Rinus Deurloo, "Unstable Immigrant Concentrations in Amsterdam: Spatial Segregation and Integration of Newcomers," *Housing Studies* 17, no. 3 (2002): 487-503.
26 천차오 왕(Chunchao Wang), 화휘 라오(Huahui Lao), 샨보 죠(Xianbo Zhou)는 중국의 농촌 출신 도시 노동자의 사회 관계망이 개인의 수입에 많은 영향을 끼친다는 것을 발견하였다. C. Wang, H. Lao, and X. Zhou, "The Impact Mechanism of Social Networks on Chinese Rural-Urban Migrant Workers' Behaviour and Wages," *Economic and Labour Relations Review* 25, no. 2 (2014): 353-71.
27 도시인의 정보 통로를 금맥으로 비유한 것은 그린웨이(Greenway)와 몬스마(Monsma)가 낸 아이

저 금맥을 찾는다. 많은 노력 끝에 땅 깊은 곳에서 금맥을 찾으면 그후에는 계속 금맥만 따라가면서 금을 채취한다. 도시에서 특정 부류의 사람들을 찾아내는 것도 이와 비슷하다. 도시의 수많은 하부 문화 그룹들 사이에 숨어 있는 특정 그룹의 사람을 처음 찾기는 어렵지만 일단 몇 명을 찾아내면 마치 금맥처럼 그 사람들과 연결된 동종 그룹원들을 찾아낼 수 있기 때문이다.

도시의 소수 민족을 대상으로 하는 선교사는 이 금맥의 원리를 주의 깊게 생각해 보아야 한다. 특정 소수 민족이나 미전도 종족에 부담을 갖는 선교사들은 우선 그들이 어디서 어떤 식으로 활동하는지 파악하고 있어야 한다. 즉 그들의 2차 관계망이 어떻게 펼쳐지는지 이해해야 하는 것이다.

이제 도시의 소수 민족과 이주민이 갖고 있는 소통 경로와 그 연결 상태를 알아보고자 한다. 도시의 소수 민족들은 적어도 세 가지의 통로를 통해 생활과 업무에 필요한 정보를 주고받는다. 바로 민족 통로, 사회 계층 통로, 사회 활동 그룹 통로다. 표7.4는 이 세 가지 통로가 어떤 식으로 연결되어 있는지를 설명한 로저 그린웨이(Roger S. Greenway)의 개념도다.[28] 이 개념도를 보면 한 사람 P(person)가 민족촌 안팎에서 활동할 때 그 2차 관계망이 어떤 식으로 연결되는지를 쉽게 알 수 있다.[29] 이 그림에서 세로줄은 각기 다른 민족을 나타내고 가로줄은 각기 다른 사회 계층을 의미한다. 그래서 P는 민족으로는 Y라는 민족, 사회 계층으로는 X라는 계층에 소속되어 있는 사람이다. 이 P는 언어와 문화가 같은 Y 민족의 모임에 들어가 자유롭게 정보를 나눈다. 또한 자신과 같은 계층의 사람들과만 업무 동역자로, 오랜 시간을 함께 지낸 친구로 많은 정보를 나눈다. 그런데 현대 도시는 도시의 민족들에게 이 둘 말고

디어다. Roger S. Greenway and Timothy M. Monsma, *Cities: Mission' New Frontier* (Grand Rapids, Mich.: Baker, 2000), 147. 「도시: 선교의 새로운 개척지」, 박보경 역 (서울: 미션 아카데미, 2004).
28 앞의 책, 156.
29 앞의 책, 156.

또 다른 정보 통로를 제공한다. 이 세 번째 통로는 사회 그룹으로, 대각선(Z)으로 표현했다. 도시인들은 업무 외에도 여러 사회 활동을 하는데, 그 과정에서 여러 정보를 교류한다. 예를 들어 마을 여성들의 모임, 자전거 동호회, 종교 모임 등이 그 좋은 예다.

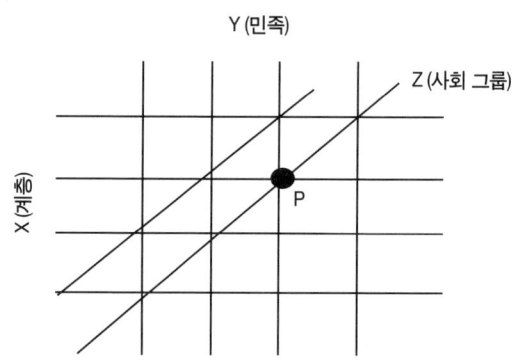

표7.4. 그린웨이의 도시인의 3차원 관계망[30]

이렇게 다양해진 소통 경로들은 도시인들로 하여금 여러 사회 활동에 참여할 수 있도록 도와준다. 도시의 발달한 교통수단과 이러한 관계망들은 전통적 생활권 안에 머무르던 사람들이 민족 경계선 밖으로 나가 활동할 수 있는 주요 인프라가 된다. 그렇게 해서 도시의 이주민들은 이전보다 다양한 관계망에 가입하고, 그곳에서 새로운 정보를 주고받으며, 나아가 자신의 가치관과 행동에도 변화가 일어나게 된다.

이처럼 다양해진 소통 경로들로 인해 정보는 특정 그룹 안에 갇혀 있지 않고 빠른 시간에 넓게 퍼져 나간다. 예를 들어 조기 축구 동호회에서 알게 된 회원들은 서로 가까워지면서 많은 정보를 나누고, 모임 후에는 새로 알게

---

30 앞의 책, 156.

된 정보를 자신이 속한 다른 그룹에서 나눈다.

도시인들은 각자가 조금씩 다른 관계망들에 소속되어 있다 보니 같은 그룹에 모여 있을 때에도 서로 다른 의견과 반응을 보인다. 다양한 의견을 접한 결과, 사람들은 전통적인 그룹에 머물러 있을 때보다 새로운 사고를 갖게 되고, 일부는 외부에 대한 개방성이 증가한다. 복음 역시 이러한 외부 소식 중 하나로, 이전에 닫혀 있던 민족들 중 일부는 외부 활동으로 인해 새로운 소식의 통로에 개방적이 되기도 한다.

이러한 사회적 분위기는 개인이 더 주관을 갖고 의사를 결정하도록 만든다. 사회 활동이 다양해지고 기동성도 좋아지면서 개인은 특정 그룹에서 정한 가치관이나 선호를 일방적으로 강요받는 것이 아니라 자신이 속한 여러 그룹에서 그 가치관들을 고루 접하게 된다. 그래서 도시인들은 그룹 전체의 가치관보다는 점점 개인의 가치관과 선호 방식에 따라 의사를 결정할 여유가 생긴다.

전통 사회에서는 구성원들이 복음에 대해서도 전체적으로 비슷한 반응을 보인다. 그러나 도시의 소수 민족들은 직장에서 본 그리스도인, 학생 시절에 친구들 사이에서 보고 들은 기독교에 대한 소문, 텔레비전에서 보고 알게 된 기독교, 동호회에서 알게 된 그리스도인과 그가 전한 복음, 이웃집 사람들이 전해 준 그리스도인에 대한 부정적 소문 등을 모두 종합하여 기독교에 대한 의견을 어느 정도 표현할 수 있다.

새로운 친구의 등장이 도시 선교에 주는 의미

도시로 이주한 이주민들은 새로운 친구와 동료들을 사귀게 된다. 동료나 친구와 같은 2차 관계망은 서로 간에 신뢰와 이익을 기초로 형성된다. 이러한 신뢰와 공동 목표를 위해 자주 교류하고 협업하는 가운데 이들은 정보와 가치를 공유한다. 기쁜 소식인 복음 역시 하나의 정보이므로 충분히 이러한 2차 관계망을 통해 흘러갈 수 있다. 도시로 오면서 개인의 자유와 의사결정 능력이 이전보다 늘어난 이민자들이 이렇게 다양한 곳에서 친구와 동료를 사귀게 된다는 사실이 선교 사역에 시사하는 메시지가 무엇인지 고찰해 보아야 한다.

1차 관계망 대상 사역

이주자는 자신이 속한 공동체가 전통적이고 고향의 영향을 많이 받을수록 1차 관계망에 많은 영향을 받는다. 이러한 이주자들 가운데 누군가가 개종하면, 주로 가족이나 친족과 많은 갈등을 겪는다. 새로운 신자가 전통적인 교회나 그리스도인들끼리 자주 만나는 모임에 소속될 경우에는 더더욱 이주민 공동체의 불만과 핍박을 불러일으키게 된다. 그런 형태의 그리스도인 모임은 사람들의 생활 패턴을 가정 중심에서 교회 중심으로 유도하기 때문이다. 그리고 지식을 많이 가르치는 제자훈련 역시 개종자가 가족과 갈등을 일으키기 쉽다. 삶의 변화보다 지식 위주 변화가 주로 갈등을 유발하기 때문이다.

새로운 민족이나 가문에 복음이 들어가는 초기 선교 단계에서는 개종자 식구 전체에게 신뢰를 얻어 내는 것이 대단히 중요한 문제다. 특히 도시 안의 민족 공동체는 생존과 정서적 안정과 자존감을 세우기 위해서 전통 문화와 친족 공동체에 자신들의 삶을 단단하게 뿌리박고 있기 때문이다. 아무리 도시 생활을 오래 하고 타민족 친구가 많다고 해도 많은 사람이 여전히 자기 민족과 관계를 유지한다. 오히려 대부분의 시간을 1차 그룹 안에서 보낸다. 뿐만 아니라 경우에 따라서는 민족촌이 줄어들지 않고 오히려 부흥할 수도 있다. 민족의 수가 임계치를 넘어서든지, 민족의 자존감을 높이는 계기가 생길 경우, 도시의 민족들은 더욱 자신의 문화를 중심으로 뭉친다. 그러므로 도시 안의 민족을 선교하려면 이 1차 관계망 안에서도 호소할 수 있는 선교 방법의 설계가 매우 중요하다.

　1차 관계망 선교를 위해서는 적어도 두 가지를 노력해야 한다. 하나는 새로 믿는 사람들이 교회가 아닌 가족과 친족 안에서 먼저 존경받는 사람이 될 수 있도록 훈련해야 한다. 다시 말해 그들이 지식을 많이 채우기보다는 삶의 현장에서 빛과 소금이 되도록 도와야 한다. 예수님을 믿은 후 그분을 말로 전하기 전에 가족에게 더 책임 있고 신뢰받는, 즉 변화된 사람으로 인정받아야 하는 것이다. 성경 공부를 많이 하기보다는 성령과 동행하는 법을 배워 그가 성령께서 주시는 지혜와 능력을 받을 수 있도록 도와야 한다. 그의 가족이 무슬림이든 힌두교도든 이것이야말로 사실 그들이 진정 부러워하고 또 되고 싶어 하는 삶의 모습이다.[31] 이처럼 가까운 사람들에게 더 좋은 사람, 더 지혜로운 사람으로 변화되는 것은 지식적인 변화보다, 그리고 교회에서 그리스도인들하고만 시간을 보내고 가족에게는 소외감과 배신감을 주는 것보다 훨씬 근본적이고 성경적인 변화다.

　다른 하나는 복음이 상황화되고 토착화되어 전파되어야 한다. 복음이 이방적인 것이거나 도시의 기득권 또는 주류 민족의 것이 아닌 그들 전통적인 것으로도 받아들여질 수 있게 해야 한다. 복음이 주류 민족이나 외국의 것처럼 비춰지면 가장 먼저 1차 관계망에서 거부감을 갖는다. 그리고 자신의 가족이 외부 종교를 받아들이는 것에 당연히 배신감과 수치심을 느끼게 된다.

31　더글라스 맥너슨의 미 출간 문서를 그렉 리빙스턴(Greg Livingstone)이 인용하였다. Greg Livingstone, *Planting Churches in Muslim Cities: A Team Approach* (Grand Rapids, Mich.: Baker Book House, 1993), 134-35.

사실 상황화된 복음을 갖기까지는 많은 시간이 필요하기 때문에 초기에 믿는 사람들은 복음을 진정 자신의 문화로 느끼기에는 사실 많은 무리가 따른다. 그럼에도 선교사들은 되도록 그들 상황에서 복음이 이해되도록 수신자 중심적 대화를 하는 데 많은 노력을 기울여야 한다.

2차 관계망이 주는 기회

우리는 도시 안의 다양해진 2차 관계망을 통해 복음을 접하기 어려운 그룹과 미전도 종족에도 복음이 흘러갈 통로가 생길 수 있다는 점에 주목해야 한다. 전통적인 미전도 종족 마을에서 복음으로 회심한 사람에게는 엄청난 사회적 압력과 저항이 작용한다. 그러나 도시인들의 2차 관계망에는 그들 특유의 개인적인 것에 대한 무관심과 존중, 다른 그룹에서 일어난 일에 대한 무지로 인해 대체로 그 그룹 안에서는 개인의 신앙이 전통 사회만큼 큰 문제가 되지 않는다. 즉 적어도 사회생활은 개종자가 조금 더 개인의 여유를 찾을 수 있는 환경이라는 것이다.

더군다나 도시의 관계망에서는 종교생활과 경제생활에 관련된 인물들이 잘 겹치지 않다 보니 개종으로 인한 종교적 위협이 그 사람의 생계까지 위협하는 경우가 훨씬 줄어든다. 특히 도시는 종교를 개인 영역으로 인식하기 때문에 개종한다고 해서 종교권에서 사회적으로 제재하기는 쉽지가 않다.

또한 선교사들은 현대 도시의 사회적 분위기가 도시의 민족들을 자발적으로 중립 지대에 나오도록 만든다는 사실에 주목해야 한다. 전통적인 선교에서는 선교사가 사역 대상을 찾아 들어갔다. 그러나 도시에서는 여러 민족이 확대된 2차 관계망을 통하여 선교사나 그리스도인이 있는 민족들과 자연스럽게 만날 수 있다. 경제, 취미, 생활의 이유로 여러 민족이 함께 다양한 사회 활동을 해야 하기 때문이다. 이는 마치 그들이 대로변으로 나온 것과 같은 모양이다. 버스 터미널처럼 문화 사회의 중간 지대에서 여러 민족이 자연스럽게 만날 수 있게 된 것이다. 그렇기 때문에 현대 선교에서는 선교사가 가족과 함께 그들 가운데 찾아 들어가 정착하고 문화를 배워 가는 전통적인 선교도 하지만, 자발적으로 중간 지대로 나오는 이들을 맞이할 수 있는 전략도 세워야 한다.

이처럼 중간 지대에서 맞이하는 방식의 선교를 위해서 선교사들은 선교 대상으로 하는 종족의 2차 관계망이 주로 어떤 식으로 형성되는지를 주의 깊게 살펴보아야 한다. 즉 그들이 타민족과 자연스럽게 사회 활동과 경제 활동을 하는 곳이 어디인지 파악해야 하는 것이다. 일단 자연스런 만남의 장소를 파악하면 그곳을 대상으로 일할 사역자를 파송하거나 선교 단체를 세워야 한다. 또는 그곳에 있는 기존 그리스도인들을 훈련하여 주변에 있는 대상 민족에게 찾아가게 하는 사역도 구상할 수 있어야 한다. 이뿐 아니라 도시의 민족들이 도시 생활을 하면서 겪는 도시형 필요를 채울 수 있는 선교 전략도 필요하다. 도시 소수 민족들은 항상 불안과 고달픔이라는 문제를 안고 살아간다. 이들에게 실제적인 도움과 희망을 주는 사역은 무궁무진할 것이다.

이러한 사역들이 가능하려면 전반적인 현장 자료를 수집해야 한다. 이러한 자료들은 현장이 어떠한 상태인지, 필요가 무엇인지, 장기적으로 일할 수 있는 선교사의 조건은 어떤 것인지, 2차 관계망 안에 있는 다른 그리스도인들과 어떻게 협력해야 할지 등 다양한 질문을 통해 수집해야 한다. 이를 위해서는 전문가와 현장 사역자, 후원자 간의 협력이 중요하다.

미전도 종족 선교의 최전선, 도시
도시가 선교적으로 중요한 것은 무엇보다 하나님의 관심이 사람에게 있기 때문이다. 다시 말해 도시는 사람들이 몰리는 곳이고, 그렇기 때문에 하나님의 마음과 관심이 몰리는 곳이기도 하다. 물론 전통적으로 해오던 농촌과 오지의 사역은 지금도 필요하고 앞으로도 계속되어야 한다. 그러면서도 우리는 하나님이 현대 도시에 주시는 선교적 기회를 읽을 수 있어야 한다.

현대는 그동안 복음에 소외되고 고립되어 있던 민족들을 도시로 불러들인다. 그러므로 도시는 수많은 민족의 박물관이 되어 가고 있다. 그리고 이러한 많은 미전도 종족과 소수 민족이 마치 퍼즐 조각처럼 모여 도시를 만든다. 과거에는 시골에 가야만 미전도 종족을 만날 수 있다고 생각했지만, 이제는 도시야말로 미전도 종족의 박물관이자 선교의 최전선임을 알아야 한다. 그렇기 때문에 그린웨이가 도시의 소수 민족 사역을 금맥 찾기에 비유한 것은 매우 적절하다. 그들이 어디에서 어떤 활동을 하고 있는지는 쉽게 파악되지 않지만 일단 찾아내면 그 주변에 유사한 사람들을 끊임없이 연결해 가면서 찾을 수 있기 때문이다. 이처럼 선교사가 미전도 종족이라는 금맥을 찾기까지는 많은 수고가 뒤따른다. 어떤 종족은 쉽게 눈에 띄고 접근도 용이하지만, 어떤 종족은 도시에 분명 거주하는데도 접근하기 어렵고 한 번 형성된 관계가 오래가기도 힘들다. 그러므로 이런 일을 하는 선교사들과 동역하는 사람들은 그 금맥을 찾아내기까지 선교사가 많은 수고와 노력을 지속적으로 쏟을 수 있도록 신뢰하고 도와야 한다.

금맥을 찾는 것은 오랜 수고를 들여야 하지만 충분히 수행할 가치가 있다. 이 일을 위해 선교사는 더 창의적이면서도 자신의 상황에 맞는 경험적인 매뉴얼을 개발해야 한다. 그들을 어떻게 찾아낼 수 있는지, 그 민족의 계층이 어떻게 분포되어 있고 어떤 식으로 변화하는지를 아는 것은 매우 중요하다. 적절한 은사와 기술을 갖춘 사람, 현지인이 자연스럽게 활동하는 곳에서 역시 자연스럽게 살고 일할 수 있는 사람이 먼저 그 사역에 배치되어야 한다. 즉 선교 현장에 필요한 사람을 선교사로 선발할 수 있어야 한다. 현장에서는 선교 본부에 필요한 사람의 조건을 알려 주고, 본부는 그 조건에 합당한 사람을 공급할 수 있어야 한다.

8장

새로 열리는 복음의 통로 Ⅲ_ 도시의 다양한 소그룹들

6, 7장의 이웃과 친구에 이어 8장에서는 새로이 열리는 복음의 세 번째 통로로 다양한 소그룹을 소개할 것이다. 8장에서는 도시 속의 다양한 문화 그룹이 갖는 변화와, 그들이 갖고 있는 소통 경로를 이해하여 선교 전략을 모색하고자 한다. 결론에서는 선교사가 도시 안의 여러 민족을 대상으로 사역할 때 전략적으로 먼저 접근할 하부 문화 그룹이 어떤 곳인지 알아볼 것이다.

이번 장을 통하여 독자들은 도시라는 환경이 여러 소그룹을 민족 안팎에 있는 다른 소그룹들과 연결한다는 것을 알게 될 것이다. 그리고 결론에서는 이와 같이 새로운 민족 간 소통 경로들은 전통적으로 복음에 소외된 도시 민족에게 복음을 소개할 수 있는 기회임을 알게 될 것이다.

이를 위해 이번 장에서 다룰 내용은 다음과 같다.

- 도시 환경에서 하부 문화 그룹들은 어떤 변화 과정을 거치며, 그것이 주는 선교적 기회는 무엇인가?
- 도시 하부 문화 그룹들의 소통 경로는 어떻게 변화하는가?
- '우리'보다 '나'의 의사가 점점 중요해지는 도시 사회가 선교에 끼치는 영

향은 무엇인가?

사례_ 새로운 습관을 갖게 된 한 무슬림 이야기

필자와 오랫동안 교제한 중국인 무슬림 마 씨는 결혼하고 얼마 되지 않아 아내와 함께 고향 핑량에서 큰 도시로 이주했다. 그는 동향 무슬림이 많이 모여 사는 마을에 정착했고, 아침마다 양고기를 사다가 작은 수레 위에서 구워 파는 양꼬치 구이 일을 했다. 시간이 지나 그의 가정은 다른 민족들이 많이 사는 곳으로 이주하였다. 양꼬치를 사먹을 손님이 그곳에 더 많았기 때문이다. 내가 그와 좋은 친구가 될 무렵, 그는 저녁마다 많은 손님에게 말동무가 되어 주면서 새벽까지 양꼬치를 팔았다. 나도 그 많은 손님 중 하나였다. 마 씨와 그의 아내는 새로운 집에서 아침부터 저녁까지 타민족과 교류하며 살았다. 도시에서 생활한 지 3년 즈음이 되자 그들의 관계망은 이전보다 훨씬 넓어졌다.

하루는 마 씨의 집을 찾아갔는데, 부랴부랴 붉은 초롱(lamp)을 치우고 있었다. 붉은 초롱은 중국의 한족, 즉 비무슬림 민족이 설날을 지낼 때 문밖에 걸어 놓는 전통적인 물건이다. 무슬림은 한족의 명절을 지내지 않고 거리를 두기 때문에 일반적으로 한족 방식을 떠올리게 하는 그런 초롱은 잘 걸어 놓지 않는다. 마 씨는 서둘러 초롱을 치우면서 내게 말하기를, 얼마 후 어머니께서 시골에서 오시는데 그 초롱을 보면 싫어하실 것이라고 했다. 그는 어머니가 가시자 초롱을 다시 걸어 놓았다.

도시 생활 3년차를 넘어섰을 무렵에는 마 씨도 도시의 여러 민족과 교류하며 타민족의 습관과 생활 방식을 큰 거부감 없이 받아들였다. 그는 저녁마다 양꼬치를 팔면서 여러 타민족 손님들과 활발히 교류했고, 그 결과 새로운 관계망들을 형성하게 되었다. 새로운 관계망을 통해 타민족의 새로운 스타일과 유행이 마 씨의 삶 속으로 들어와 결국 그의 습관과 기호에도 영향을 끼쳤다. 이런 현상은 비단 마 씨뿐 아니라 도시의 여러 젊은 무슬림들 사이에서도 어렵지 않게 볼 수 있었다.

마 씨 가족처럼 도시로 이주한 사람들은 변화에 노출되기 쉽다. 이들의 변화는 그들이 관계하는 그룹이 달라졌기 때문에 가능한 것이다. 다양한 그룹과 소통 경로를 갖고 있다 보니 사람들도 끊임없이 새로운 정보의 노크 소리를 듣는다. 그리고 그 정보 가운데에는 복음도 있을 수 있다.

활성화되는 그룹 간 소통

그동안 우리는 도시가 여러 하부 문화로 구성되어 있고, 사람들은 그 속에서 도시형 관계망을 맺고 살아간다는 점을 알게 되었다. 수많은 그룹이 각자 내부와 외부에서 주는 정보에 적극적으로 반응하면서 매번 자신의 방향을 결정한다. 동시에 그들은 주변의 많은 그룹과도 끊임없이 교류하며 반응한다. 그러므로 도시는 수많은 하부 문화 그룹들의 모자이크라 할 수 있다. 그리고 도시를 하나의 유기체로 이해하면 각 그룹의 특징을 더 잘 이해할 수 있다. 도시의 그룹들은 서로 연계되어 함께 영향을 주고받는다. 이는 마치 살아 있는 동물들 안에 수많은 작은 조직이 모여 기관을 만들고, 또 그 기관들이 전체적으로 한 몸을 이루는 것과 유사하다.

전통 사회의 그룹들은 그 사회가 갖는 경직성 때문에 도시에 비해 주변의 다른 그룹들과 활발하게 교류하지 못했다. 그 결과 각 문화 그룹은 고립된 상황에서 자신만의 하부 문화를 만들고 자신만의 정체성, 조직, 전통, 생활 방식을 발전시켰다. 다민족 사회에서도 전통적으로는 여러 민족이 서로의 언어와 문화에 느끼는 괴리감과 민족 감정, 편견 때문에 가까이 있어도 많은 교류를 하지 않았다.

현대 도시에서는 그룹 간 교류가 활발하고 적극적일 수밖에 없다. 현대인들은 자신이 속한 계층은 물론 다른 계층, 다른 민족과도 교류해야만 생존하고 사회생활을 할 수 있기 때문이다.[1]

도시의 다양성, 경쟁, 자아 성취의 열망, 생존에 대한 절박성, 다양한 욕구는 도시인들로 하여금 왕성하게 새로운 그룹을 만들고 참여하게 만든다. 그리고 이러한 그룹 활동들을 통해 도시는 새로 정착하는 민족에게 신분 상승과 새로운 관계 형성의 기회를 제공한다. 예를 들어, 개발도상국의 공장에는 민족을 초월해 함께 일하는 직공이 많다. 자녀의 학교 역시 민족 간 교류를 더욱 자연스럽게 촉진한다.

이렇게 도시인들이 1, 2차 관계망을 통하여 다양한 하부 문화 그룹 안에서 활동한다는 사실은 선교적으로 매우 의미가 있다. 도시가 하위 그룹 간의 모자이크이면서 서로 적극적으로 교류하는 유기체라면, 복음 역시 과거와 다른 통로로 흐를 수 있다는 사실을 기억해야 한다.

도시 그룹들의 변화 유형

도시의 모든 그룹은 외부의 여러 영향에 나름대로 반응한다. 이렇게 그룹들

---

1 Greenway and Monsma, *Cities: Mission' New Frontier*, 148. 「도시: 선교의 새로운 개척지」.

이 반응한다는 것은 그 안에 있는 구성원들이 반응한다는 것이다. 그룹 안의 구성원들은 끊임없이 외부의 요구에 반응한다. 이런 점에서 그룹이 변화한다는 것은 외부 영향에 대해 그 구성원들이 어떤 식으로 반응할지를 결정한 결과라고 할 수 있다.

사실 그룹이 변화하는 데 작용하는 요인은 순전히 그룹 안에서 발생한다기보다는 내부 구성원들이 연결된 다양한 외부 관계망의 영향에 기인한다. 예를 들어 한 그룹이 종교적 쇄신이 필요하다고 느끼는 것은 단순히 내부에서 필요가 생겼다기보다는 그런 쇄신을 일으키라는 외부의 비판이나 변화를 요구하는 주변 환경이 있었기 때문이다. 그룹의 변화 유형은 매우 복잡하고 다양하지만 적어도 네 가지로 정리할 수 있다. 즉 강화, 사멸, 전환, 유지다.[2]

강화 유형

강화(intensification)란 외부와 내부의 영향으로 그룹의 본래 정체성과 세력이 점점 강해지는 것을 말한다. 도시의 영향력은 그룹의 정체성을 더욱 강화하기도 한다. 전통적인 정체성이 현대의 새로운 관점이나 새로운 기술에 힘입어 더 부흥되거나 강화될 수도 있다. 근본주의로 회귀하는 종교가 좋은 예다. 국제 정세의 변화는 이슬람주의를 자극하고 그 세력을 강화시키기도 했다. 예를 들어 나지 아유비(Nazih Ayubi)는 이슬람 성전(聖戰), 즉 지하드에 참여한 전사들이 "20-30대의 젊은 층이 대부분이고, 직업군으로는 44퍼센트가 학생층"이라고 보고했다.[3] 현대화의 영향으로 현대 지식인 무슬림들은 문자와 정보

---

2 데이비드 버넷(David Burnett)은 세계관의 변화로 나타날 수 있는 현상을 네 가지, 즉 문화의 비도덕화, 소멸, 개종, 재부흥으로 정리했다. David Burnett, *Clash of Worlds* (Eastbourne: Monarch, 1990), 33, 25-36, 122.
3 Nazih N. M. Ayubi, *Political Islam: Religion and Politics in the Arab World* (London; New York: Routledge, 1991).

를 자유롭게 사용하고 있으며, 사용할 수 있는 미디어도 다양하다. 이러한 능력과 지식으로 그들은 자신이 원하는 정신적 무장, 즉 무슬림 사상을 선택적이면서도 훨씬 많이 접할 수 있게 되었다. 이처럼 현대화를 적극적으로 수용하는 종교 집단은 외부의 정보와 자원을 끌어들여 와 기존 그룹을 강화한다.

이러한 종교적 보수성의 강화는 중국 무슬림의 젊은 계층에서도 나타난다. 중국 도시에 거주하는 교육받은 무슬림 젊은이들을 대상으로 이슬람 보수주의적 경향성을 현장 조사한 결과, 응답자의 30퍼센트가 보수주의적 성향을 가진 것으로 나타났다.[4]

이들은 비록 대도시에서 비교적 적게 이슬람을 교육받고 자랐지만 경우에 따라서는 현대의 미디어나 주변 사람들과의 빈번한 교류를 통해 중동이나 다른 무슬림 그룹의 소식을 더 자주 접한다. 그 결과 3분의 1 이상의 젊은이가 종교적인 보수 성향을 갖추고 있는 것으로 해석할 수 있다. 이처럼 도시의 삶은 특정 그룹의 문화를 강화시키기도 한다.

사멸 유형

그룹이 갖는 두 번째 변화 유형은 사멸(extinction)이다. 즉 현대화나 외부의 영향으로 전통적인 그룹이 더는 존재하지 못하게 되는 경우다. 아니면 내부인들이 필요를 못 느껴 그룹이 사멸되는 경우도 있다. 더 강한 민족에게 흡수되어 소수 민족의 언어권이 사라지는 경우나, 젊은이들이 도시로 가면서 시역 문화가 전승되지 못하는 경우가 여기에 해당된다. 도시 개발로 인해 전통 마을이 물리적으로 해체되는 것도 여기에 해당된다. 정부의 도시화 정책으로 인해 수백 년 동안 생활권을 형성해 온 마을 사람들이 새로 분양받은 아파

---

4 Kim, *Receptor-Oriented Communication for Hui Muslims in China*, 2018, 34:95-102.

트로 뿔뿔이 흩어지게 되는 것이다.

이처럼 외부에 의한 강제적 해산뿐 아니라 개인이 원해서 기존 그룹에서 나와 새로운 그룹으로 흩어지는 경우도 많다. 더 좋은 교육 혜택과 일자리, 환경을 찾아 이전 그룹을 떠나 새로운 곳으로 이동하는 것이다. 이때 집단 이주가 아닌 일부만 이동하여 새로운 그룹 안에 들어갈 경우, 규모가 작은 그들의 정체성은 더 쉽게 사멸한다.

전환 유형

도시의 영향으로 어떤 그룹은 새로운 형태로 전환(conversion)한다. 이 경우 그룹의 구성원들과 리더는 새롭게 발생하는 내부의 요구와 외부의 영향력 앞에 자신의 그룹이 변화해야 할 필요성을 느낀다. 그래서 그들은 자신의 외형이나 관계, 문화 형태의 일부를 다른 모양으로 대체하거나 제3의 모습으로 탈바꿈한다. 이러한 전환 유형으로 중국 무슬림의 아랍화 유행이 있다. 아랍화 유행이란 무슬림들이 수구적인 자세에서 벗어나 현대 기술을 받아들이되, 좀 더 아랍의 이미지를 띠며 현대화하는 조류를 말한다. 전통적인 중국 무슬림은 최근 중국 정부의 현대화나 서구화 정책도 중국화 조류의 일종으로 해석하기도 한다. 현대화와 고립 사이에서 갈등하던 중국 무슬림들은 현대화하되 무슬림의 방향에 좀 더 적합하다고 생각되는, 아랍화라는 제3의 길을 만들어 낸 것이다.[5] 일부 무슬림은 국가의 현대화 정책을 무조건 따르기보다는 마음의 고향인 아랍 문명을 따라가는 것을 선호한다.[6] 이렇게 하는 것이 자신의 영적인 성숙이나 순결성에 더 적합하다고 생각하며, 아랍의 발달한 기술과 현대 문명을 접합시켜 새로운 회족 문화를 발달시키려 노력한다. 이

---

5   Gillette, *Between Mecca and Beijing*, 233.
6   앞의 책, 8-14, 53.

런 식으로 도시의 민족들은 동화라는 압력 앞에 자신의 그룹을 다양한 형태로 변형시켜 자신의 미래를 적극적으로 선택한다.

유지 유형

어떤 그룹은 도시 환경이 주는 자극에 크게 영향을 받지 않는다. 이런 그룹은 자신의 문화적 특성을 계속 유지(continuation)한다. 도시의 소수 민족과 이주자 가운데 상당수는 오랜 도시 생활에도 자신의 이전 생활 양식을 그대로 유지한다. 이러한 그룹의 예로 셜리 에이커가 미국 댈러스의 멕시코인 마을을 연구하면서 분류한 내부자 그룹이 있다.[7] 내부자 그룹은 주류 사회와 단절하고 자기 문화권 사람들과만 교류하며 자신의 관점으로만 바깥세상을 바라본다. 이들은 국가가 제공하는 사회 보장 혜택보다는 동족이 제공하는 도움을 우선한다. 이들은 웬만해서는 자기 마을 밖을 나가지 않으며, 자민족에 대한 자부심이 높다 보니 자기 민족의 전통 종교를 그대로 유지하며 살아간다. 자녀 교육 역시 국가에서 세운 공립학교보다는 민족 언어를 사용하는 학교에 보내어 자신들의 문화를 유지하도록 노력한다. 바로 이러한 그룹들이 도시화 앞에서도 하부 문화적 정체성을 잘 유지하는 예다.

유지 유형의 또 다른 예로 중국 이슬람 분파가 있다. 이 분파들은 벌써 수백 년의 역사를 가지고 있다. 초기에는 이슬람의 수피파 리더들이 그들의 마을에 종교뿐 아니라 정치 기구를 만들고 그들의 신학교를 세웠는데, 이를 '성자들의 반열'이라는 뜻으로 '먼환'(門宦)이라 불렀다. 오늘날 중국에는 네 종류의 먼환 분파가 있는데, 콰드리아(Qadariyya)파, 쿠피야(Khufiyya)파, 자흐리야(Jahriyya)파, 쿠브랴야(Khubrawiyya)파 먼환이다.[8] 계속 변화하긴 하겠지만 이 먼환들

---

7   이 책 2장을 참조하라. Achor, *Mexican Americans in a Dallas Barrio*, 116-28.
8   Dru C. Gladney, "Qingzhen: A Study of Ethnoreligious Identity among Hui Muslim Communities in

은 앞으로도 한동안 자신의 그룹을 유지할 것으로 보인다.

    5장에서 우리는 변화의 요구 앞에서 도시의 민족들이 적극적으로 자신의 미래를 선택한다는 사실을 살펴보았다. 그리고 도시의 민족들은 그룹으로 구성된다는 것도 알게 되었다. 이런 의미에서 민족의 변화는 그 안에 있는 여러 그룹의 다양한 변화로 이해할 수 있다. 변화는 그룹 내부에서, 주변 그룹에서, 그리고 외부 민족의 다른 그룹에서도 요구된다. 그리고 민족 외부에서도 변화를 요구한다. 그룹들은 앞서 소개한 네 가지 변화뿐 아니라 실제로 훨씬 다양한 변화의 모습들을 갖는다. 그리고 그들은 끊임없이 변화의 방향과 속도를 재고하면서 그 다음 방향을 선택한다.

    그룹이 끊임없는 변화하는 것은 도시의 그룹들이 갖고 있는 새롭고 다양한 정보의 통로가 있기 때문이다. 도시는 그룹에 속한 각 구성원이 다양한 다른 그룹 사람들과 교류할 수 있는 환경을 제공한다. 이제 그 그룹들을 이어 주는 소통 경로를 알아보자.

민족 간 대 계층 간의 소통 경로

그룹이 다른 그룹과 교류하려면 먼저 그룹 간에 소통 경로가 있어야 한다. 그룹 간 경로를 이해하는 것은 향후 선교 전략 수립에 매우 필요하다. 소통 경로가 복음의 통로도 될 수 있기 때문이다. 이번 단원에서는 도시의 그룹들이 외부와 연결되는 소통 경로에 대하여 살펴볼 것이다.

China" (University of Washington, 1987).

전도해야 할 민족이 하나의 균질한 상태가 아니며 그 내부는 다양한 그룹으로 이루어졌다는 사실을 인식하는 것은 선교 전략에도 중요한 사실이다.[9] 복음의 수용성은 각 개인이 어느 민족에 속했느냐는 물론 그들이 어느 계층에 속하였느냐에도 영향을 받기 때문이다. 예를 들어 동일한 미전도 종족일지라도, 영어 교사나 방송국 등에 종사하여 외부 정보를 자주 접하는 사람과, 외부와 차단된 재단업이나 식당업에 종사하는 사람은 새로운 정보를 받고 그에 맞춰 변화할 가능성이 매우 다르다.[10]

전통적으로 민족들은 주로 민족 내 소통 경로로만 정보를 받아왔다. 평소 그들은 자신의 그룹 사람들과만 소통하고, 필요한 경우에만 동일 민족 내 다른 그룹들과 교류했다. 그런데 도시화는 그룹들로 하여금 민족 내(intra-ethnic)뿐 아니라 민족 간(inter-ethnic)에도 소통하도록 만들었다. 즉 그룹들 가운데 더 적극적으로 민족 간에 소통하는 그룹이 생겨난 것이다.

표8.1은 민족과 계층 사이에 있는 정보 통로를 보여 주는 개념도. 세로 기둥인 A, B, C는 서로 다른 민족을 보여 주고, 숫자 1, 2, 3은 그 민족의 계층을 보여 준다. 왼쪽 개념도는 전통 사회나 초기 이민 사회의 민족이 지닌 소통 경로를 개념적으로 그린 것이다. 이곳에서는 주로 자기 민족 안에서 정보가 소통된다(수직 방향, A1-A2-A3-A4). 대부분의 정보는 같은 민족끼리만 소유하고, 그중에서도 특별히 같은 계층은 같은 정보를 소유한다. 전통 사회에서는

---

9 Ferraro, *Cultural Anthropology*, 265-84; Spradley and McCurdy, *Anthropology, the Cultural Perspective*, 117-67; Charles H. Kraft, *Anthropology for Christian Witness* (Maryknoll, N.Y.: Orbis Books, 1996), 313-42; Paul G. Hiebert, *Cultural Anthropology*, 2nd ed. (Grand Rapids, Mich.: Baker Book House, 1983), 275-95; Marvin Harris and Orna Johnson, *Cultural Anthropology* (Boston: Allyn and Bacon/Pearson Education, 2003), 189-202.
10 Xiaowei Zang, Jonathan N. Lipman, and Matthew McKeever, "Ethnicity and Urban Life in China: A Comparative Study of Hui Muslims and Han Chinese," *The China Journal = Chung-Kuo Yen Chiu.*, no. 60 (2008): 205.

신분 차이가 뚜렷해서 같은 민족일지라도 다른 계층, 특히 아래 계층으로는 중요한 정보가 넘어가기 어렵기 때문이다.[11]

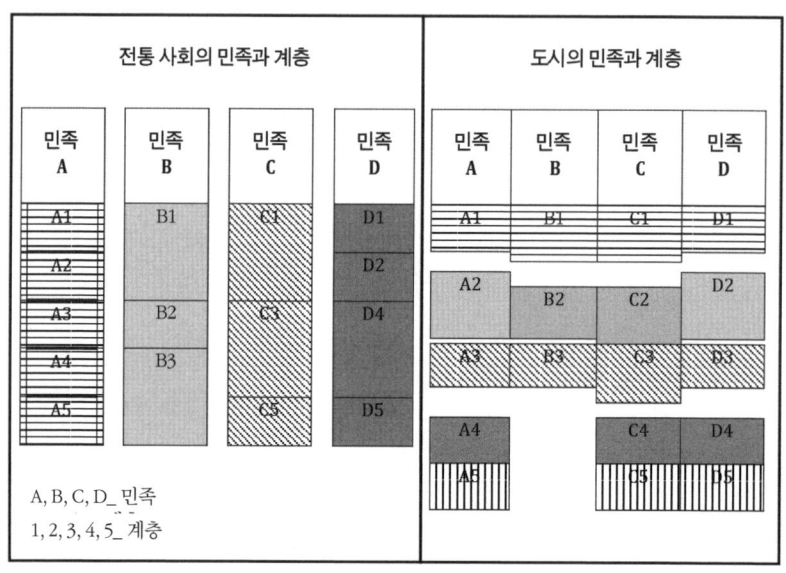

표8.1. 민족 중심에서 계층 중심으로 변해 가는 소통 경로[12]

보통 오랜 세월 동안 타민족과 가깝게 살아왔을 경우 둘 사이에는 편견이 만들어지고 갈등의 역사가 있다 보니 쉽게 대립된다. 특히 민족의 문화와 언어가 주변 민족과 크게 다를 때는 정보 통로가 희박하여 이러한 단절이 더욱 심화된다. 반면 비록 다른 계층이라 할지라도 같은 민족끼리는 타민족과의 관계에 비하면 유대감과 문화적 공통점이 훨씬 많다. 표8.1의 왼쪽은 이러한 상태를 말해 준다. 같은 민족인 A 안에 1, 2, 3, 4, 5의 계층이 있지만 그들 간

---

11 W. Lloyd Warner and Paul S. Lunt, *The Status System of a Modern Community* (New Haven; London: Yale University Press; H. Milford, Oxford University Press, 1942).
12 김에녹의 개념도를 응용하였다. Kim, *Receptor-Oriented Communication for Hui Muslims in China*, 2018, 34:43.

의 격차는 다른 민족인 B, C, D와의 격차에 비하면 매우 작다. 그러나 민족 간에는 소통이 단절되어 있다.

표8.1의 오른쪽 그림은 도시에서 살고 있는 민족들의 소통 상황을 보여주는 개념도다. 도시화의 영향이 증가하면서 전통적인 민족 간의 관계나 민족 계층 간의 관계에 여러 변화가 생겨났다. 도시에서는 민족과 민족 간의 소통이 많아지는 반면, 같은 민족의 계층 사이에는 격차가 형성된다. 예를 들어 오늘날의 젊은이들은 "아버지와는 말이 통하지 않아"라는 말을 자주 한다. 같은 민족, 심지어 가족이라 할지라도 각자 활동하는 관계망이 다르다 보니 관심사나 필요도 다르기 때문이다. 반면 도시는 다른 여러 민족과 어쩔 수 없이 함께 살아가게 만든다. 예를 들어 도시 안의 학교에서는 서로 다른 민족의 아이들이 같은 교실에서 수업을 받는다. 그들은 같은 교실 안에 있는 다른 민족 친구와 좋은 우정을 나누기도 한다.

사실 단순히 같은 민족이라는 이유만으로 서로를 신뢰하기에는 도시가 매우 복잡하다. 그리고 같은 민족이라 할지라도 나에게 필요한 정보를 모두 제공하지는 못한다. 반면 다른 민족일지라도 관심사와 계층이 같은 사람들은 더 고급 정보를 제공할 수 있다. 그렇다고 모든 계층이 타민족과 원활하게 교류하는 것은 아니며, 계층마다 정도가 다르다. 계층마다 타문화권 사람과 함께할 수 있는 환경과 능력, 필요가 다르기 때문이다. 특히 상류층일수록 고급 정보를 필요로 하고 다양한 민족 안에 있는 인재들과 교류해야 하기 때문에, 그들에게 같은 민족끼리만 교류해야 한다는 명제는 그리 설득력을 주지 못한다. 중류층으로 내려가면 타민족과 소통하기도 하고 반대로 같은 민족끼리만 소통하는 사람들이 혼재하기 시작한다.

예를 들어 사장들은 타민족의 사장과 자주 교류하는 반면, 같은 민족의 저층 사람과는 공감대가 적다. 오늘날 교사나 학생, 직장인도 정보와 협력을 얻기 위해서는 민족보다는 관심사가 같은 사람들을 찾는다. 결국 민족 간의 정보는 빠르게 증가하는 반면 동일 민족의 세대 간, 계층 간 소통은 감소하거나 느리게 증가한다. 이러한 민족 간 소통은 보통 외부와 접촉이 많은 엘리트와 고위급 인사, 그리고 다양성이 필요하고 외부와 접촉이 많은 사회 그룹들에서 더 많이 이루어진다.[13]

한편 저층에 있는 사람들은 자기 민족과도, 타민족과도 많은 교류를 하지 못하며 그러한 필요도 많이 느끼지 못한다. 이들은 동일 민족에게서도 소외되고 타민족에게서도 소외되며, 주로 같은 계층의 사람들과 함께 정보를 교류하며 살아간다.

결국 도시의 소통 경로는 왼쪽의 전통 사회와 상당히 다른 양상을 보인다. 상류층으로 갈수록 세로축보다는 가로축으로 소통 라인과 공감대가 형성된다. 그래서 (A1-B1-C1-D1)의 양상, (A2-B2-C2)+(D3)의 양상, (A5)+(B5)+(C5) 같은 양상이 나타난다.[14]

이러한 현상이 있지만, 민족 간, 계층 간 소통 경로의 변화를 지나치게 단순하게 축약하는 것은 위험하다. 상류층이라고 해서 모두 개방적이라거나 자기 민족성을 무시하고 타민족과 더 가깝다고는 볼 수 없다. 상위 계층에서 보이는 타민족과의 관계는 기능적 연합에 가깝지, 모든 면을 함께하는 공동체는 아니기 때문이다. 즉 현대의 민족 계층은 같은 민족이라고 무조건 함께하지도 않고, 같은 계층이라고 타민족을 자민족처럼 대하지도 않는다. 오히려 자신의 필요에 따라 어떤 때는 좀 더 다양한 민족과 교류하고 단결하다

---

13 Zang, Lipman, and McKeever, "Ethnicity and Urban Life in China," 21.
14 사회적 약자들이 그들의 사회적 자원을 어떻게 공유하며 살아가는지를 연구한 그린호우(Greenhow)와 버튼(Burton)의 연구는 좋은 참조가 된다. Christine Greenhow and Lisa Burton, "Help from My 'Friends': Social Capital in the Social Network Sites of Low-Income Students," *Journal of Educational Computing Research* 45, no. 2 (2011): 223-45.

가, 또 어떤 때는 같은 민족이라는 형제애를 발휘하는 등 다양한 소통 경로와 능력을 갖춘다. 결국 자신의 삶과 기능에서 어떤 면을 누구에게 어느 정도나 개방할지는 점점 각자가 결정하는 것이 되고 있다.

> ○ **본 장을 통해 살펴본 것들** ○
>
> 이번 장에서 우리는 새로 열리는 복음의 세 번째 통로로 도시에 있는 다양한 그룹의 변화 유형과, 그것이 주는 선교적 기회를 알아보았다. 도시 안의 민족이 다양한 방향으로 변화할 수 있는 것은 그 안에 있는 하부 문화 그룹들이 그러한 선택을 하기 때문이다. 그리고 그룹들이 이렇게 활발하게 변화할 수 있는 것은 새로운 소통 경로들이 생겼기 때문이다. 새로운 경로란 과거 민족 내에서 자기만의 계층으로 고립되어 이루어지던 계층 내 소통에서 벗어나 민족 내 소통과 민족 간 소통으로 발전했다는 것을 보여 준다. 이러한 발견은 우리로 하여금 정보의 경로 중 하나인 복음의 통로가 과거보다 훨씬 다양하게 형성된다는 사실에 주목하게 만든다.

소그룹의 변화가 도시 선교에 주는 의미

도시의 민족들은 많은 변화를 겪고 있고, 그 안의 소그룹들은 새로운 소통 경로들을 만들어 가고 있다. 이러한 일련의 변화들은 선교 전략을 세우는 데 어떤 의미를 제공하는가? 단순히 도시에 있는 민족이라고 해서 복음에 대한 수용성 정도를 단정해서 말하는 것은 지나치게 단순하지만, 분명 도시의 환경은 그들에게 새로운 정보를 접하게 해준다.[15] 이제 현대의 도시 소수 민족과 이주민의 계층 간, 민족 간 소통 경로의 변화가 선교에 어떤 의미를 주는

---

15   Harvie M. Conn, "Urbanization and Its Implications," in *Muslim and Christians on the Emmaus Road*, by Dudley J. Woodberry (Monrovia, C.A.: MARC, 1989), 68.

지 알아보자.

본문에서 우리는 도시 그룹이 변화되는 양상을 강화, 사멸, 전환, 유지로 정리하였다. 사역자들은 이 네 가지 변화 유형이 지닌 전략적 의미를 이해하고 각 상황에 적절히 접근할 수 있어야 한다. 나아가 네 가지 가운데 어떤 상태에 있는 그룹을 우선으로 선교할지도 판단할 수 있어야 한다.

먼저, 강화 유형을 보이는 그룹은 본래 성격을 더 강화시키려 한다. 그들이 복음에 적대적이었다면 시간이 갈수록 그 적대성이 더욱 강화될 수 있다. 복음에 노출된 적이 없거나 보수적인 민족은 보통 자신의 문화와 종교, 공동체성에서 폐쇄적인 경우가 많다. 따라서 외부 문화를 거부하기 쉽다. 그런 경우, 강화 유형 그룹은 외부에서 전해지는 복음 역시 부자연스럽고 위협적인 힘으로 해석하여 점점 수용성이 줄어들기 쉽다.

두 번째 유형인 사멸형 그룹은 처음에는 접근이 용이할지 모르나 점점 그 세력이 약화되고 다른 그룹으로 분산되어 흩어진다. 또는 임시로 모여 있다 흩어지는 그룹이므로 선교사가 힘써 사역하여 열매를 맺었다 하더라도 사역의 성공 여부에 관계없이 사멸하게 된다. 도시 미전도 종족을 대상으로 대학생 사역을 하는 경우가 그 좋은 예다. 비록 모임 자체는 계속 유지할 수 있을지 모르나 각 대학생은 졸업 후 직장과 고향으로 흩어진다. 이렇게 흩어질 것에 대해 대비를 세워 놓지 않고 사역할 경우 선교사는 나중에 어려움을 겪게 된다.

전환 유형은 대상 민족이 복음에 적대적이거나 선교사가 사회, 문화, 정치적으로 접근하기 어려운 상황에서 먼저 접근을 고려해 볼 만한 그룹이다. 변화에 긍정적이라는 것은 외부 자극에 적극적일 가능성이 높기 때문이다. 또한 어떤 그룹이든 보통 변화하는 동안에는 내부가 불안해지고 기존 신념에 대한 실망감이 높아지며 제3자의 도움이 필요하기 때문에 자연스럽게 복음에 대한 수용성이 높아진다.[16] 이 때문에 사역자는 한 민족을 선교할 때 전환 유형을 보이는 그룹이 어디인지를 자세히 살펴보아야 한다.

마지막 네 번째 유형인 유지형 그룹은 변화가 매우 느리기 때문에 복음에 대한 수용성이 낮을 가능성이 높다. 이 그룹은 자체적으로 지니고 있는 것을 지키고 변화를 거부하는 힘이 크기 때문이다. 이런 그룹은 외부에서 전달된 새로운 소식인 복음에 적극적이기가 어렵고 변화하는 데도 엄청난 에너지가 들어간다.

종합적으로 정리하자면, 선교사가 도시의 새로운 민족을 대상으로 선교할 때 적어도 초기에는 전환 유형 그룹에서 시작하는 것이 전략적이다. 이들은 변화에 준비되어 있으며, 이중에는 에이커가 분류한 동원가 그룹이 있을 수 있기 때문이다.[17] 동원가는 외부 변화에 적극적이며 양쪽 문화에 다리 역할을 할 수 있을 뿐 아니라 진정 자신의 민족을 사랑하는 의식 있는 그룹이다. 자신의 민족에게 정말 필요한 것이 복음임을 알게 된다면, 이들은 얼리어답터(early adaptor)로서 자기 민족에게 리더십을 행사하며 복음을 나눠줄 것이다.[18]

반면 초기에 강화형 그룹과 유지형 그룹을 대상으로 선교하는 것은 주의가 필요하다. 이 그룹들은 변화에 적대적이거나 그 속도가 느리기 때문이다. 대신, 이 그룹들에 하나님이 주신 부담을 가진 선교사들은 겉으로 드러나는 데 연연하기보다는 하나님의 마음으로 인내하며 선교해야 할 것이다. 그러한 경우일지라도 선교에 진보를 이루려면 이 그룹들이 외형적으로 변화되길 바라기보다는 그들의 문화적 체계에 적절한 선교가 무엇인지 고민하면서

---

16 앞의 책, 75.
17 이 책 2장을 참조하라.
18 Everett M. Rogers, *Diffusion of Innovations*, 400.「개혁의 확산」.

접근할 수 있어야 한다. 그리고 그 문화가 변치 않고 오랫동안 지속되리라는 가정 아래 그 안에서 살아가는 현지인 그리스도인의 모습을 상황화적 원리에 입각하여 그려내야 할 것이다. 이뿐 아니라 그 문화에 가장 적절한 모습의 복음을 찾아내고, 그것으로 인하여 현지인들이 한 걸음씩 변화될 수 있도록 토착화를 향한 선교적 로드맵을 갖고 있어야 한다. 이 사역에 헌신한 사역자들은 더 분명한 소명 의식과 인내력, 그리고 잘 짜인 팀워크를 갖고 일해야 한다.

MISSION STRATEGY IN THE CITY

참고 문헌

Achor, Shirley. *Mexican Americans in a Dallas Barrio*. Edited by Achor Shirley Tucson: University of Arizona Press, 1978.

_____. *Mexican Americans in a Dallas Barrio*. Tucson: University of Arizona Press, 1978.

Alba, Richard D., and Victor Nee. *Remaking the American Mainstream Assimilation and Contemporary Immigration*. Cambridge, Mass.: Harvard University Press, 2003.

Aleksandra, Grzymała-Kazłowska. "The Role of Different Forms of Bridging Capital for Immigrant Adaptation and Upward Mobility. The Case of Ukrainian and Vietnamese Immigrants Settled in Poland." *Ethnicities* 15, no. 3 (2015): 460-90.

Amparo, González-Ferrer, Baizán Pau, and Beauchemin Cris. "Child-Parent Separations among Senegalese Migrants to Europe: Migration Strategies or Cultural Arrangements?". *The ANNALS of the American Academy of Political and Social Science* 643, no. 1 (2012): 106-33.

Anderson, A., J. Locke, M. Kretzmann, and C. Kasari. "Social Network Analysis of Children with Autism Spectrum Disorder: Predictors of Fragmentation and Connectivity in Elementary School Classrooms." *Autism: the international journal of research and practice* 20, no. 6 (2016): 9.

Andreas, Wimmer. "Herder's Heritage and the Boundary-Making Approach: Studying Ethnicity in Immigrant Societies." *Sociological Theory* 27, no. 3 (2009): 244-70.

Andrew, K. Jorgenson, Rice James, and Clark Brett. "Cities, Slums, and Energy Consumption in Less Developed Countries, 1990 to 2005." *Organization & Environment* 23, no. 2 (2010): 189-204.

Andrew, W. Bausch. "The Geography of Ethnocentrism." *Journal of Conflict Resolution* 59, no. 3 (2015): 510-27.

Aschenbrenner, Joyce Cathryn. *The Processes of Urbanism: A Multidisciplinary Approach*. Editors: Joyce Aschenbrenner, Lloyd R. Collins. Hague: Mouton, 1978.

Ayubi, Nazih N. M. *Political Islam: Religion and Politics in the Arab World.* London; New York: Routledge, 1991.

Banovetz, James M. *Managing the Modern City.* Washington: Published for the Institute for Training in Municipal Administration by International City Management Association, 1971.

Barnes, J. A. "Class and Committees in a Norwegian Island Parish." *Human Relations* 7, no. 1 (1954): 39-58.

———. "Graph Theory and Social Networks: A Technical Comment on Connectedness and Connectivity." *Sociology* 3, no. 2 (1969): 215-32.

Barth, Fredrik, and Universitetet i Bergen. *Ethnic Groups and Boundaries: The Social Organization of Culture Difference.* Scandinavian University Books. Bergen, London: Universitetsforlaget; Allen & Unwin, 1969.

Basham, Richard. *Urban Anthropology: The Cross-Cultural Study of Complex Societies.* 1st ed. Palo Alto, Calif.: Mayfield Pub. Co., 1978.

Beauregard, Robert A. "City of Superlatives." *City & Community* 2, no. 3 (2003): 183-99.

Bell, Daniel. "Ethnicity and Social Change." Chap. 5 In *Ethnicity: Theory and Experience*, edited by Nathan Glazer and Daniel Moynihan, 141-74. Cambridge, Mass: Harvard University Press, 1975.

Bell, David R., and Mary Douglas. "Natural Symbols: Explorations in Cosmology." *The Philosophical Quarterly* 22, no. 88 (1972): 280.

Bennett, Andy. "Subcultures or Neo-Tribes? Rethinking the Relationship between Youth, Style and Musical Taste." *Sociology* 33, no. 3 (1999): 599-617.

Blackman, Shane. "Youth Subcultural Theory: A Critical Engagement with the Concept, Its Origins and Politics, from the Chicago School to Postmodernism." *Journal of Youth Studies* 8, no. 1 (2005): 1-20.

Bohannan, Paul. *Social Anthropology.* New York: Holt Rinehart and Winston, 1963.

Boissevain, Jeremy. *Friends of Friends; Networks, Manipulators and Coalitions.* Pavilion Series Social Anthropology. Oxford: Blackwell, 1974.

Bourhis, Richard, Lena Celine Moise, Stephane Perreault, and Sacha Senecal. "Towards an Interactive Acculturation Model: A Social Psychological Approach." *International Journal of Psychology* 32, no. 6 (1997): 369-86.

Brenner, Neil. "Stereotypes, Archetypes, and Prototypes: Three Uses of Superlatives in Contemporary Urban Studies." *City & Community* 2, no. 3 (2003): 205-16.

Brody, E. B. "Migration and Adaptation: The Nature of the Problem." *American Behavioral Scientist* 13, no. 1 (1969): 5-13.

Broomhall, Marshall. *Islam in China. A Neglected Problem.* New York: Paragon book reprint corp, 1966.

Brubaker, Rogers. *Ethnicity without Groups.* Cambridge, Mass.: Harvard University Press, 2004.

Burgess, Ernest W. "The Growth of the City: An Introduction to a Research Project." In *The City*, edited by Robert Ezra Park, E. W. Burgess and Roderick Duncan McKenzie, 47-62. Chicago: University of Chicago Press, 1967.

Burnett, David. *Clash of Worlds.* Eastbourne: Monarch, 1990.

Cathy Yang, Liu, and Painter Gary. "Immigrant Settlement and Employment Suburbanisation in the Us: Is There a Spatial Mismatch?". *Urban Studies* 49, no. 5 (2012): 979-1002.

Chaonan, Chen. "A Household-Based Convoy and the Reciprocity of Support Exchange between Adult Children and Noncoresiding Parents." *Journal of Family Issues* 27, no. 8 (2006): 1100-36.

Chen, L., and G. C. Feng. "Host Environment, Host Communication, and Satisfaction with Life: A Study of Hong Kong Ethnic Minority Members." *Communication Research* (2015): 1-25.

Claerbaut, David. *Urban Ministry.* Grand Rapids, Mich.: Zondervan Pub. House, 1983.

Cohen, Abner. *Two-Dimensional Man; an Essay on the Anthropology of Power and Symbolism in Complex Society.* London: Routledge & K. Paul, 1974.

Conn, Harvie M. "Urbanization and Its Implications." in *Muslim and Christians on the Emmaus Road.* Monrovia, CA.: MARC, 1989.

Conn, Harvie M., and Manuel Ortiz. *Urban Ministry: The Kingdom, the City, & the People of God.* Downers Grove, Ill.: InterVarsity Press, 2001.

Cooley, Charles Horton. *Human Nature and the Social Order.* New York: Scribner, 1902.

Crandall, C. S., and A. Eshleman. "A Justification-Suppression Model of the Expression and Experience of Prejudice." *Psychological bulletin* 129, no. 3 (2003): 414-46.

Cross, William E. *The Negro to Black Conversion Experience*. Brooklyn: The East, 1971.

_____. *Shades of Black: Diversity in African-American Identity*. Philadelphia: Temple University Press, 1991.

Davis, Mike. *Planet of Slums*. London; New York: Verso, 2007.

Devos, T., and M. R. Banaji. "American = White?. *Journal of personality and social psychology* 88, no. 3 (2005): 447-66.

Dewey, Richard. "The Rural-Urban Continuum." Chap. 9 In *Urban Man and Society: A Reader in Urban Sociology*, edited by Albert N. Cousins and Hans Nagpaul, 78-82. New York: Alfred A. Knopf, 1970.

Dillon, Michael. *China's Muslim Hui Community: Migration, Settlement and Sects*. London: Curzon Press, 1999.

Douglas, Mary. "Cultural Bias: Royal Anthropological Institute Occasional Paper." Royal Anthropological Institute, 1978.

Du Toit, Brian M., and Helen Icken Safa. *Migration and Urbanization: Models and Adaptive Strategies*. World Anthropology. Chicago: Mouton, 1975.

Durkheim, Emile. *The Division of Labor in Society*. New York: Free, 1964.「사회분업론」, 민문홍 역, 서울: 아카넷, 2012.

Eames, Edwin, and Judith Goode. *Anthropology of the City: An Introduction to Urban Anthropology*. Prentice-Hall Series in Anthropology. Englewood Cliffs, N.J.: Prentice-Hall, 1977.

Eames, Edwin, and Judith Granich Goode. *Anthropology of the City: An Introduction to Urban Anthropology*. Englewood Cliffs, N.J.: Prentice-Hall, 1977.

Edensor, Tim, and Mark Jayne. *Urban Theory Beyond the West*. Abingdon, Oxon: Routledge, 2011.

Edling, C., and J. Rydgren. "Neighborhood and Friendship Composition in Adolescence." *SAGE* Open 2, no. 4 (2012): 10.

Ember, Carol R. *Cultural Anthropology*. Englewood Cliffs, N.J.: Prentice Hall, 1993.

Engel, James F. *Getting Your Message Across*. Mandalunyong Metro Manila: OMF Literature, 1989.

Eric, Fong, and Shen Jing. "Explaining Ethnic Enclave, Ethnic Entrepreneurial and Employment Niches: A Case Study of Chinese in Canadian Immigrant Gateway Cities." *Urban Studies* 48, no. 8 (2011): 1605-33.

Euler, Leonhard. *The Seven Bridges of Konigsberg*. S.l.: Wm. Benton.

Farley, John E. *Majority-Minority Relations*. Englewood Cliffs, N.J.: Prentice Hall, 1995.

Farrell, Chad R. "Immigrant Suburbanisation and the Shifting Geographic Structure of Metropolitan Segregation in the United States." *Urban Studies* 45, no. 4 (2014): 825-43.

Feagin, Joe R., and Clairece Booher Feagin. *Racial and Ethnic Relations*. Englewood Cliffs, N.J.: Prentice Hall, 1993.

Ferraro, Gary P. *Cultural Anthropology: An Applied Perspective*. Minneapolis/St. Paul: West, 1995.

Findlay, G. Andrew. *The Crescent in North-West China*. London: China Inland Mission, 1921.

Fischer, Claude S. *To Dwell among Friends: Personal Networks in Town and City*. Chicago: University of Chicago Press, 1982.

_____. *The Urban Experience*. 2nd ed. San Diego: Harcourt Brace Jovanovich, 1984.

Flanagan, William G. *Urban Sociology: Images and Structure*. 2nd ed. Boston: Allyn and Bacon, 2002.

Fong, Eric, Emily Anderson, Wenhong Chen, and Chiu Luk. "The Logic of Ethnic Business Distribution in Multiethnic Cities." *Urban Affairs Review* 43, no. 4 (2008): 497-519.

Foster, George M., and Robert V. Kemper. *Anthropologists in Cities*. Boston: Little Brown, 1974.

G.D, Bino, and Krishna M. "Does Social Network Matter in Knowledge Output?" *Science Technology & Society* 16, no. 2 (2011): 235-55.

Gallo, E., and F. Scrinzi. "Outsourcing Elderly Care to Migrant Workers: The Impact of Gender and Class on the Experience of Male Employers." *Sociology* 50, no. 2 (2015): 366-82.

Gans, Herbert J. *The Levittowners: Ways of Life and Politics in a New Suburban Community*. New York: Pantheon Books, 1967.

_____. *The Urban Villagers; Group and Class in the Life of Italian-Americans*. New York:

Free Press of Glencoe, 1962.

_____. "Urbanism and Suburbanism as Ways of Life: A Re-Evaluation of Definitions." In *Human Behavior and Social Processes: An Interactionist Approach*, edited by Arnold Marshall Rose, 507-21. Boston: Houghton Mifflin, 1962.

Geertz, Clifford. "The Integrative Revolution: Primordial Sentiments and Civil Politics in the New States." *Old societies and new states* (1963): 105-57.

Gellner, Ernest. *Thought and Change*. London: Weidenfeld and Nicholson, 1969.

George, Wilson. "Racialized Life-Chance Opportunities across the Class Structure: The Case of African Americans." *The Annals of the American Academy of Political and Social Science* 609, no. 1 (2007): 215-32.

Gibson, N. C. "Introduction: A New Politics of the Poor Emerges from South Africa's Shantytowns." *Journal of Asian and African Studies* 43, no. 1 (2008): 5-17.

Gillette, Maris Boyd. *Between Mecca and Beijing: Modernization and Consumption among Urban Chinese Muslims*. Stanford Calif: Stanford University Press, 2000.

Giuffre, Katherine. *Communities and Networks: Using Social Network Analysis to Rethink Urban and Community Studies*. John Wiley & Sons, 2013.

Gladney, Dru C. *Dislocating China Reflections on Muslims, Minorities, and Other Subaltern Subjects*. Chicago: The University of Chicago Press, 2004.

_____. *Qingzhen: A Study of Ethnoreligious Identity among Hui Muslim Communities in China*. 1987. microform.

Glaser, Daniel. "Dynamics of Ethnic Identification." *American Sociological Review* 23, no. 1 (1958): 31-40.

Glazer, Nathan, and Daniel P. Moynihan. *Beyond the Melting Pot: the Negroes, Puerto Ricans, Jews, Italians, and Irish of New York City*. Cambridge, Mass.: M.I.T. Press, 1963.

Gong, Yi. "Beijing Niujie Libaisi Liangwen Ahlabowen De Guke" (Two Arabic Inscriptions in Beijing's Oxen Street Mosque)". Chap. 10 In *Huizushilun Ji 1949-1979 (Hui History Collection 1949-1979)*, edited by Hui History team. Yinchuan: Chinese Acdemy of Social Sciences Ethnology Department and Central Nationalities Institutes Ethnology Department, 1984.

Gordon, Milton Myron. *Assimilation in American Life: The Role of Race, Religion, and Na-

tional Origins. New York: Oxford University Press, 1964.
Gottdiener, Mark, and Leslie Budd. *Key Concepts in Urban Studies*. Sage Key Concepts. London ; Thousand Oaks, Calif.: SAGE Publications, 2005.
Gottdiener, Mark, and Ray Hutchison. *The New Urban Sociology*. 3rd ed. Boulder, Colo.: Westview Press, 2006.
Greeley, Andrew M. *Ethnicity in the United States: A Preliminary Reconnaissance*. New York: Wiley, 1974.
_____. *Why Can't They Be Like Us? America's White Ethnic Groups*. New York: E.P. Dutton, 1971.
Greenhow, Christine, and Lisa Burton. "Help from My "Friends": Social Capital in the Social Network Sites of Low-Income Students." *Journal of Educational Computing Research* 45, no. 2 (2011): 223-45.
Greenway, Roger S., and Timothy M. Monsma. *Cities: Missions' New Frontier*. 2nd ed. Grand Rapids, Mich.: Baker Books, 2000.
Gulick, John. *The Humanity of Cities: An Introduction to Urban Societies*. Granby Mass: Bergin & Garvey, 1989.
Gutkind, Peter Claus Wolfgang. *Urban Anthropology: Perspectives on Third World Urbanisation and Urbanism*. New York: Barnes & Noble, 1974.
Hanham, H. J., and Michael Hechter. "Internal Colonialism: The Celtic Fringe in British National Development, 1536-1966." *The American Historical Review* 82, no. 4 (1978): 876-79.
Hannerz, Ulf. *Exploring the City: Inquiries toward an Urban Anthropology*. New York: Columbia University Press, 1980.
_____. *Soulside: Inquiries into Ghetto Culture and Community*. New York: Columbia University Press, 1969.
Harris, Marian S., and Ada Skyles. "Kinship Care for African American Children: Disproportionate and Disadvantageous." *Journal of Family Issues* 29, no. 8 (2008): 1013-30.
Harris, Marvin, and Orna Johnson. *Cultural Anthropology*. Boston: Allyn and Bacon/Pearson Education, 2003.
Hartmann, Douglas, and Joseph Gerteis. "Dealing with Diversity: Mapping Multicultur-

alism in Sociological Terms." *Sociological Theory* 23, no. 2 (2005): 218-40.

Hartshorn, Truman A. *Interpreting the City: An Urban Geography*. New York: Wiley, 1980.

Healey, Joseph F. *Race, Ethnicity, Gender, and Class: The Sociology of Group Conflict and Change*. Thousand Oaks, Calif.: Pine Forge Press, 2011.

Heberer, Thomas. *China and Its National Minorities: Autonomy or Assimilation?*. Armonk, N.Y.: M.E. Sharpe, 1989.

Hechter, Michael. "Industrialization and National Development in the British Isles." *The Journal of Development Studies* 8, no. 3 (2007): 155-82.

Helms, Janet E. *Black and White Racial Identity: Theory, Research, and Practice*. Westport, Conn.: Praeger, 1993.

Heydari, A., A. Teymoori, E. F. Haghish, and B. Mohamadi. "Influential Factors on Ethnocentrism: The Effect of Socioeconomic Status, Anomie, and Authoritarianism." *Social Science Information* 53, no. 2 (2014): 240-54.

Hibel, Jacob. "Roots of Assimilation: Generational Status Differentials in Ethnic Minority Children's School Readiness." *Journal of Early Childhood Research* 7, no. 2 (2009): 135-52.

Hiebert, Paul G. *Cultural Anthropology*. 2nd ed. Grand Rapids, Mich: Baker Book House, 1983.

Hiebert, Paul G., and Eloise Hiebert Meneses. *Incarnational Ministry: Planting Churches in Band, Tribal, Peasant, and Urban Societies*. Grand Rapids, Mich.: Baker Books, 1995. 「성육신적 선교 사역: 교회 사역을 위한 선교현장 이해」, 안영권 이대헌 역. 기독교문서선교회, 1998.

Horowitz, Donald L. "Ethnic Identity." In *Ethnicity*, edited by Nathan Glazer and D. P. Moynihan with the assistance of C. S. Schelling, 111-40. Cambridge, MA: Harvard University Press, 1975.

Hughes, E. C. "A Study of a Secular Institution the Chicago Real Estate Board." University of Chicago, 1928.

Huq, Rupa. *Beyond Subculture: Pop, Youth and Identity in a Postcolonial World*. London; New York: Routledge, 2006.

Huyssen, Andreas. *Other Cities, Other Worlds: Urban Imaginaries in a Globalizing Age*.

Durham: Duke University Press, 2008.

Jindrich, Jason. "The Shantytowns of Central Park West: Fin De Siècle Squatting in American Cities." *Journal of Urban History* 36, no. 5 (2010): 672.

Karinthy, Frigyes. "Chain-Links." In *The Structure and Dynamics of Networks*, edited by Mark Newman, Albert-Laszlo Barabasi and Duncan J. Watts, 21-26. Princeton and Oxford: Prineton University Press, 2006.

_____. *Minden Másképpen Van (Ötvenkét Vasárnap)*. Budapest: Athenaeum, 1929.

Katerndahl, D., S. Burge, R. Ferrer, J. Becho, and R. Wood. "Differences in Social Network Structure and Support among Women in Violent Relationships." *Journal of interpersonal violence* 28, no. 9 (2013): 1948-64.

Kher, J., S. Aggarwal, and G. Punhani. "Vulnerability of Poor Urban Women to Climate-Linked Water Insecurities at the Household Level: A Case Study of Slums in Delhi." *Indian Journal of Gender Studies* 22, no. 1 (2015): 15-40.

Kim, Enoch J. "Receptor-Oriented Communication for Hui Muslims in China: With Special Reference to Church Planting." Fuller Theological Seminary, 2009.

Kim, Enoch Jinsik. "'Us' or 'Me'? Modernization and Social Networks among China's Urban Hui." Chap. 10 In *Longing for Community: Church, Ummah, or Somewhere in Between?*, edited by David Greenlee, 89-96. Pasadena, CA: William Carey Library, 2013.

Kim, Enoch Jinsik "Unpublished Survey in Anc Onnuri Church Highschool Survey." L.A.: ANC Onnuri Church, 2013.

Korinek, Kim, Barbara Entwisle, and Aree Jampaklay. "Through Thick and Thin: Layers of Social Ties and Urban Settlement among Thai Migrants." *American Sociological Review* 70, no. 5 (2005): 779-800.

Koster, M. "Mediating and Getting 'Burnt' in the Gap: Politics and Brokerage in a Recife Slum, Brazil." *Critique of Anthropology* 32, no. 4 (2012): 479-97.

Kotter, Herbert. "Changes in Urban-Rural Relationship in Industrial Society." In *Urbanism and Urbanization*, edited by Nels Anderson, 273. London: Brill, 1964.

Kraft, Charles H. *Anthropology for Christian Witness*. Maryknoll, N.Y.: Orbis Books, 1996.

Laura, Vaughan, and Penn Alan. "Jewish Immigrant Settlement Patterns in Manchester and Leeds 1881." *Urban Studies* 43, no. 3 (2006): 653-71.

Lawton, John. "Muslim in China: An Introduction." *ARAMCO WORLD* July-August 36(4) (1985): 20-29.

Leerkes, A., G. Engbersen, and M. Van San. "Shadow Places: Patterns of Spatial Concentration and Incorporation of Irregular Immigrants in the Netherlands." *URBAN STUDIES* 44, no. 8 (2007): 1491-516.

Lefranc, Arnaud. "Unequal Opportunities and Ethnic Origin: The Labor Market Outcomes of Second-Generation Immigrants in France." *The American Behavioral Scientist* 53, no. 12 (2010): 1851-82.

Leslie, Donald. *Islam in Traditional China: A Short History to 1800*. Belconnen, Australia: Canberra College of Advanced Education., 1986.

Levin, Jack, and William C. Levin. *The Functions of Discrimination and Prejudice*. New York: Harper & Row, 1982.

Lewis, Oscar. "Urbanization without Breakdown a Case Study." *The Scientific Monthly* vol 75(1), July (1952): 31-41.

_____. "Urbanization without Breakdown: A Case Study." *The Scientific Monthly* 75 (July, 1952 1952): 10.

Li, Shujiang, and Karl W. Luckert. *Mythology and Folklore of the Hui, a Muslim Chinese People*. Albany: State University of New York Press, 1994.

Lingenfelter, Sherwood. *Transforming Culture: A Challenge for Christian Mission*. 2. ed. Grand Rapids, MI: Baker Books, 1998.

Lipman, Jonathan N., and Steven Harrel Violence. "Ethnic Violence in Modern China: Hans and Huis in Gansu, 1781-1929." In *Violence in China*, edited by Jonathan N. Lipman and Steven Harrel, 71-73. N.Y: State University of N.Y. Press., 1990.

Lipman, Jonathan Neaman. *Familiar Strangers: A History of Muslims in Northwest China*. Studies on Ethnic Groups in China. Seattle: University of Washington Press, 1997.

Lipset, Seymour Martin, and Stein Rokkan. *Party Systems and Voter Alignments: Cross-National Perspectives*. [Contributors: Robert R. Alford and Others]. New York: Free Press, 1967.

Litaker, H. L. "Understanding Dual Rover Communications Using Social Network Analysis." *Proceedings of the Human Factors and Ergonomics Society Annual Meeting* 55, no. 1 (2011): 1351-55.

Livingstone, Greg. *Planting Churches in Muslim Cities: A Team Approach*. Grand Rapids Mich: Baker Book House, 1993.

MacIver, Robert M., and Leon Bramson. *Robert M. Maciver on Community, Society and Power; Selected Writings*. Chicago: University of Chicago Press, 1970.

MacIver, Robert M., and Charles Hunt Page. *Society: an Introductory Analysis*. New York: Rinehart, 1949.

Mackerras, Colin. *China's Minority Cultures: Identities and Integration since 1912*. Melbourne Australia, New York: Oxford University, 1995.

Mahler, Sarah J., and Patricia R. Pessar. "Gender Matters: Ethnographers Bring Gender from the Periphery toward the Core of Migration Studies〈/I〉." *International Migration Review* 40, no. 1 (2006): 27-63.

Mangalam, J. J., and Harry K. Schwarzweller. "Some Theoretical Guidelines toward a Sociology of Migration." *International Migration Review* 4, no. 2 (1970): 5-21.

Marshall, T. H. *Class, Citizenship, and Social Development; Essays*. Garden City, N.Y.: Doubleday, 1964.

Martin, Greg. "Subculture, Style, Chavs and Consumer Capitalism: Towards a Critical Cultural Criminology of Youth." *Crime, Media, Culture* 5, no. 2 (2009): 123-45.

Massey, Douglas S., and Nancy A. Denton. *American Apartheid: Segregation and the Making of the Underclass*. Cambridge, Mass.: Harvard University Press, 1993.

McCann, Eugene, and Kevin Ward. "Relationality/Territoriality: Toward a Conceptualization of Cities in the World." *GEOF Geoforum* 41, no. 2 (2010): 175-84.

McCarty, Christopher. "Structure in Personal Networks." *Journal of Social Structure* 3 (2002). http://www.cmu.joss/.

McKenzie, Roderick Duncan. *The Metropolitan Community*. New York; London: McGraw-Hill Book Co., 1933.

McLuhan, Herbert Marshall. *Understanding Media: The Extensions of Man*. 4. print. ed. London: The MIT Press, 1964.

Michael, Hechter. "The Political Economy of Ethnic Change." *American Journal of Soci-*

ology 79, no. 5 (1974): 27.

_____. "Towards a Theory of Ethnic Change." *Politics & Society* 2, no. 1 (1971): 21-45.

Michael, Hooper, and Ortolano Leonard. "Motivations for Slum Dweller Social Movement Participation in Urban Africa: A Study of Mobilization in Kurasini, Dar Es Salaam." *Environment & Urbanization* 24, no. 1 (2012): 99-114.

Michaelson, William M. *Man and His Urban Enviornment: A Sociological Approach.* Revisions ed. Reading, MA.: Addison-Wesley, 1976.

Mitchell, J. Clyde, Zambia University of, and Research Institute for Social. *Social Networks in Urban Situations: Analyses of Personal Relationships in Central African Towns.* Manchester: Published for the Institute for Social Research, University of Zambia, by Manchester U.P., 1969.

Moore, Joan W., Robert Garcia, and Chicano Pinto Research Project. *Homeboys: Gangs, Drugs, and Prison in the Barrios of Los Angeles.* Philadelphia: Temple University Press, 1978.

Morgan Lewis, Henry. *Systems of Consanguinity and Affinity of the Human Family.* Netherlands: Anthropological P, 1970.

Muller, Roland. *Honor and Shame: Unlocking the Door.* Philadelphia Pa: Xlibris Corp., 2000.

Mumford, Lewis. *The City in History: Its Origins, Its Transformations, and Its Prospects.* New York: Harcourt, Brace & World, 1961.

Musterd, S., W. P. van Gent, M. Das, and J. Latten. "Adaptive Behaviour in Urban Space: Residential Mobility in Response to Social Distance." *Urban Studies* 53, no. 2 (2014): 227-46.

Musterd, Sako, and Rinus Deurloo. "Unstable Immigrant Concentrations in Amsterdam: Spatial Segregation and Integration of Newcomers." *Housing Studies* 17, no. 3 (2002): 487-503.

Myers, Garth Andrew. "African Cities Alternative Visions of Urban Theory and Practice." *Africa Review* 4, no. 2 (2012): 173-76.

Ndofor, Hermann. Achidi., and Richard. L. Priem. "Immigrant Entrepreneurs, the Ethnic Enclave Strategy, and Venture Performance." *Journal of Management* 37, no. 3 (2011): 790-818.

Oishi, Nana. "Women in Motion Globalization, State Policies, and Labor Migration in Asia." (2005).

Olzak, Susan. "Does Globalization Breed Ethnic Discontent?". *Journal of Conflict Resolution* 55, no. 1 (2011): 3-32.

Palen, J. John. *The Urban World*. New York: McGraw-Hill, 1975.

Parham, Thomas A., and Janet E. Helms. "Relation of Racial Identity Attitudes to Self-Actualization and Affective States of Black Students." *Journal of Counseling Psychology* 32, no. 3 (1985): 431-40.

Park, Robert Ezra. "The City:Suggestions for Investigation of Human Behavior in the Urban Enviornment." In *The City*, edited by Ernest W. Burgess Roderick D. McKenzie Robert E. Park and Wirth with a bibliography Louis, xi, 239. Chicago, IL.: The University of Chicago Press, 1925.

_____. *Race and Culture*. Glencoe, IL: Free Press, 1950.

Park, Robert Ezra, and E. W. Burgess. *Introduction to the Science of Sociology, Including the Original Index to Basic Sociological Concepts*. Chicago: University of Chicago Press, 1969.

Park, Robert Ezra, Ernest Watson Burgess, Roderick Duncan McKenzie, and Louis Wirth. *The City: Suggestions for Investigation of Human Behavior in the Urban Enviornment*. The University of Chicago Studies in Urban Sociology R E Park, Editor. Chicago, Ill.: The University of Chicago Press, 1925.

Paul, Sohini. "Creditworthiness of a Borrower and the Selection Process in Micro-Finance: A Case Study from the Urban Slums of India." *Margin: The Journal of Applied Economic Research* 8, no. 1 (2014): 59-75.

Paul, White. "The Settlement Patterns of Developed World Migrants in London." *Urban Studies* 35, no. 10 (1998): 1725-44.

Peck, Jamie, Nikolas Theodore, and Neil Brenner. "Neoliberal Urbanism: Models, Moments, Mutations." *SAIS Review* 29, no. 1 (2009): 49-66.

Petersen, William. "A General Typology of Migration." *American Sociological Review* 23, no. 3 (1958): 256-66.

Piper, Nicola, and Mina Roces. *Wife or Worker? : Asian Women and Migration*. Lanham, Md.: Rowman & Littlefield Publishers, 2003.

Portes, Alejandro, and Rubén G. Rumbaut. "Legacies the Story of the Immigrant Second Generation." (2001).

Qingfang, Wang. "Race/Ethnicity, Gender and Job Earnings across Metropolitan Areas in the United States: A Multilevel Analysis." *Urban Studies* 45, no. 4 (2008): 825-43.

Rebelo, Emília Malcata. "Work and Settlement Locations of Immigrants: How Are They Connected? The Case of the Oporto Metropolitan Area." *European Urban and Regional Studies* 19, no. 3 (2012): 312.

Reiss, Albert J., and University Columbia. *The Analysis of Urban Phenomena*. New York: Columbia University., 1954.

Reminick, Ronald A. *Theory of Ethnicity: An Anthropologist's Perspective*. Lanham MD: University Press of America, 1983.

Roberts, Bryan R. *Organizing Strangers: Poor Families in Guatemala City*. Texas Pan American Series. Edited by R. Roberts Bryan Austin: University of Texas Press, 1973.

Robson, William Alexander. *Great Cities of the World: Their Government, Politics and Planning*. London: Allen and Unwin, 1954.

Rogers, Everett M. *Diffusion of Innovations*. 5th ed. New York: Free Press, 2003. 「개혁의 확산」, 김영석, 강내원 박현구 역. 서울: 커뮤니케이션북스, 2005.

Romanucci-Ross, Lola, and George A. De Vos. *Ethnic Identity: Creation, Conflict, and Accommodation*. 3rd ed. Walnut Creek, CA: AltaMira Press, 1995.

Roy, Ananya, and Aihwa Ong. *Worlding Cities: Asian Experiments and the Art of Being Global*. Chichester, West Sussex; Malden, MA: Wiley-Blackwell, 2011.

Rydgren, Jens. "The Power of the Past: A Contribution to a Cognitive Sociology of Ethnic Conflict." *Sociological Theory* 25, no. 3 (2007): 225-44.

Sander, William. "Educational Attainment and Residential Location." *Education and Urban Society* 38, no. 3 (2006): 307-26.

Saracostti, Mahia. "Social Capital as a Strategy to Overcome Poverty in Latin America." *International Social Work* 50, no. 4 (2007): 515-27.

Schönwälder, Karen, and Janina Söhn. "Immigrant Settlement Structures in Germany: General Patterns and Urban Levels of Concentration of Major Groups." *Urban*

Studies 46, no. 7 (2009): 1439-60.

Sennett, Richard. *Classic Essays on the Culture of Cities.* New York: Appleton-Century-Crofts, 1969.

Shaw, R. Daniel. *Transculturation: The Cultural Factor in Translation and Other Communication Tasks.* Pasadena Calif: William Carey Library, 1988.

Shoujie, Wang. *Niu Jie Huimin Shenghuo Tan" (Discussion of the Lifestyle of the Oxen Street Hui)* Yue Hua, 1930.

Sidanius, Jim, and Felicia Pratto. *Social Dominance: An Intergroup Theory of Social Hierarchy and Oppression.* Cambridge, UK; New York: Cambridge University Press, 1999.

Simmel, Georg. "The Metropolis and Mental Life." Chap. 2 In *Classic Essays of the Culture of Cities*, edited by Richard Sennett, 47-60. New York: Appleton-Century-Crofts, 1965.

Sjoberg, Gideon. *The Preindustrial City, Past and Present.* Glencoe, Ill.: Free Press, 1960.

Smith, Donald K. *Creating Understanding: A Handbook for Christian Communication across Cultural Landscapes.* Grand Rapids, Mich.: Zondervan, 1992.

Snyder, G. J. "The City and the Subculture Career: Professional Street Skateboarding in La." *Ethnography Ethnography* 13, no. 3 (2012): 306-29.

Spillius, Elizabeth Bott. *Family and Social Network: Roles, Norms, and External Relationships in Ordinary Urban Families.* New York: Free Press, 1971.

Spradley, James P., and David W. McCurdy. *Anthropology, the Cultural Perspective.* New York: Wiley, 1980.

Sunquist, Scott W., *Understanding Christian Mission: Participation in Suffering and Glory.* Grand Rapids, Mich: Baker, 2013. 「기독교 선교의 이해」, 정승현 이용원 역. 인천: 주안대학원대학교 출판부, 2015.

Tönnies, Ferdinand, and Charles Price Loomis. *Community & Society (Gemeinschaft Und Gesellschaft).* NewYork: Harper&Row, 1957.

Tess, Kay, and Spaaij Ramón. "The Mediating Effects of Family on Sport in International Development Contexts." *International Review for the Sociology of Sport* 47, no. 1 (2012): 77-94.

Thomas, William Isaac, and Morris Janowitz. *On Social Organization and Social Personal-*

ity : Selected Papers. Chicago: University of Chicago Press, 1966.

Timms, Duncan. *The Urban Mosaic; Towards a Theory of Residential Differentiation*. Cambridge England: University Press, 1971.

Ting-Toomey, Stella, and Leeva C. Chung. *Understanding Intercultural Communication*. Los Angeles, Calif.: Roxbury Pub. Co., 2005.

Todaro, Michael P. "Urbanization in Developing Nations: Trends, Prospects, and Policies." In *Urban Development in the Third World*, edited by Pradip K. Ghosh, 7-26. Westport, Conn.: Greenwood Press, [1979] 1984.

Todd, L. Ely, and Teske Paul. "Implications of Public School Choice for Residential Location Decisions." *Urban Affairs Review* 51, no. 2 (2015): 175-204.

Tönnies, Ferdinand, and Charles Price Loomis. *Community & Society (Gemeinschaft Und Gesellschaft)*. East Lansing: Michigan State University Press, 1957.

Travis, J. Grosser, Lopez-Kidwell Virginie, and Labianca Giuseppe. "A Social Network Analysis of Positive and Negative Gossip in Organizational Life." *Group & Organization Management* 35, no. 2 (2010): 177-212.

Truong, Thanh-Dam, and Des Gasper. "Trans-Local Livelihoods and Connections." *Gender, Technology and Development* 12, no. 3 (2008): 285-302.

Tyner, James A. "Global Cities and Circuits of Global Labor: The Case of Manila, Philippines." *The Professional Geographer* 52, no. 1 (2000): 61-74.

United Nations Department of Economic and Social Affairs, Pupulation Division. "World Urbanization Perspects: The 2014 Revision, Highlights (St/Esa/Ser.A/352)." United Nations Department of Economic and Social Affairs, Pupulation Division, 2014.

Uzzell, J. Douglas, and Ronald Provencher. *Urban Anthropology*. Elements of Anthropology. Dubuque, Iowa· W. C. Brown Co., 1976.

Vecchio, F., F. Miraglia, L. Valeriani, M. G. Scarpellini, P. Bramanti, O. Mecarelli, and P. M. Rossini. "Cortical Brain Connectivity and B-Type Natriuretic Peptide in Patients with Congestive Heart Failure." *Clinical EEG and neuroscience* 46, no. 3 (2015): 224-9.

Wagner, Philip L. *The Human Use of the Earth*. Glencoe, Ill.: Free Press, 1960.

Wagner, Ulrich, Oliver Christ, Thomas F. Pettigrew, Jost Stellmacher, and Carina Wolf.

"Prejudice and Minority Proportion: Contact Instead of Threat Effects." *Social Psychology Quarterly* 69, no. 4 (2006): 380-90.

Waldinger, R. "Crossing Borders: International Migration in the New Century." *Contemporary Sociology: A Journal of Reviews* 42, no. 3 (2013): 349-63.

Wang, C., H. Lao, and X. Zhou. "The Impact Mechanism of Social Networks on Chinese Rural-Urban Migrant Workers' Behaviour and Wages." *Economic and Labour Relations Review* 25, no. 2 (2014): 353-71.

Warner, W. Lloyd, and Paul S. Lunt. *The Status System of a Modern Community.* New Haven; London: Yale University Press; H. Milford, Oxford University Press, 1942.

Warren, Rachelle B., and Donald I. Warren. *The Neighborhood Organizer's Handbook.* Notre Dame, Ind.: University of Notre Dame Press, 1977.

Warren, T. C., and K. K. Troy. "Explaining Violent Intra-Ethnic Conflict: Group Fragmentation in the Shadow of State Power." *Journal of Conflict Resolution* 59, no. 3 (2015): 484-509.

Wasserman, Stanley, and Katherine Faust. "Social Network Analysis Methods and Applications." (1994).

Weber, Max. *The City.* Glencoe, Ill.,: Free Press, 1958.

_____. *Economy and Society; an Outline of Interpretive Sociology* [in Translation of the 4th German ed. of Wirtschaft und Gesellschaft, with appendices from Gesammelte Aufsätze zur Wissenschaftslehre and Gesammelte politische Schriften.]. New York: Bedminster Press, 1968.

Weidmann, Nils B. "Geography as Motivation and Opportunity: Group Concentration and Ethnic Conflict." *The Journal of Conflict Resolution* 53, no. 4 (2009): 526.

Wellman, Barry. "The Community Question: The Intimate Newworks of East Yorkers." *AJS* Vol.84(5) (1978): p.1201-31.

_____. *Networks in the Global Village: Life in Contemporary Communities.* Boulder Colo: Westview Press, 1999.

_____. "Physical Place and Cyberplace: The Rise of Personalized Networking." *International Journal of Urban and Regional Research* 25, no. 2 (2001): 227-52.

Wellman, Barry, and Milena Gulia. "Net Surfers Don't Ride Alone: Virtual Communities as Communities." In *Communities and Cyberspace*, edited by Peter and Marc Smith Kollock, 167-94. London: Routledge, 1997.

Wen, Jun. "20世纪90年代中国各民族人口的变动 简评." 民族研究, no. 3 (2006 2006): 2.

White, Kenneth R. "Scourge of Racism: Genocide in Rwanda." *Journal of Black Studies* 39, no. 3 (2009): 471.

Whitten, Norman E., and Alvin W. Wolfe. "Network." *Handbook of social and cultural anthropology* (1973): 717-46.

Whyte, Martin King, and William L. Parish. *Urban Life in Contemporary China*. Chicago: University of Chicago Press, 1984.

Williams, J. P. "Authentic Identities: Straightedge Subculture, Music, and the Internet." *JOURNAL OF CONTEMPORARY ETHNOGRAPHY* 35, no. 2 (2006): 173-200.

Williams, T. A., and D. A. Shepherd. "Mixed Method Social Network Analysis: Combining Inductive Concept Development, Content Analysis, and Secondary Data for Quantitative Analysis." *Organizational Research Methods* 20, no. 2 (2015): 268-98.

Winders, J. "Seeing Immigrants: Institutional Visibility and Immigrant Incorporation in New Immigrant Destinations." *Annals of the American Academy of Political and Social Science* 641, no. 1 (2012): 58-78.

Wirth, Louis. *The Ghetto*. Chicago, Ill.,: The University of Chicago press, 1928.

―――. "Urbanism as a Way of Life." *American Journal of Sociology* 44, no. 1 (1938): 1-24.

―――. "Urbanism as a Way of Life." *The American Journal of Sociology* XLIV (July, 1938 1938): 24.

Yang, Philip Q. *Ethnic Studies: Issues and Approaches*. Albany: State University of New York Press, 2000.

Young, Michael Dunlop, and Peter Willmott. *Family and Kinship in East London*. Reports of the Institute of Community Studies, 1. Glencoe, Ill.: Free Press, 1957.

Zang, Xiaowei, Jonathan N. Lipman, and Matthew McKeever. "Ethnicity and Urban Life in China: A Comparative Study of Hui Muslims and Han Chinese." *The*

China journal = Chung-kuo yen chiu., no. 60 (2008): 205.
김문웅. 「중앙아시아의 한국 문화」, 서울: 좋은땅, 2014.
노춘희, 김일태. 「도시학개론」, 개정판. 서울: 형설출판사, 2004.
서이종. 「인터넷 커뮤니티와 한국 사회」, 도서출판 한울, 2002.
손동원. 「사회 네트워크 분석」, 서울: 경문사(한헌주), 2002.

MISSION STRATEGY IN THE CITY

도시 선교 전략

초판 발행	2019년 12월 10일
지은이	김에녹
발행인	김수억
발행처	죠이선교회(등록 1980. 3. 8. 제5-75호)
주소	02576 서울시 동대문구 왕산로19바길 33
전화	(출판부) 925-0451
	(죠이선교회 본부, 학원사역부, 해외사역부) 929-3652
	(전문사역부) 921-0691
팩스	(02) 923-3016
인쇄소	영진문원
판권소유	ⓒ죠이선교회
ISBN	978-89-421-0433-8 03230

책값은 뒤표지에 있습니다.
잘못된 도서는 교환하여 드립니다.
이 책 내용을 허락 없이 옮겨 사용할 수 없습니다.

이 도서의 국립중앙도서관 출판예정도서목록(CIP)은 서지정보유통지원시스템 홈페이지(http://seoji.nl.go.kr)와 국가자료공동목록시스템(http://www.nl.go.kr/kolisnet)에서 이용하실 수 있습니다.(CIP제어번호: CIP2019046741)